Dr. sc. nat. Klaus Kabisch
Dr. rer. nat. Joachim Hemmerling

Tümpel, Teiche und Weiher — Oasen in unserer Landschaft

 **Landbuch-Verlag Hannover**

Oasen in unserer Landschaft

Dr. sc. nat. Klaus Kabisch · Dr. rer. nat. Joachim Hemmerling

Tümpel, Teiche und Weiher

Landbuch-Verlag GmbH Hannover, 1982
ISBN 3 7842 0255 1

Copyright © 1981 bei Edition Leipzig
Gestaltung: Sabine Schedler, Leipzig
Lektor: Dr. Klemens Junge
Zeichnungen: Thomas Müller, Leipzig
Gesamtherstellung: Graphische Werke Zwickau III/29/1
Printed in the German Democratic Republik

Inhaltsverzeichnis

Vorwort

Bereits als Schüler erhielten wir erste Eindrücke vom vielfältigen Leben im und am Wasser. Begeistert und oft selbstlos gegenüber Schuhwerk und Kleidung wurde „getümpelt". Zur Zeit des Frühjahrs- und Herbstdurchzuges füllten sich die ornithologischen Beobachtungsbücher schnell mit Notizen. Die Freude am Entdecken, Untersuchen, Erleben stimulierte zu weiteren Beobachtungen und ausgedehnteren Streifzügen.

Auch später verloren die Gewässer nichts von ihrer Anziehungskraft. Während des Studiums führten Exkursionen in den nahen Auwald regelmäßig zu manchen der schon bekannten Kleingewässer zurück. Die damals noch übliche Gepflogenheit, den Biologiestudenten an der Beschaffung des Kursmaterials zu beteiligen, bewirkte, daß die Lebensweise von Sonnentierchen, Süßwasserpolypen, Strudelwürmern, Stichlingen und vielen anderen Wasserbewohnern beizeiten wohlbekannt war. Eine intensivere Beschäftigung mit diesen Gewässern führt dann sehr bald über das Registrieren der Arten oder Untersuchen eines Teilaspektes hinaus zu den Problemen des Gesamtkomplexes der aquatischen Ökologie, zu aktuellen Fragen des Natur- und Umweltschutzes sowie Belangen der Erholungs- und Freizeitgestaltung.

Angesichts des weltweiten Problems der Gewässerverunreinigung, besonders aber des bedrohlichen Rückganges der „kleineren" stehenden Gewässer in vielen Ländern Europas entstand die Idee zu diesem Buch. Es versteht sich insgesamt gesehen als ein Beitrag zum Umweltschutz, der auch die Schönheit und Vielfalt der Flora und Fauna des Gewässers nicht außer acht läßt. Bei der breiten Palette der zu behandelnden Aspekte, die übrigens keinen Anspruch auf Vollständigkeit erhebt, bestand ständig Gefahr, den vorgezeichneten Rahmen zu sprengen beziehungsweise den Blick für das Ganze einzuengen. Von der großen Artenfülle der Wasserorganismen konnte hier zwangsläufig nur eine kleine Auswahl vorgestellt werden. Sie soll aber dennoch durch ihre gezielte Fächerung die Vielfalt der in diesen Gewässern lebenden Formen zum Ausdruck bringen. Manche Beispiele sind daher willkürlich gewählt und durch andere austauschbar. Unter den erwähnten Pflanzen- und Tierarten findet der Leser sicher eine Reihe „alter Bekannter" wieder, die zum Teil aus einer oft schon in Vergessenheit geratenen Sicht beschrieben werden.

Die Probleme der Limnologie, aquatischen Ökologie, des Natur- und Umweltschutzes sind, wie die Praxis deutlich demonstriert, ein Anliegen, das vor Ländergrenzen keinen Halt macht. Zur sinnvollen Gewässerpflege gehört nicht nur die Erweiterung des Systems der Talsperren, Speicher- und Rückhaltebecken, sondern gleichfalls ein Katalog von Maßnahmen, die dem verstärkten Schutz, der Erhaltung und Verbesserung der natürlichen Wasserrückhalte- und Speicherräume dienen. Natürliche Speicher und Regulatoren im Wasserhaushalt der Landschaft sind auch die hier beschriebenen Feuchtgebiete. Wir waren im obigen Sinne bemüht, bestimmten Gesichtspunkten aus anderen Erdteilen Rechnung zu tragen. Vom Artenspektrum her ist das Buch jedoch primär auf europäische Verhältnisse zugeschnitten.

Hand in Hand mit der Auswahl der Arten vollzog sich die Festlegung der Abbildungen. Sie fiel ebenfalls nicht leicht, da bei der notwendigen Begrenzung viele reizvolle Motive unberücksichtigt bleiben mußten. Allen Bildautoren sei deshalb auch für das dafür gezeigte Verständnis gedankt.

Wir bitten schließlich den Leser um Verständnis für das eigentlich zu knappe Literaturverzeichnis. Hier lag die Versuchung nahe, es beispielsweise durch Aufnahme weiterer Monographien und Bestimmungsbücher zu vervollständigen. Andererseits bestand damit die Gefahr des Ausuferns. Auch in dieser Hinsicht bleibt das Buch offen, ähnlich wie einzelne Beiträge noch Raum zum Fortführen und Ergänzen fordern. Trotzdem oder gerade deshalb hoffen wir, daß es seinem Anspruch gerecht wird, eine Aufforderung zum Handeln zu sein.

Klaus Kabisch   Joachim Hemmerling

1.
Gewässeridylle.
Die unter
Naturschutz
stehende Weiße
Seerose
(Nymphaea alba)

4. Hin und wieder mißglückt dem Eisvogel *(Alcedo atthis)* ein Tauchmanöver. Sein Bestand hat in den letzten Jahrzehnten leider abgenommen

Charakteristik der Gewässer

Über die Gesamtwassermenge der Erde liegen zahlreiche Berechnungen und Angaben vor, die teilweise aber auch heute noch auf Näherungswerten und Schätzungen basieren. Während man das von den Flüssen abgeführte Wasser relativ gut ermitteln kann, ergeben sich z. B. bei der Berechnung des unterirdischen Wasseranteils Unsicherheiten. Trotz der Unzulänglichkeiten einiger Positionen wird der Wasservorrat ziemlich gesichert auf ein Volumen von rund $1{,}4 \cdot 10^9$ km^3 (siehe Tabelle 1) beziffert. Die Wassermengen unseres Planeten sind demnach enorm groß. Wie gliedern sich diese im Detail auf?

Den überwiegenden Anteil des gesamten Vorrats stellen mit 97,6 % (= 1 350 Mio km^3) die Ozeane, die etwa 71 % der Erdoberfläche einnehmen. Würde diese Menge gleichmäßig über eine eingeebnete Erdkugel verteilt werden, dann käme eine 2 750 m dicke Wasserhülle zustande. Für das Festland verbleibt lediglich ein Posten von 2,4 % (= 33,4 Mio km^3). Davon ist mit 3 bis 4 Mio km^3 (= etwa 0,3 % des Gesamtvorrates der Erde) aber nur

Trockene, aber notwendige Definition

Tabelle 1: Wassermengen der Erde
(Näherungswerte nach Schendel 1973, aus Pleiß 1977)

Vorkommen	Menge in 10^3 km^3	% der Gesamtmenge (abgerundet)	
Wasserflächen			
Ozeane	1 350 400		97,6
Landflächen			
Eiskappen der Polargebiete und Gletscher	26 000	1,87	
Grundwasser	7 000	0,5	
Bodenfeuchtigkeit	150	0,01	
Süßwasserseen	125	0,009	
salzige Seen und Binnenmeere	105	0,008	2,4
Wasser in der Biomasse	50	0,004	
Flüsse	2	0,0001	
Atmosphäre			
Wasserdampf	13	0,001	
gesamte Wassermenge	1 383 845		100,0

ein sehr bescheidener Süßwasseranteil nutzbar. Die Hauptmenge des Süßwassers liegt als Grundwasser in großen Tiefen – gegenwärtig nicht in den Nutzungsprozeß einbeziehbar – sowie in den Eismassen des Inland- und Gletschereises vor. Etwa neun Zehntel der Eismassen unserer Erde befinden sich in der Arktis. Allein jeder schwimmende Eisberg stellt ein mächtiges Wasserdepot dar. Manche der weißen Riesen weisen beachtliche Dimensionen auf. Der 1912 vom Filcher-Schelfeis abgebrochene riesige Eisblock besaß beispielsweise die Größe des Bodensees. Projekte zur Nutzung der „auf Eis liegenden Süßwasserreserven" sind jedoch vorerst noch Zukunftsmusik.

Wenden wir uns den sich in erstaunlicher Vielfalt darbietenden Binnengewässern der Erde zu. Sie gliedern sich in unter- und oberirdische Gewässer, wobei letztere wiederum in fließende und stehende Gewässer unterteilt werden.

Das System der Fließgewässer erinnert meist an das reich verzweigte Nervennetz eines Blattes. Aus der Quelle fließt das Wasser auf dem geneigten Gelände abwärts, vereinigt sich mit anderen Quellrinnsalen zum Bach, wird zum Fluß und schließlich zum Strom. Durch Zufluß weiterer natürlicher Wasserläufe („Nebenflüsse") kann ein regelrechtes Flußsystem entstehen. Die einzelnen Fließgewässerabschnitte gehen dabei allmählich ineinander über, so daß eine Unterteilung in Zonen außerordentlich erschwert wird. Das gegenwärtig verwendete Gliederungsschema der Fließgewässer (Tabelle 2) legt im wesentlichen die Jahrestemperaturamplitude und Stromsohlenstruktur zugrunde.

Auffälligstes und wichtigstes Merkmal der Fließgewässer ist ohne Zweifel die Wasserbewegung. Sie übt auf die Zusammensetzung der Pflanzen- und Tierwelt einen entscheidenden Einfluß aus.

In stehenden Gewässern kommt es im Gegensatz dazu nur zur geringfügigen Wassererneuerung. Die meisten von ihnen verfügen über einen Zu- und Abfluß. In den Kreislauf des Wassers integriert, befindet sich aber auch ihr Wasser auf dem Weg zum Meer. Dieser Prozeß läuft allerdings nahezu unmerklich ab. So kann sich beispielsweise die mittlere theoretische Dauer der Wassererneuerung pro km eines Flußabschnittes bis zu einer Stunde, dagegen in der gleichlangen Strecke eines Sees über Wochen, Monate, sogar Jahre erstrecken. Den Extremfall für Fließgewässer liefern die Gebirgsbäche.

Tabelle 2: Längsgliederung der Fließgewässer (in Anlehnung an Schwoerbel 1977)

Fließgewässerzonen	Fischregionen	
Quellzone	Krenal	
Gebirgsbachzone	Rhithral	
obere Zone	Epirhithral	obere Forellenregion
mittlere Zone	Metarhithral	untere Forellenregion
untere Zone	Hyporhitral	Äschenregion
Flußzone (Tieflandfluß)	Potamal	
obere Zone	Epipotamal	Barbenregion
mittlere Zone	Metapotamal	Bleiregion
untere Zone	Hypopotamal	Kaulbarsch-Flunder-Region

Hier kann die Strömung mitunter 2,5 m pro Sekunde erreichen. Bemerkenswert ist übrigens, daß auch in Fließgewässern kleine „Stillwasserzonen", wie z. B. zwischen dem Geröll der Stromsohle oder in Buchten und Kolken, auftreten.

Hauptform der stehenden Gewässer ist der See. Seine in einer geschlossenen Hohlform des Bodens befindliche Wassermasse besitzt keine direkte Verbindung zum Meer. Die zwar unterschiedlich starke, aber durch den Windeinfluß immer wieder zustandekommende Wellenwirkung hat die ursprüngliche Gestalt des Sees verändert. Landwärts entstand auf diese Weise eine flache Uferzone. Der Seeboden (Benthal; Abb. 5) gliedert sich somit in zwei Hauptregionen, die Ufer- und Tiefenregion (Litoral und Profundal). Letztere beginnt unterhalb der lichtbedingten Grenze des Pflanzenwuchses und wird strukturell vom geologischen Untergrund, den aus der Uferregion und dem Bereich der Freiwasserregion (Pelagial) abgelagerten Sedimenten bestimmt. Natürlich läßt sich die Grenze zwischen den Regionen nicht scharf ziehen. Sogar in der Tiefenregion können noch einige Bakterien und Schwachlichtalgen eine positive Photosynthesebilanz aufweisen.

Die in der Abb. 5 für das Flachufer eines nährstoffreichen Sees dargestellte Vegetationszonierung ist im wahrsten Sinnes des Wortes ein Schulbeispiel. Da die Ausbildung und Zusammensetzung der Zonen von verschiedenen Faktoren beeinflußt wird, wäre eine schematische Betrachtungsweise völlig fehl am Platz. Wir kommen auf diese typische Zonierung der Wasserpflanzen unter dem Aspekt „Werden und Vergehen" noch zurück.

Häufig formieren sich Seen zu Seengebieten, wie z. B. in Schweden oder besonders in Finnland, dem „Land der Tausend Seen", wo diese etwa 9,6 % (= 31 613 km²) des Staatsgebiets bedecken. Die großen nordamerikanischen Seen stellen mit einer Fläche von 246 481 km² die größte zusammenhängende Süßwassermenge der Erde dar. Daher ist es wohl kein Wunder, daß die Seen von Anfang an im Mittelpunkt der Binnengewässer-Forschung standen, und durchaus verständlich, wenn der Laie, nach Beispielen für stehende Gewässer gefragt, auf Anhieb häufig nur den See nennt. Weiher, Teiche und Tümpel erfahren demnach eine ausgesprochen stiefmütterliche Behandlung; sehr zu Unrecht, wie die folgenden Kapitel zeigen sollen, die den See bewußt weitgehend ausklammern und diese drei Gewässertypen (vgl. Abb. 6 bis 12) unter verschiedenen Aspekten vorstellen.

Wie unterscheiden sich eigentlich Weiher, Teich und Tümpel voneinander? Obwohl diese Begriffe wenigstens in Mitteleuropa im allgemeinen Sprachgebrauch häufig verwendet werden und üblich sind, zeigt doch schon eine flüchtige Literaturinformation, daß sich die stehenden Gewässer nach recht verschiedenen Gesichtspunkten (z. B. nach ihrer Entstehung, dem Nährstoffgehalt, dem Chemismus) klassifizieren lassen und die Ansichten in der Terminologie vielfach auseinandergehen.

Verständlicherweise kann und soll es nicht unsere Aufgabe sein, hier eine umfassende Analyse dieser Problematik oder gar eine „Patentlösung" zu liefern. Es wäre auch falsch, das Ganze als bloße Wortklauberei abzutun. Allein bei der Gewässererfassung und -sanierung sowie bei Schutzmaßnahmen muß mit diesen Begriffen gearbeitet werden.

„Ein Weiher ist ein See ohne Tiefe" erklärte der Altmeister der Binnengewässerkunde (Limnologie), der Schweizer F. A. Forel. Das Licht vermag ihn überall bis zum Grund zu durchdringen. Somit kann der gesamte Weiherboden von festsitzenden Wasserpflanzen besiedelt werden. Vergleichsweise kommen diese beim See nur im Bereich des Ufergürtels vor und fehlen in der lichtlosen Tiefenregion.

5.
Uferprofil eines
nährstoffreichen
(eutrophen)
Süßwassersees.
Darunter: Verteilung
höherer Wasser-
pflanzen (Längsschnitt
und Aufsicht) im See
(I) und Weiher (II).
Aus Uhlmann 1975

Leider sind die Verhältnisse aber in der Praxis nicht immer derart eindeutig. So können in besonders klaren Seen höhere Wasserpflanzen mitunter
bis in 8 m Tiefe, Algen und Wassermoose sogar tiefer als 20 m vordringen.
Früher gingen im Bodensee (über 250 m tief) unterseeische Wiesen aus Arm-
leuchteralgen bis in 30 m Tiefe herunter.

Die immer mehr zunehmende Anreicherung mit Pflanzennährstoffen (Eutrophierung) führt jedoch zur Verfärbung und Trübung des Wassers durch Massenentwicklung von Planktonalgen und so zu einer deutlichen Verminderung
der Sichttiefe in den Seen. Damit wird die Besiedlungsgrenze für Unterwasserpflanzen drastisch heraufgesetzt. Heute dürfte die Durchlichtungstiefe in der
Regel weniger als 5 m betragen. Bei zu großer Nährstoffbelastung kann möglicherweise innerhalb eines Jahres der ganze Unterwasserpflanzenbestand eines
Flachsees vernichtet werden. Gleiches gilt für alle stehenden Gewässer. Andererseits ist selbst im Flachwasser auf Schlammboden keinerlei Pflanzenwuchs
anzutreffen.

Für die Definition und Abgrenzung zum See ist also in erster Linie die
Wassertiefe von Bedeutung, die selten 2 m überschreitet wird. Daraus leitet
sich letztlich ab, daß alle Lebensvorgänge viel intensiver und rascher ablaufen
als im tieferen See. Auf die Gewässergröße kommt es demnach nicht an. So
sind z. B. der „Dümmer-See" oder das „Steinhuder-Meer" ebenso wie kleinere
ständig wasserführende (perennierende), flache Gewässer als Weiher zu bezeichnen. Häufig ist der Weiher nur noch der letzte Rest eines Sees, dessen
Wanne im Laufe der Zeit durch Sedimentierung immer mehr aufgefüllt wurde.

Der Teich bildet das künstliche Gegenstück zum Weiher. Sein Wasserstand
kann – von wenigen Ausnahmen abgesehen – durch Zu- und Abfluß reguliert
werden. Auf seine Anlage durch den Menschen weist schon die Wortherkunft
hin. Teich, mittelhochdeutsch „tich" ist urverwandt mit dem litauischen „diegti"
(= stechen) und bedeutet eigentlich „Ausstich". Im Dänischen und Schwe-
dischen heißt der Teich interessanterweise dam bzw. damm.

Zweifellos denkt man hier zunächst an „Fischteiche", die auch die überwiegende Zahl der Teiche stellen und oft einer ganzen Landschaft das Gepräge
geben. Für die Fischwirtschaft bedeutet der Fischteich im engeren Sinn immer
ein vollständig ablaßbares flaches Gewässer. Gespeist wird es vielfach durch
Fließgewässer, aber auch Quellen, Grund- oder Regenwasser („Himmels-
teiche"). Infolge der Bewirtschaftung ist der Teich meist periodisch mit Wasser
bespannt, liegt also zeitweilig trocken. Es versteht sich von selbst, daß dadurch,
sowie im Zusammenhang mit weiteren teichwirtschaftlichen Maßnahmen, eine
wesentliche Beeinflussung seiner Fauna und Flora erfolgt.

Neben Fischteichen gibt es auch andere Teichtypen, wie reine Entenzucht-
teiche, die verschiedenen von der Wasserwirtschaft angelegten Objekte (Ab-
wasser-, Oxydations-, Stabilisierungs-, Nachklärteiche usw.), außerdem natürlich Dorf-, Lösch-, Garten-, Parkteiche u. a., die nur bedingt oder überhaupt
nicht ablaßbar sind. Nicht vergessen seien die Zierteiche und die alten chinesi-
schen Tempelteiche, in denen schon zur Zeit der Sung-Dynastie der Goldfisch
und seine monströsen Zuchtformen gehalten wurden.

Die Größe der Wasserfläche des Teiches ist ebenso wie beim Weiher kein
Kriterium. Sie hängt von den örtlichen Gegebenheiten (Gelände- und Boden-
beschaffenheit, Wasserversorgung usw.) und vom Verwendungszweck ab und
kann einige Quadratmeter bis mehrere hundert Hektar betragen. In der DDR
weist der größte bewirtschaftete Teich, der „Neuendorfer Oberteich", eine
teichwirtschaftliche Nutzfläche von 193,3 ha auf. Der größte europäische Karpfenteich ist der „Rožmberk" bei Třeboň (Wittingau) in Südböhmen (ČSSR).

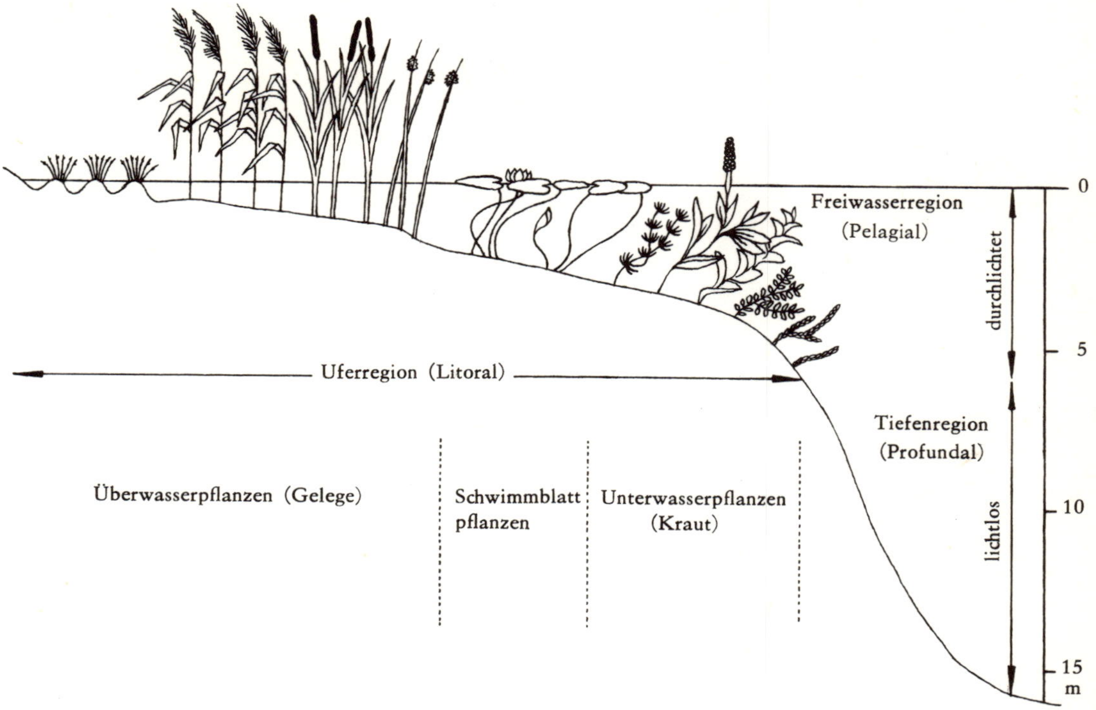

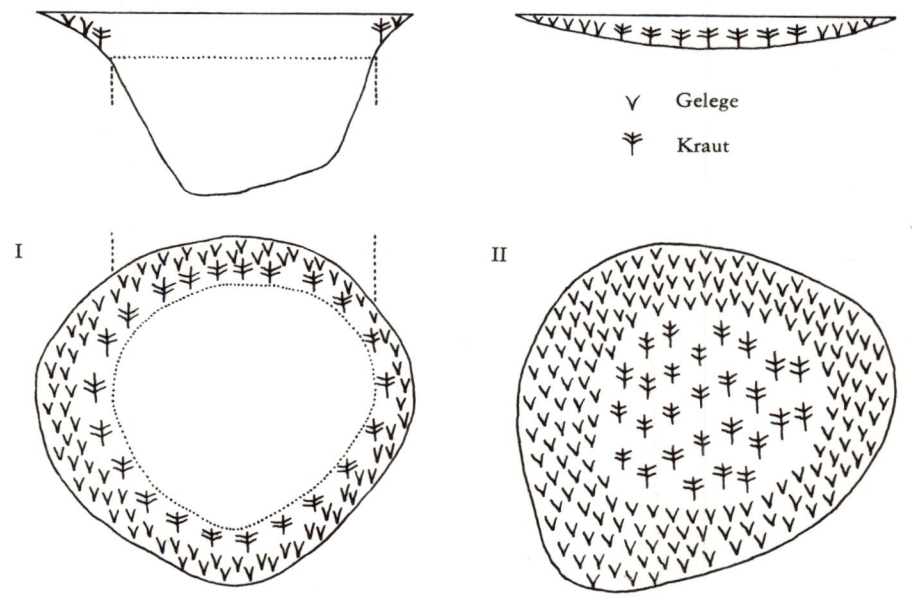

Freiwasserregion (Pelagial)

durchlichtet

0

5

Tiefenregion (Profundal)

lichtlos

10

15 m

Uferregion (Litoral)

Überwasserpflanzen (Gelege)

Schwimmblatt pflanzen

Unterwasserpflanzen (Kraut)

Y Gelege

⅄ Kraut

I

II

Er wurde 1584 bis 1591 angelegt und besitzt eine Wasserfläche von gegenwärtig etwa 490 ha (maximale Tiefe 5 m).

Als Tümpel bezeichnen wir jene mit Schmelzwasser gefüllten Mulden am Rande der Gletscherfelder oder die nach der Frühjahrsüberschwemmung des Flusses in den kleinen Bodensenken zurückgebliebenen, meist nur wenige Handbreit tiefen Wasseransammlungen, die nach einigen Wochen oder Monaten wieder austrocknen. Ihre Flächenausdehnung kann zwar beliebig groß sein, ist aber oft recht gering. In den noch weitgehend naturnahen Auewäldern kommen solche periodischen (temporären) Gewässer häufig vor. Sobald uns die ersten warmen Sonnenstrahlen im März zum Spaziergang locken, sehen wir, daß dort alle Senken, die im Sommer und Herbst trocken lagen, mit Wasser gefüllt sind (Abb. 121). Das milde Wetter brachte Schnee und Eis zum Schmelzen, und der Fluß führt Hochwasser.

Wenn die Wiesentümpel bereits wasserleer sind und den Anblick einer trockenen, von zahlreichen Rissen und Spalten durchzogenen Schlammfläche (Abb. 124) bieten, führen schattig gelegene Waldtümpel immer noch Wasser. Das dichte Laubdach verringert die Verdunstung und hält sie länger feucht.

Wie schon angedeutet, entstehen die periodischen Gewässer auf unterschiedliche Art und Weise, sei es durch Schneeschmelze, Überschwemmungen größerer Fließgewässer (im Frühjahr, seltener im Herbst) oder Austritt von Grundwasser. Oft werden die Grundwassertümpel durch Pegelschwankungen eines nahen Flusses stark beeinflußt. Aber auch heftige oder anhaltende Regengüsse können im Sommer und Herbst zur Bildung vorübergehender Gewässer führen. Die eingangs erwähnte Uneinheitlichkeit in der Terminologie trifft für den Tümpelbegriff leider besonders zu. Ohne ins Detail gehen zu wollen, sei doch herausgestellt, daß die Definition unter dem Aspekt der Periodizität, die wir zugrunde legen, zwar von vielen, aber keineswegs von allen Autoren vertreten wird. So bezeichnet beispielsweise Tischler (1975) alle stehenden Kleingewässer mit weiherartigem Becken, unabhängig davon, ob sie permanente oder periodische Wasserführung haben, als Tümpel.

Bei allen Bemühungen um eine Begriffsfestlegung stößt man doch infolge der Mannigfaltigkeit und Verschiedenheit der hier besprochenen Gewässer unweigerlich auf vielerlei Übergangs- und Zwischenstufen. Denken wir nur an Tümpel, die in niederschlagsreichen Jahren nicht austrocknen oder an die Gewässersituation des Hitzesommers 1976.

Angesichts dieser Problematik sollte man bei entsprechenden Studien und Untersuchungen das jeweilige Gewässer stets möglichst allseitig und eingehend beschreiben, einschließlich aller Faktoren, die für die Lebewesen dieses Biotops (Lebensraums) von Bedeutung sein könnten.

Gewässer und Landschaft

Wie ein großer Spiegel liegt der klare Weiher mit seinem breiten Röhrichtgürtel inmitten der saftig grünen Wiesen, die bis zum Waldrand ziehen. Im Frühjahr und Sommer schmückt ihn ein blühender Pflanzenteppich. Überall herrscht reges Treiben und Leben. Weithin hörbar ertönt das Quaken der Frösche, das sich mit einem vielstimmigen Vogelkonzert mischt.

Einen ganz anderen Anblick bietet jene flachwellige Landschaft, die nur selten einmal ein Feldgehölz aufweist. Jahrzehntelange ackerbauliche Bodennutzung hat das Gesicht dieses Hügellandes geprägt. Soweit man schauen kann, erstrecken sich Getreidefelder. Doch dort, etwas versteckt in einer Senke, schmiegt sich ein kleiner Teich an den Hügel. Weiter oberhalb sickert Wasser aus dem Boden. In viele feine Adern zerteilt, durchtränkt es die Erde, so daß bis zum Teich hin ein schmaler Quellsumpf reicht. Über dem Wasser jagen in munterem Spiel farbenprächtige Libellen hin und her. Ihre schlanken Leiber und durchsichtigen Flügel blitzen im Sonnenschein. Im Wasser spiegeln sich Himmel, Sonne und die weißen Birkenstämme. Wasserläufer gleiten ruckartig auf dem Wasser dahin, ab und zu steigt ein Wasserkäfer zur Wasseroberfläche empor, um mit der Hinterleibsspitze frische Atemluft zu schöpfen. Eingebettet in diese einförmigen Ackerflächen gleicht der Teich einer Oase.

Welchen Eindruck vermitteln aber erst reizvoll gelegene Teichgruppen, Reste ehemaliger klösterlicher Teichwirtschaft, oder gar ausgedehnte Teichgebiete, die einer ganzen Landschaft das Gepräge geben. Solche großen Teichgebiete finden wir z. B. in der Ober- und Niederlausitz (DDR), Oberpfalz (BRD), Touraine und Lorraine (Frankreich), vor allem jedoch in Südböhmen und Südmähren (ČSSR). Auf dem Gebiet der ČSSR gibt es heute insgesamt 52 500 ha Teichfläche, im 16. Jahrhundert waren es sogar 180 000 ha.

Das farbenfrohe, vielgestaltige Mosaik der Teichlandschaft ist Lebensraum für eine reiche Pflanzen- und Tierwelt. In kleinen Teichen bilden Froschlöffel (*Alisma plantago-aquatica*) und Pfeilkraut (*Sagittaria sagittifolia*) vielfach größere Bestände. Durch die starke Düngung der Teiche bedecken Wasserhahnenfußarten, Laichkräuter und Wasserknöterich (*Polygonum amphibium*) große Teile der Wasserfläche. Im Schilfdickicht nisten zahlreiche Wasservögel. Taucher, Enten und Bleßrallen (*Fulica atra*) bevölkern in wechselnder Zahl die offenen Wasserflächen. Zur Zugzeit fallen auf den weiten Schlammflächen der abgelassenen Teiche Scharen von Watvögeln (Limikolen) ein, die hier reichlich Nahrung finden.

Zwischen den Teichen breiten sich Naßwiesen aus, auf denen oft in großer Zahl farbenprächtige Orchideen (Knabenkrautarten) gedeihen. Kiebitze (*Vanellus vanellus*) streichen im gaukelnden Flug über die Wiesen und vollführen die erstaunlichsten Kapriolen. Der Weißstorch (*Ciconia ciconia*), der sich bei der Nahrungssuche zufällig ihrem Nest nähert, wird heftig attackiert und vertrieben. Ein bestimmendes Element dieser Landschaft sind auch die vielen netzartig das Gelände durchziehenden schmalen und breiten, zum Teil mit Eichen und Erlen bestandenen Teichdämme. Von ihnen aus bieten sich vielfältige Möglichkeiten, das Leben auf den Wasserflächen zu beobachten, soweit nicht dichte Brennessel- und Distelbestände am Vordringen hindern.

Wie bescheiden nehmen sich dagegen die meist kleinflächigen Tümpel aus. Gehören sie im Hochgebirge zur Zeit der Schneeschmelze oder im Überschwemmungsbereich der Flüsse während des Frühjahrshochwassers noch immer zum vertrauten Landschaftsbild, so haben sie doch in Dorf- und Stadtnähe, ganz zu schweigen von Feld und Flur, bereits Seltenheitswert.

Ob kleine oder große Wasserflächen, ob Tümpel, Weiher, See oder Fluß, sie alle beleben und bereichern das Landschaftsbild auf mannigfaltige Weise. Wechselspiel der Farben, Kontraste von Wasser und Licht, wer vermag die unzähligen Varianten zu erfassen? Und doch fasziniert schon der Augenblick, festgehalten im Bild, Foto oder besser in Wort und Vers. Aber wer schätzt schon das, was er hat! Erst angesichts der zunehmenden Monotonie unserer Kulturlandschaft, oft als „Kultursteppe" glossiert, wird vielen der Wert all dessen bewußt.

Wie komplex und vernetzt sind doch die Zusammenhänge des Landschaftshaushaltes. Seitdem die Ökologie (Lehre von den Beziehungen der Organismen untereinander und mit ihrer Umwelt) in die Landschaftsforschung Eingang fand, erweiterten sich unsere Kenntnisse auf diesem Gebiet ständig, und dennoch stehen wir hier erst am Anfang.

Wir wissen, daß die Stabilität im Landschaftshaushalt weitgehend durch biologische Vielfalt in der Landschaft gewährleistet wird. Vielfalt, das bedeutet eine gewisse Mannigfaltigkeit von Biotopen und damit ein Reichtum an Pflanzen- und Tierarten. In einer mit industriemäßigen Methoden, unter Einsatz modernster Technik intensiv genutzten Kulturlandschaft sollten daher naturnahe Elemente, die als ökologische Ausgleichsflächen („ökologische Zellen") dienen, erhalten bleiben oder nach Möglichkeit neu geschaffen werden. Solche Ausgleichsflächen sind u. a. Feldraine, Hecken, Gebüschgruppen, Feldgehölze, Moore, dazu auch Tümpel, Teiche und Weiher, wo auf engstem Raum eine erstaunliche Artenfülle existiert. Gilt doch der natürliche Weiher sogar als unser artenreichstes Gewässer.

Gewässer und Landschaft sind wechselseitig verbunden, ja wesentlich vielseitiger und weitreichender miteinander verzahnt, als dies bei anderen Landschaftselementen der Fall ist. So wirken sich wasserbauliche Veränderungen zwangsläufig auf die gesamte Landschaft aus. Andererseits gibt es eine Vielzahl sich teilweise überlagernder Faktoren aus Industrie, Land-, Forst-, Fischereiwirtschaft und dem Erholungssektor, die mit sehr unterschiedlichem Wirkungsgrad auf die Gewässer ausstrahlen. Denken wir nur an die aktuellen Probleme des Düngerabtrages von anliegenden Nutzflächen, den Eintrag von Pflanzenschutz- und Schädlingsbekämpfungsmitteln, Auswirkungen von Grundwassersenkungen durch Bergbau oder kulturtechnische Maßnahmen usw.

Im Rahmen des natürlichen Wasserrückhalte- und Speichervermögens der Landschaft haben Weiher und Teiche ebenso wie alle anderen Feuchträume als Speicher und Regulatoren Bedeutung. Leider wurde diesem mehr indirekten, nicht in Mark und Pfennig abrechenbaren Nutzen in der Vergangenheit keine oder kaum Beachtung geschenkt. Die Landgewinnungs- und Trockenlegungskampagnen überstanden vielerorts nur wenige solcher natürlichen Wasserressourcen. Soweit überhaupt ein Überblick vorliegt, stimmen die „Bilanzen" nahezu überein. Danach ist der Bestand natürlicher stehender Gewässer aller Art in der BRD erschreckend zusammengeschrumpft. In der Schweiz sind in den letzten 140 Jahren fast 90 % der Feuchtgebiete (Landschaftsteile, in denen Wasser eine zentrale Rolle spielt) verschwunden.

Wie ist die Situation heute? Angesichts der vielfältigen Umweltschädigungen, der breiten, dabei keineswegs immer sachdienlichen und oft einen Umwelthorror propagandierenden Information durch die Massenmedien wird der unersetzbare Wert der natürlichen Landschaft offensichtlich mehr und mehr erkannt. Das Engagement des Einzelnen, meist rein subjektiv empfunden, nimmt, gemessen an den Initiativen im kommunalen Bereich, erfreulich zu. Dennoch werden weiterhin gerade kleinflächige Gewässer wie Tümpel, fischereiwirtschaftlich nicht mehr genutzte Teiche und kleinere Weiher vernichtet. Ihre geringe Größe, unzureichende Erfassung und oftmals unübersichtliche Lage im Gelände erschweren eine Kontrolle und erleichtern die Zerstörung. Vielfach verwandeln sich diese Biotope über Nacht in Friedhöfe für ausgediente Autoreifen, wilde Müllablagen; andere werden mit Bauaushub gefüllt oder im Zuge der Flurbereinigung – mit oder auch ohne Erlaubnis der örtlichen Behörden – beseitigt.

Dazu kommt, wie schon erwähnt, das weltweite Problem der zunehmenden Verunreinigung der Gewässer. Stehende Gewässer mit ihrer außerordentlich geringfügigen Wassererneuerung und den stärker in sich geschlossenen Kreisläufen reagieren allerdings wesentlich empfindlicher als Fließgewässer. Die bedrohliche Belastung mit Abwässern vornehmlich aus dem landwirtschaftlichen Sektor in Form von Jauche, Gülle, Silageflüssigkeit u. a., Düngeraus-

6. Schmelzwassertümpel am Gletscherrand (Großglockner, Hohe Tauern)

7. Hochgebirgstümpel oberhalb der Wildschönau (Tirol), im Hintergrund das Inntal bei Kufstein

8. In der Tundra sind stehende Flachgewässer wie dieser Tümpel weit verbreitet

9.
Der typische Dorfweiher
verschwindet mehr und
mehr aus dem
Landschaftsbild

10. Karpfenteich, überzogen vom weißen Blütenteppich des Gemeinen Wasserhahnenfußes *(Ranunculus aquatilis)*

11. Weiher mit Kronenkranichen (*Balearica pavonina*) und Nilgänsen (*Alopochen aegyptiacus*) im bekannten tansanischen Schutzgebiet Ngorongoro Krater

12. Wasser als wesentliches Gestaltungselement in Parkanlagen. Japanischer Parkteich (Kyoto)

13. Verlanden, das natürliche Schicksal stehender Gewässer

14. Im Zuge der fortschreitenden Verlandung verbleiben einige Zeit noch kleinere Wasseransammlungen

15. Die von Weidengebüsch umgrenzte Fläche war ehemals ein Flachgewässer

16. Moorland gehört zu den reizvollen Landschaftselementen und ist doch nur eine Zwischenstation der Seen-
    verlandung

17. Nach erfolgter Melioration zeugen oft nur noch schwarze Mulden im Ackerland vom ursprünglichen Feucht-
    gebiet

18. Ein Wiesenweiher wird durch Melioration trockengelegt
19. Ackerland statt Feuchtgebiet

20. Sekundärbiotop Kiesgrube. Herausforderung zur späteren sinnvollen landeskulturellen Nutzung

schwemmung und -verwehung führt zur Eutrophierung. Diese unerwünschte „Gewässerdüngung" mit den wichtigen Pflanzennährstoffen Stickstoff und Phosphor ruft, wie wir noch später sehen werden, erhebliche Störungen des biologischen Gleichgewichts (verstärkte Bioproduktion, Fischsterben usw.) hervor. Unübersehbares äußerliches Kennzeichen ist die Färbung und Trübung des Wassers durch riesige Algenmassen. Es bilden sich breitflächige, dicke gelbgrüne Algendecken. Die am Ufer absterbenden Algenwatten verpesten im Sommer die Luft. Was ist da noch von der eingangs herausgestellten optischästhetischen Wirksamkeit dieser Gewässer vorhanden?

Durch gezielte koordinierte Maßnahmen gilt es, möglichst schnell Abhilfe zu schaffen. Ein meist langwieriger, kostenaufwendiger, aber absolut notwendiger Prozeß! In diesem Rahmen bieten sich auch für bescheidene Eigeninitiativen zahlreiche Ansatzpunkte und Möglichkeiten. Ein lohnendes Beispiel zur aktiven Mitarbeit im ländlichen Bereich ist z. B. der Dorfteich oder -weiher. Wo findet man heute noch einen sauberen Dorfteich, mit schattenspendenden Bäumen am Ufer, einem kleinen Röhrichtbestand, der z. B. Teichrallen *(Gallinula chloropus)* Brutmöglichkeit und Zuflucht bietet, mit einigen Schwimmblatt- und Unterwasserpflanzen, reichem Wasserinsektenleben, vielen Krebstieren, auch Molchen, Fröschen und anderen Wassertieren? Oder gibt es diesen Dorfteich schon gar nicht mehr? Der unerfreuliche Anblick vieler einst zur Zierde und Bereicherung des Dorfbildes beitragenden Gewässer, neuerdings auch die steigende Zahl der „steinernen" Dorfteiche mit gemauerter Ufereinfassung und ohne höheren Pflanzenwuchs scheint fast dafür zu sprechen. Grund genug, wieder abwechslungsreiche, naturnahe Dorfteiche zu gestalten, die Anziehungspunkte bilden und zum Verweilen und Beobachten einladen.

Vom Werden und Vergehen

Werden und Vergehen, ein uralter und ewig junger Prozeß, dem alles Leben, aber auch die unbelebte Natur unterliegt. Ein Wandel, der sich kurzzeitig, in Stunden, Jahren, ja Jahrtausenden und Jahrmillionen vollziehen kann, der plötzlich und allmählich auftritt, im Großen und Kleinen wirksam ist.

Wie verläuft dieser Prozeß bei den stehenden Gewässern? Viele von ihnen sind glazialen Ursprungs. Nach dem Zurückweichen des Eises füllten sich Rinnen, Mulden und Becken mit Wasser und wurden zu Seen. So entstanden u. a. die typischen Grundmoränenseen Nordamerikas und des norddeutschen Flachlandes. Andere, oft besonders große und tiefe Seen verdanken ihre Entstehung tektonischen Vorgängen. Musterbeispiel ist der tiefste See der Erde, der in einem gewaltigen Grabenbruch liegende Baikalsee (größte Tiefe etwa 1 620 m). Auf vulkanische Tätigkeit gehen die Kraterseen und Maare zurück. Wenn wir uns einmal das Alter der letzteiszeitlich entstandenen Seen betrachten, dann ist dieses mit etwa 10 000 Jahren aus erdgeschichtlicher Sicht gering. Im Vergleich dazu sind die flachen stehenden Gewässer natürlich äußerst kurzlebige Gebilde. Sie entstanden oder entstehen oft in enger Beziehung zu Fließgewässern. Denken wir nur an die vielfach halbmond- bis hufeisenförmigen Altwasser, die nichts anderes als durch natürliche oder künstliche Regulierungen abgeschnürte Flußabschnitte sind, oder die vielen jährlich durch Überschwemmungen gespeisten und auch neu gebildeten Flachgewässer. Die mannigfaltigen Entstehungsmöglichkeiten von Tümpeln haben wir schon kennengelernt. Im Hügel- und Bergland kann man mitunter recht gut verfolgen, wie sich durch Erosion, Stau von Geröll und abgestürzten Erdmassen, Einsenkungen usw. mit Wasser gefüllte Becken bilden. Nicht vergessen seien die durch die Tätigkeit von Bibern *(Castor fiber)* entstandenen kleinen und größeren „Biberseen". Folgen wir der Version der Gebrüder Grimm, die den Artnamen vom lateinischen faber = Zimmermann herleiten, so wäre damit die erstaunliche Bautätigkeit dieser interessanten Nager, deren Vorfahren schon in den Braunkohlenwäldern des Tertiär lebten, in den Vordergrund gestellt. Das durch ihre Dammbauten angestaute Wasser kann oft respektable Flächen einnehmen. Hinze nennt Wasserbecken mit Ausmaßen von 106 m x 68 m und 244 m x 103 m, die durch Dämme von 31 und 50 m Länge entstanden. Kleine Bäche können zu mehreren hintereinanderliegenden Teichen „umgestaltet" werden. Aus der amerikanischen Literatur sind Dämme von 106 und sogar 652 m Länge bekannt, die aber wahrscheinlich das Produkt von mehreren Bibergenerationen waren. Wird der Damm durch Überschwemmungen oder von Menschenhand zerstört, dann beheben die Biber meist den Schaden erstaunlich schnell.

Die Vergänglichkeit der stehenden Gewässer wird im Bereich kleiner Wasseransammlungen besonders deutlich. So können alle wasserführenden Senken und Mulden bei vermindertem oder mangelndem Wasserzufluß ebenso schnell wieder verschwinden, wie sie entstanden sind. Natürlich kann dies unter entsprechenden Bedingungen, z. B. einer weiträumigen Grundwasserabsenkung, auch für größere stehende Gewässer zutreffen. Abgesehen von der möglichen Vernichtung durch Schwinden des Wasservorrates unterliegt jedoch jedes Gewässer dem natürlichen Prozeß des Vergehens, der in Abhängigkeit vom Biotop und den spezifischen Umweltfaktoren von Fall zu Fall unterschiedlich abläuft, sich über kleinere oder große Zeiträume erstreckt, wobei direkte und indirekte menschliche Einflüsse (anthropogene Einflüsse) meist stark beschleunigend wirken.

Viele unserer heutigen Weiher waren einst Seen (Klarwasserseen). Durch fortschreitende Auffüllung mit anorganischen und organischen Sedimenten, die durch Ablagerungen biogenen Ursprungs, vor allem von Plankton-Biomasse (vgl. „Erstaunliche Vielfalt") und Zelluloseschlamm höherer Wasserpflanzen, anfallen, außerdem auch durch Materialzufuhr über etwaige Zuflüsse sowie anderweitige Einschwemmungen wird der See immer seichter. Vom Ufer her rückt die Vegetation ständig weiter zur Seemitte vor. Auf diese Weise entsteht aus dem See ein Weiher, der mit fortschreitender Verlandung zum Rohrsumpf und schließlich zum Flachmoor wird.

Während die Verlandungsprozesse in den nährstoffarmen, kalten Flachgewässern der Hochgebirge und Nordeuropas verhältnismäßig langsam ablaufen, ändert ein nährstoffreicher Weiher meist in weitaus kürzerer Zeit sein Aussehen. Manche Wiesenweiher, die in unserer Jugend noch wahre Fundstätten für vielerlei Wassergetier waren, sind heute zugewachsen oder sogar schon völlig verschwunden. Oft erinnern nur noch kleine von Weidengebüsch umsäumte Bereiche (Abb. 15) an die Existenz ehemaliger Feuchtgebiete.

Wenden wir uns den an der natürlichen Verlandung beteiligten Wasser- und Sumpfpflanzengesellschaften zu, die am Beispiel der Seenverlandung eingehend untersucht wurden und sich in fast jedem Lehrbuch wiederfinden. Allerdings ist es nicht so, daß die Vegetationszonierung „lehrbuchgetreu" bei allen Seen in gleicher Weise vorliegt. Denken wir nur daran, daß allein durch Auswirkungen des Bade- und Bootsbetriebes die Ufervegetation vielerorts geschädigt und verändert wird. Bei Flachgewässern, wo sich natürliche und anthropogen bedingte Einwirkungen meist viel stärker auswirken, ist die Situation oft noch unübersichtlicher. Auf kleinstem Raum sind hier mitunter nur bestimmte Zonen ausgebildet, die typische Sukzessionsfolge ist nicht mehr erkennbar. Am naturnahen, intakten Gewässer bereitet eine Orientierung im obigen Sinne jedoch keine Schwierigkeiten.

Im soziologischen System der Pflanzen zählen die eigentlichen Wasserpflanzen-Gesellschaften zu den beiden Klassen der an Wasserlinsen (Lemnaceae) reichen Wasserschweber-Gesellschaften (Lemnetea) und den im Gewässerboden wurzelnden Laichkraut- und Schwimmblattgesellschaften (Potamogetonetea). Die erste Klasse umfaßt artenarme, im Wasser wurzelnde Gesellschaften, die in mehr oder weniger nährstoffreichen Gewässern vorkommen und dort unterschiedlich dichte Schwimmdecken ausbilden. Als Wasserwurzler werden sie durch Wind und Wellenschlag stark beeinflußt und auf diese Weise in andere Pflanzenbestände eingedriftet. So können sie in der Schwimmblattzone wie auch in den anschließenden Röhrichten auftreten, wenn dort kleinere freie Wasserflächen existieren. Typische, individuenreiche Reinbestände von Wasserlinsen finden sich vor allem auf Dorfteichen und Tümpeln. Bekannteste Vertreter sind die Vielwurzelige Teichlinse *(Spirodela polyrhiza)* und Kleine Wasserlinse *(Lemna minor)*. Sie können wie die Bucklige Wasserlinse *(Lemna gibba)* und die wegen ihres sehr kurzen Lebenszyklus bekannte Zwergwasserlinse *(Wolffia arrhiza)* die Gewässeroberfläche mit einer geschlossenen dicken Pflanzendecke überziehen. Von den freischwimmenden Arten seien schließlich noch das Wasser-Lebermoos *(Riccia fluitans)* und der Gemeine Schwimmfarn *(Salvinia natans)* erwähnt.

Neben den Wasserlinsen-Gesellschaften gehören zu dieser Klasse auch die Froschbiß-Gesellschaften (Hydrocharietum morsus-ranae und Stratiotetum aloides). Zu ihnen zählen z. B. der Froschbiß *(Hydrocharis morsus-ranae)* und der Gemeine Wasserschlauch *(Utricularia vulgaris)*, die – wie die übrigen Vertreter – im Gegensatz zu den Wasserlinsen-Beständen relativ ortsfest sind und sich strukturell und artmäßig bereits den im Boden wurzelnden Laichkrautgesellschaften nähern. Besonders typische Anzeiger der Verlandungsprozesse sind ausgedehnte Krebsscheren-Bestände *(Stratiotes aloides)*. Die Massenentfaltung dieser Art führt zu einer beachtlichen Biomasseproduktion und somit zur Anreicherung von organischer Substanz auf dem Gewässerboden.

Zur zweiten Klasse gehören die Fluthahnenfuß-, Laichkraut- und Schwimmblattgesellschaften. Sie setzen sich aus untergetaucht lebenden (submersen) Pflanzen und aus Arten mit Schwimmblättern zusammen. Ein Blick auf die Abb. 21 erleichtert uns die Unterscheidung zwischen Unterwasser- und Schwimmblattpflanzen. In Flachgewässern sind die Schwimmblattgesellschaften meist so stark ausgeprägt, daß sie große Teile der Wasseroberfläche bedecken oder fast völlig einnehmen. Das gilt besonders für die Teichrosen-Gesellschaft (Myriophyllo-Nupharetum; vgl. Abb. 103), die außerdem durch Tausendblattarten (Myriophyllum) charakterisiert ist. Letztere leben submers, lediglich ihre auf Windbestäubung eingerichteten Blüten ragen aus dem Wasser heraus. Mitunter können Tausendblattarten ziemlich dichte Bestände bilden, die Fischen gute Möglichkeiten zum Unterschlupf und zur Eiablage bieten. Im Myriophyllo-Nupharetum siedeln auch Wassernuß *(Trapa natans)* und das submers lebende Gemeine Hornkraut *(Ceratophyllum demersum)*. Natürlich trifft man diese Arten nicht in jedem Gewässer mit Teich- und Seerosenbeständen an. Viel größer ist die Möglichkeit, verschiedene Laichkrautarten wie das Schwimmende Laichkraut *(Potamogeton natans;* Abb. 110), Glanz-Laichkraut *(Potamogeton nitens)*, Krause Laichkraut *(Potamogeton crispus)* und Kamm-Laichkraut *(Potamogeton pectinatus)* vorzufinden. Besonders auffällig sind natürlich die weißblühenden Seerosen *(Nymphaea alba;* Abb. 1) und gelbblühenden Teichrosen oder Großen Mummeln *(Nuphar lutea;* Abb. 83). Meist kommt im Gewässer nur eine der beiden Arten vor. Treten sie gemeinsam auf, dann werden von ihnen voneinander abgegrenzte Bereiche besiedelt.

21.
Schema der
fortschreitenden
Verlandung im
Uferbereich eines
Sees.
Aufeinanderfolge
typischer
Pflanzengesellschaften

Die einzelnen Arten der Seerosen-Gesellschaft tragen durch ihre Massenentwicklung und den jährlichen hohen Anfall absterbender Pflanzenmasse zur Verlandung des Gewässers bei. Während sie noch an völlig freie Wasserflächen gebunden sind, können viele Vertreter der sich landwärts anschließenden Klasse der Röhrichte (Phragmitetea) bereits in einem lediglich durchnäßten Boden existieren. Sie leiten damit zu den Pflanzen des Ufers und grundwassernahen Landes über. Viele der in diesem Übergangsbereich wachsenden Pflanzen zeichnen sich durch eine starke Anpassungsfähigkeit ihrer Organe aus. Sie ermöglicht es ihnen, hier als Wasser- oder Landform Fuß zu fassen. Sichtbarer Ausdruck ist die Heterophyllie, d. h. die Ausbildung verschieden geformter Blätter an verschiedenen Teilen des Sprosses (vgl. „Wasserpflanzen erobern den Raum").

Die Klasse der Phragmitetea umfaßt das Großröhricht (Phragmition), zu dem als wichtigste Gesellschaft das Teichsimsen-Schilf-Röhricht (Scirpo-Phragmitetum) gehört und das Großseggenried (Magnocaricion) mit dem Steifseggen-Ried (Caricetum elatae), Schnabelseggen-Ried (Caricetum rostratae) und Schlankseggen-Ried (Caricetum gracilis) als den wesentlichsten Gesellschaften. Sie alle sind weitere wichtige Aktivposten des Verlandungsprozesses. In erster Linie ist hier das Gemeine Schilf oder Rohr (Phragmites australis) zu nennen, das mit seinem dichten Wurzelstocksystem im Gewässerboden ein regelrechtes Netzwerk bildet und als wichtigster „Verlander" gilt. Zu den Charakterarten zählen neben dem Rohr die Gemeine Teichsimse (Schoenoplectus lacustris), Gemeine Sumpfsimse (Eleocharis palustris), das Rohr-Glanzgras (Phalaris arundinacea) und Rohrkolbenarten (Typha). Auch die Schwanenblume (Butomus umbellatus), Binsen-Schneide (Cladium mariscus) und der Kalmus (Acorus calamus) gehören hierher. Am Rand des Schilfgürtels leuchten unübersehbar die hellgelben Blüten der Wasserschwertlilie (Iris pseudacorus; Abb. 71). Offene Stellen im Schilfwald werden oft völlig vom Gemeinen Froschlöffel (Alisma plantago-aquatica) besiedelt. Außerdem entdecken wir hier auch den Ästigen Igelkolben (Sparganium erectum; Abb. 149), gelegentlich den Teich-Schachtelhalm (Equisetum fluviatile), der sich bis zum Ufer fortsetzen kann und manchmal sogar dichte geschlossene Bestände, sogenannte „Facies" bildet. Auf den ersten Blick ähnelt den Schachtelhalmen der meist gesellig auftretende Tannenwedel (Hippuris vulgaris; Abb. 62).

An das Röhricht schließt sich in der Regel das Großseggenried (Magnocaricion) an. Es leitet entweder zum Erlenbruchwald über oder zeigt bei kleineren stehenden Gewässern Anzeichen von Flachmoorbildungen. In vielen Fällen folgen dann Viehweiden. Bei einer natürlichen, ungestörten Entwicklung läuft die Verlandung (Alterung) normal ab. Das „sterbende" Gewässer nimmt innerhalb dieses Prozesses seinen festen Platz ein und ist nichts Außergewöhnliches oder Unnatürliches. Übelriechende, weitgehend von der Vegetation entblößte Flachgewässer sind dagegen immer Ausdruck schwerwiegender zivilisationsbedingter Einwirkungen, die den natürlichen Alterungsvorgang tiefgreifend verändern, beschleunigen und vielfach dazu führen, daß solchen Biotopen durch Zuschütten ein schnelles Ende bereitet wird. Die vielerorts zunehmende Verödung des Uferbereiches unserer Gewässer zeigt in alarmierender Weise ihre Funktionsminderung im Naturhaushalt der Landschaft an. Rechtzeitiges Eingreifen, zielgerichtete Gewässerpflege ersparen langwierige, kostenaufwendige Sanierungsmaßnahmen (vgl. „Produzenten, Konsumenten, Destruenten").

Anteil am Verschwinden vieler Gewässer haben auch die für die Intensivierung der landwirtschaftlichen Produktion zum Teil unumgänglichen Melio-

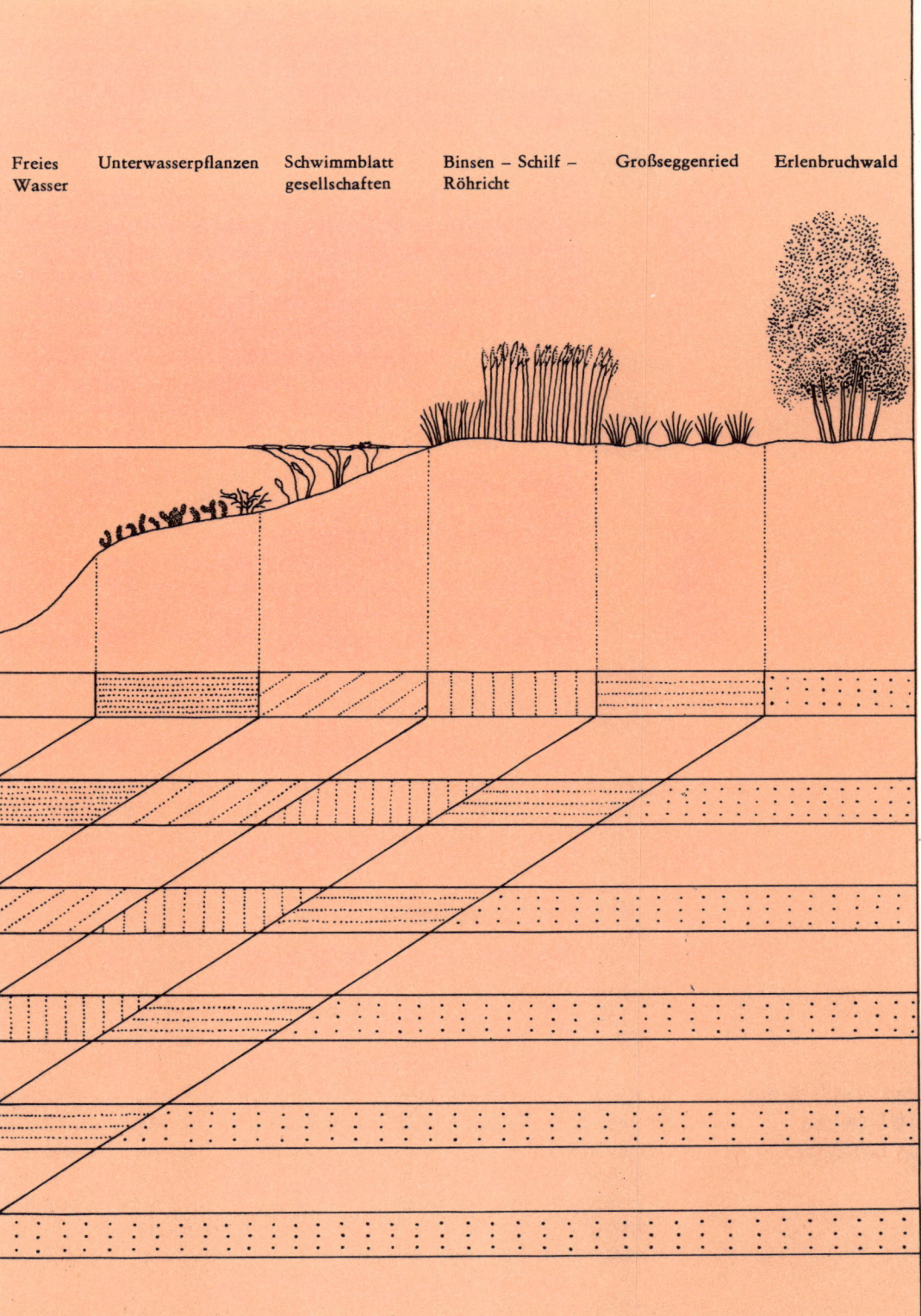

Freies Wasser — Unterwasserpflanzen — Schwimmblattgesellschaften — Binsen – Schilf – Röhricht — Großseggenried — Erlenbruchwald

rationen (Abb. 18, 19). Gerade auf diesem Sektor sollte künftig besser und sorgfältiger als bisher jede Entscheidung geprüft und nur in Abstimmung mit den Behörden für Naturschutz und Landschaftspflege getroffen werden.

Dem natürlichen Vergehen und der Vernichtung durch indirekte und direkte menschliche Einflüsse steht jedoch die Möglichkeit gegenüber, neue Gewässer zu schaffen. Bestes Beispiel ist der seit Jahrhunderten betriebene und vornehmlich von handfesten wirtschaftlichen Interessen getragene Teichbau. Erwähnung verdienen natürlich auch die aus wasserwirtschaftlichen Erfordernissen heraus errichteten großen Speicherbauten, wie Rückhaltebecken und Talsperren (Stauseen). Neben diesen gezielt angelegten Gewässern gibt es in unserer Landschaft eine Reihe von „Sekundärgewässern", die in aufgelassenen Sand-, Kies-, Tongruben und Steinbrüchen entstanden sind, zu denen aber auch Ziegeleigewässer sowie Tagebaurestlöcher zählen. Von ihnen ergreift die Natur gleichfalls nach und nach Besitz. Die biologischen Prozesse spielen sich ein, und die Renaturierung schreitet Zug um Zug voran. Diese Biotope „aus zweiter Hand" sind für uns nicht minder wertvoll als natürlich entstandene Lebensräume. Wir wissen, daß z. B. ältere Sand- und Kiesgruben oft über eine reiche Flora und Fauna verfügen. Allein aus den letzten Jahren liegt hierzu ein breit gefächertes Spektrum von Untersuchungen vor (vgl. „Vom Nutzen der flachen stehenden Gewässer"). Dennoch sind längst nicht alle Fragen und Probleme gelöst. So eignen sich die in anthropogenen Sekundärbiotopen entstehenden Gewässer gerade als Studienobjekte, an denen wir die Dynamik der Entwicklungsprozesse oder den Ablauf der Neubesiedlung verfolgen können. Die Chance, diese von jeher nur als potentielle Müllablageplätze gewerteten „Schandflecken" in der Landschaft durch geeignete Gestaltungsmaßnahmen ins Gegenteil umzukehren, wird mehr und mehr erkannt. Einige Länder haben im Rahmen der Kampagne zur Schaffung neuer Feuchtgebiete schon Nachahmenswertes geleistet. Es genügt nicht, nach Abschluß der Förderarbeiten eine schlechthin verhältnismäßig naturnahe Wasserfläche zu hinterlassen. Für ihre weitere Entwicklung und sinnvolle Eingliederung in die Landschaft ist eine klare Zielvorstellung erforderlich, aus der sich dann ganz unterschiedliche Folgearbeiten ableiten. So liegt auf der Hand, daß ein späterer Badeteich, der in einer Kiesgrube entstehen soll, andere gestalterische Maßnahmen erfordert als ein unter Naturschutz stehender und als Forschungsgebiet dienender Biotop. Aber auch die unmittelbar angrenzenden Flächen sind in die Planung mit einzubeziehen. Wir werden auf einige dieser Aspekte noch im letzten Kapitel zurückkommen. Es gilt, jede Möglichkeit zu nutzen, durch schöpferische Umgestaltung der anthropogenen Sekundärbiotope wieder ein Stück Vielfalt in die Landschaft hineinzutragen.

Chemische und physikalische Verhältnisse im Gewässer

Für das Verständnis der außerordentlich verschiedenartigen, mannigfaltigen Lebensvorgänge und -erscheinungen in unseren Tümpeln, Teichen und Weihern ist eine, wenn auch nur kurze Skizzierung des Milieus, in dem dieses Leben abläuft, unerläßlich. Neben den chemischen verdienen gleichermaßen die physikalischen Verhältnisse im Gewässer Beachtung. Erinnern wir uns in dem Zusammenhang an die – im Gegensatz zum See – für Tümpel, Teich und Weiher charakteristische geringe Wassertiefe. Von ihr lassen sich, wie wir noch im einzelnen sehen werden, fast alle Besonderheiten dieser Flachgewässer ableiten.

Es gibt kein Gewässer in der Natur, das völlig rein ist. Bedingt durch die sehr guten Lösungseigenschaften des Wassers enthält es immer Stoffe verschiedenster Art, die aus der Luft, dem Boden und von Lebewesen bzw. aus deren Stoffwechselprozessen stammen. So sind im natürlichen Gewässer nahezu alle Elemente vertreten. Auch im Niederschlagswasser kommen, abgesehen von Stickstoff, Sauerstoff und Kohlendioxid, in Abhängigkeit von der Belastung der Atmosphäre die unterschiedlichsten Stoffe (vgl. Tabelle 3) vor. Denken wir z. B. an die durch Kernwaffentests anfallenden Radionuklide und die vor allem in industriellen Ballungsgebieten im Niederschlagswasser gelösten oder an festen Oberflächen (Stäube) adsorbierten Luftverunreinigungen (Ammoniak, Schwefeldioxid u. a.).

Von den gelösten Gasen sei zuerst der Sauerstoff genannt. Seine Zufuhr erfolgt durch die Atmosphäre und in Abhängigkeit von der Sonneneinstrahlung, Temperatur und dem Nährstoffgehalt durch die Photosynthese der Wasserpflanzen. Entsprechend der geringen Wassertiefe unterliegt der Sauerstoffgehalt in den Flachgewässern starken täglichen und jahreszeitlichen Schwankungen. Eine Sauerstoffsättigung wird vielfach nicht erreicht. Andererseits kann durch die Massenentwicklung von Algen innerhalb weniger Stunden eine Sauerstoffübersättigung entstehen. Die dadurch verursachte Störung des bisherigen chemischen Gleichgewichtes (pH-Wert-Anstieg; siehe nachfolgenden Absatz) wirkt sich aber auf andere Organismen, z. B. Rädertiere (Rotatoria), negativ aus. Sauerstoffzehrende Prozesse können in flachen Teichen, im Gegensatz zum

Tabelle 3: Mittlerer Spurenstoffgehalt im Niederschlagswasser

A: Werte des meteorologischen Observatoriums Wahnsdorf aus dem Ballungsraum Dresden (nach Mrose 1961, aus Pleiß 1977) Meßzeitraum 1957/59

Leitfähigkeit 10^{-6} Ohm^{-1} cm $^{-1}$	Sulfat	Nitrat	Nitrit	Ammoniak	Kalzium
	mg·l^{-1}				
Winter X–III: 73	12,9	1,9	0,058	2,5	2,8
Sommer IV–IX: 48	10,2	1,6	0,038	1,7	2,4

zum Vergleich:
B: Werte der meteorologischen Station Schauinsland aus dem Südschwarzwald (nach Klockow und Mitarb. 1978 sowie pers. Mitt.) Meßzeitraum VI–XII 1975

Anionen Sulfat	Nitrat	Chlorid	Kationen Wasserstoffionen	Ammonium	Kalzium	Kalium	Natrium
mg·l^{-1}							
4,4	1,7	0,8	~0,1	0,5	0,5	0,4	0,5

Tabelle 4: Verteilung einiger ausgewählter Wasserpflanzen gegenüber dem pH-Wert ihrer Siedlungsgewässer (nach Pietzsch 1980)

Reaktionsstufe des Gewässers	pH-Wert	Wasserpflanzen
extrem sauer	1,8–4,5	See-Brachsenkraut (*Isoëtes lacustre*) Zwiebel-Binse (*Juncus bulbosus*) Schmalblättriger Igelkolben (*Sparganium angustifolium*)
sauer	4,5–6,5	Kleine Seerose (*Nymphaea candida*) Gras-Laichkraut (*Potamogeton gramineus*) Flutende Tauchsimse (*Eleogiton fluitans*)
schwach sauer bis neutral (schwach alkalisch)	6,0–7,5	Gemeiner Wasserstern (*Callitriche palustris*) Faden-Laichkraut (*Potamogeton filiformis*) Berchtolds Laichkraut (*Potamogeton berchtoldii*)
wechselalkalisch	6,0–9,0	Quirl-Tausendblatt (*Myriophyllum verticillatum*) Krebsschere (*Stratiotes aloides*) Zwergwasserlinse (*Wolffia arrhiza*)
alkalisch	ganzjährig über 7,0 (7,0–10,0)	Zartes Hornkraut (*Ceratophyllum submersum*) Wassernuß (*Trapa natans*) Bucklige Wasserlinse (*Lemna gibba*)

See, fast über Nacht eingeleitet werden. Je stärker die Zufuhr organischer Stoffe, wie man es heute leider bei vielen Dorfteichen sieht, anwächst, um so mehr herrschen Fäulnisprozesse vor, der Sauerstoffschwund ist dann äquivalent hoch.

Große Bedeutung für das Leben im Wasser hat auch das Kohlendioxid. Ein Teil liegt in gebundener Form – vor allem als Kalziumhydrogenkarbonat – vor, von dem anderen, physikalisch gelösten Teil sind etwa 0,1 % zu Kohlensäure umgesetzt, die wesentlich den pH-Wert (= potentia hydrogenii; der negative dekadische Logarithmus der Hydroniumionenaktivität) bestimmt, der ausdrückt, ob das Wasser sauer, neutral oder alkalisch ist. Neutrales Wasser hat den pH-Wert 7. Je kleiner der Wert ist, um so saurer, je höher, desto alkalischer ist das Wasser. Wir wissen, daß der Ablauf der meisten chemischen Reaktionen und biologischen Vorgänge wesentlich vom pH-Wert abhängt. Er beeinflußt auch die Stoffwechselprozesse im lebenden Organismus.

Die Ansprüche der Wasserorganismen an den pH-Wert ihres Lebensmilieus sind ganz unterschiedlich. Sehen wir uns nur einmal unter diesem Aspekt die Süßwasserfische an. Für sie liegt der Bereich, in dem sie, ohne Schaden zu nehmen, leben können, etwa durchschnittlich bei pH 5 bis pH 9,5. Von Art zu Art ergeben sich natürlich unterschiedliche Werte. So wird für den Hecht *(Esox lucius)* eine Spanne von 4,9 bis 10,7, die Plötze *(Rutilus rutilus)* von 6 bis 8 und beim Flußbarsch *(Perca fluviatilis)* von 4,0 bis 9,2 angegeben. Beim Karpfen *(Cyprinus carpio)* kommt es bei einem pH-Wert unter 5,5 zu starken Kiemenschädigungen („Säurekrankheit"), im alkalischen Bereich treten bei Werten von 9 und 10 Veränderungen an Kiemen und Flossen („Laugenkrankheit") auf. Jeder Aquarianer weiß eigentlich aus eigener Erfahrung, daß der pH-Wert im Komplex mit anderen Faktoren auch entsprechende Bedeutung für die Eientwicklung hat. Hier stoßen wir gleichfalls auf verschiedene Optimalwerte bei den einzelnen Fischarten. Wie die Tabelle 4 am Beispiel ausgewählter Wasserpflanzen zeigt, wirkt der pH-Wert für viele Arten im Hinblick auf ihre Verbreitung als begrenzender Faktor.

Die eingangs erwähnte Belastung der Atmosphäre durch die fortschreitende Industrialisierung und Verstädterung (Urbanisierung) beeinflußt zwangsläufig den pH-Wert der Niederschläge. So ist nicht nur im Bereich der großen Industriegebiete, sondern im gesamten zentraleuropäischen Raum eine beachtliche pH-Wertabsenkung nachweisbar, ja man kann von einer weltweiten Verbreitung der sauren Komponenten sprechen. Mit großer Wahrscheinlichkeit geht die zunehmende Azidität der Niederschläge auf das von der Industrie und dem Hausbrand emittierte Schwefeldioxid zurück. Da auch weiterhin vorherrschend fossile Brennstoffe genutzt werden, ist mit einer Verringerung der Schwefeldioxidbelastung der Luft in nächster Zukunft nicht zu rechnen. Im Gegenteil, lag der Ausstoß an Schwefeldioxid 1969 auf der Welt bei etwa 146 Mio t, so wird bis zum Jahr 2000 ein Anstieg auf rund 230 Mio t vorausgesagt. Welche Auswirkungen sich durch solche Niederschläge bei einer möglichen – wenn auch seltenen – Höchstbelastung für Oberflächengewässer ergeben können, zeigt der Rückgang der Fischbestände (vor allem von Salmoniden) in Seen der skandinavischen Länder. Durch teilweise sehr stark saure Niederschläge (niedrigster Wert bei pH 3,3) war der Säuregrad in diesen stehenden Gewässern in den letzten Jahren unter die besonders für Lachs *(Salmo salar)* und Forelle *(Salmo trutta)* zutreffende Toleranzgrenze abgesunken. Ähnliche Folgen sind für den Fischbesatz der meisten Bäche und Teiche im Raum des Erzgebirges (DDR) bekannt. Der durchschnittliche Säuregrad der Bäche lag z. B. 1972 bis 1974 bei 4,7, der niedrigste pH-Wert bei 3,3. Noch weitgehend offen ist die Frage, wie sich diese Entwicklung auf andere Wasserorganismen ausgewirkt hat und auswirkt.

Fundamentale Bedeutung kommt dem Kohlendioxid im Hinblick auf seine Beteiligung an der Photosynthese zu. Ohne anorganisch gebundenen Kohlenstoff, der im Wasser in Form von Kohlendioxid, Hydrogenkarbonat- und Karbonationen in einem pH-Wert-abhängigen Gleichgewicht vorliegt, wäre für die Wasserpflanzen die Synthese von Kohlehydraten nicht möglich.

In allen Gewässern sind Erdalkalimetalle, besonders Kalzium und Magnesiumsalze enthalten. Letztere bedingen in Form von Karbonat, Hydrogenkarbonat und Sulfat die sogenannte „Wasserhärte". Die Bezeichnung „Härte" geht darauf zurück, daß Wasser mit einem reichen Anteil an diesen Salzen beim Waschen einen ziemlichen Mehrverbrauch an Seife erfordert. Die Seife fällt als unlösliche Kalk- bzw. Magnesiumseife aus und verliert so ihre Waschwirkung. Unsere Hände bleiben unter diesen Bedingungen „hart" und spröde. Weiches

Wasser, (relativ „sauberes" Regenwasser) ist folgerichtig arm an Kalzium- und Magnesiumsalzen.

Durch Kochen verringert sich die Wasserhärte, da die Hydrogenkarbonat-härte (zeitweilige, temporäre Härte) zerstört wird. Sichtbare Auswirkung ist z. B. der an Tauchsiedern, in Elektroboilern, Kesseln und Rohrleitungen abgesetzte Kalk- oder Kesselstein. Übrig bleibt die Nichtkarbonathärte (bleibende, permanente Härte), die auf dem Gehalt an Kalzium- und Magnesiumsulfat beruht und daher auch als „Sulfathärte" bezeichnet wird. Beide Anteile zusammen bilden die Gesamthärte. Über die einzelnen Härtestufen, ausgedrückt in deutschen Härtegraden (°dH), sowie mehrere die Wasserhärte beeinflussende Gesteine informiert die Tabelle 5.

Tabelle 5: Härtestufen des Wassers (nach Pleiß 1977)

Bezeichnung des Wassers	Gesamthärte in °dH	beeinflussendes Gestein
sehr weich	0–4	Granit, Porphyr
weich	4–8	Gneis, kristalline Schiefer, Sandstein
mittelhart	8–12	Basalt
ziemlich hart	12–18	harter Kreidekalk
hart	18–30	weiches Kalkgestein
sehr hart	>30	Dolomite, Mergel, Gips

Von den anderen im Wasser gelösten Feststoffen seien in diesem Rahmen nur noch einige erwähnt. In jedem Gewässer spielen Chloridverbindungen eine Rolle. Durch die fortschreitende Gewässerverschmutzung treten dabei höhere Chloridgehalte (besonders Natriumchlorid) auf. Stickstoff und Phosphor sind wichtige Bausteine zur Eiweißbildung. An anorganischen Stickstoffverbindungen kommen Nitrat, Nitrit und Ammonium im Gewässer vor, geringe Mengen davon enthält, wie wir schon sahen, auch das Niederschlagswasser. Zum Phosphat-Eintrag durch Niederschläge liegen u. a. Untersuchungen aus dem Bereich der Erzgebirgs-Talsperren vor. Hier wurde für den Zeitraum 1972 bis 1974 eine mittlere jährliche Flächenbelastung von $0,2\,g\ PO_4^{3\ominus}/m^2$ festgestellt. Auf die verschiedenen Wege der Anreicherung dieser Pflanzennährstoffe im Gewässer und die daraus resultierenden Folgen waren wir an anderer Stelle bereits eingegangen. Der gleichfalls zum Aufbau von Eiweißstoffen notwendige Schwefel liegt hauptsächlich in Form von Sulfatverbindungen vor. In stark belasteten, nährstoffreichen Gewässern kann Schwefel auch als Schwefelwasserstoff auftreten, der bei Sauerstoffmangel durch die bakterielle Zersetzung der organischen Substanzreste im Gewässer entsteht.

Werfen wir einen Blick auf einige physikalische Gegebenheiten. Abgesehen von der geringen indirekten Erwärmung durch Wärmeaufnahme aus der Luft und vom Boden wird das Wasser vorwiegend durch Absorption von Energie der Sonnenstrahlung in den oberen Wasserschichten erwärmt. Zum Wärmeverlust kommt es vor allem durch Ausstrahlung, aber auch Verdunstung und Ableitung an Luft und Boden. Für den Wärmetransport in die tieferen Wasserschichten sorgt in erster Linie der Wind, der Wasserbewegungen erzeugt. Intensität und Wirksamkeit dieses Austauschprozesses stehen in enger Beziehung zu den Dichteverhältnissen des Wassers. Je kleiner sie sind, d. h. wenn keine großen Temperaturdifferenzen zwischen Oberfläche und Grund bestehen, um so besser ist die Durchmischung. Für unsere tiefen Seen ergeben sich dadurch im Jahresablauf typische Zirkulationsverhältnisse (Frühjahrszirkulation, Sommerstagnation, Herbstzirkulation, Winterstagnation). Durch ihre relativ geringe Tiefe erwärmen sich dagegen Weiher und Teiche in verhältnismäßig kurzer Zeit bis zum Grund. Gleichermaßen schnell verläuft die Abkühlung. Mit zunehmender Verringerung des Flächenausmaßes und Wasservolumens werden die Milieubedingungen extremer. So wurden z. B. im Frühjahr in einem Almtümpel bei intensiver Sonneneinstrahlung mittags 28 °C gemessen, obwohl ihn in den Morgenstunden noch eine dünne Eisschicht überzog. Messungen in einem weiteren Tümpel ergaben eine Temperatur von 15 °C, während durch einsickerndes Schmelzwasser an einer anderen Stelle des gleichen Tümpels nur 0 °C herrschten. Auch im Flachland sind ähnliche thermische Verhältnisse nachweisbar. Waldweiher zeigen naturgemäß einen viel ausgeglicheneren Temperaturhaushalt als die im offenen Gelände liegenden Wiesenweiher. In arktischen Gebieten ist übrigens durch den Wechsel von Polarnacht und -tag der Temperaturwechsel im Tages- und Jahresablauf weniger kontrastreich.

Nach amerikanischen Untersuchungen nehmen die auf stehenden Flachgewässern weit verbreiteten Schwimmpflanzenteppiche die eingestrahlte Sonnenenergie weitaus stärker als unbedeckte Wasserflächen auf. So wurden in dichten Decken von Wasserlinsen (Lemnaceae) gegenüber der freien Wasserfläche um 4 bis 11 °C höhere Temperaturen ermittelt, die Tagesschwankungen der Temperatur waren um 3,5 bis 7,7 °C größer. Auch die unmittelbar unter den Pflanzendecken liegenden Wasserschichten wiesen höhere Temperaturen auf. Dadurch, daß unter den oben geschilderten Bedingungen in Flachgewässern in relativ kurzen Abständen Teil- sowie Vollzirkulationen ablaufen, kommt es gleichzeitig zur Umschichtung aller im Wasser gelösten Stoffe. So wird das eingangs bei der Behandlung der Sauerstoffsituation zitierte plötzliche Massenauftreten von Algen verständlich. Schließlich sei noch erwähnt, daß die im Sommer am Weiherboden vorliegenden hohen Temperaturen den Verlauf des mikrobiellen Abbaus und der chemischen Prozesse fördern.

Die verschiedenen im Wasser enthaltenen Schwebstoffe, einschließlich der in großen Mengen freischwebenden Lebewesen (vgl. „Erstaunliche Vielfalt"), die gelösten anorganischen und organischen Stoffe, beeinflussen verständlicherweise die optischen Eigenschaften eines jeden Gewässers. Dies gilt u. a. für die Strahlungsdurchlässigkeit und nicht zuletzt die Gewässerfarbe.

Das sich im Wasser widerspiegelnde Blau des Himmels, Grün des Waldes und Rot des Sonnenunterganges hat mit der eigentlichen Gewässerfarbe nichts gemein. Scharf davon zu trennen sind auch die bei seichten Gewässern durch die Reflexion des Bodens (weißer, gelber Sand usw.) entstehenden Verfärbungen. Reines Wasser weist in dicker Schicht einen blauen Eigenfarbton auf. Diese Farbe ist daher für natürliche Gewässer, die ausgesprochen arm an organischer Produktion sind, typisch. Durch Beimischung von Huminstoffen (aus modernden Fallaubschichten, angrenzenden Mooren usw.) kommen, wie schon R. Bunsen feststellte, grüne, gelbe und braune Farbtöne zustande. So weisen verschiedene in südschwedischen Moorgebieten liegende Gewässer einen kognakfarbenen Wasserkörper auf. Recht verschiedene Farbtönungen erhalten die Gewässer durch Massenentwicklung mancher Bakterien-, Blaualgen- und Algenarten, die „Vegetationsfärbungen" erzeugen. Die Intensität einer solchen Färbung nimmt außerdem noch zu, wenn sich die Algen näher an der Wasseroberfläche befinden. Durch große Massen bestimmter Kieselalgen (Diatomeae) erscheint Wasser z. B. gelblich, von Grünalgen (Chlorophyceae) grünlich, während Blaualgen (Cyanophyta) je nach ihrem Gehalt an Assimilationsfarbstoffen mehrere Grün-Nuancen bis rötliche Tönungen bedingen können. Wir werden später an anderer Stelle weitere Beispiele kennenlernen. Mitunter kann aber auch ein Massenauftreten von einigen Wasserfloh- und Schwebekrebsarten (*Diaptomus*-Arten) in Tümpeln und kleineren ausdauernden Flachgewässern Einfluß auf die Gewässerfarbe nehmen.

Bei anhaltendem Frostwetter geht das Wasser vom flüssigen in den festen Zustand über. Wegen seiner geringen Dichte schwimmt das Eis an der Wasseroberfläche. Wenn wir einmal von Tümpeln und sehr flachen Gewässern absehen, die bei strenger Kälte bis zum Boden durchfrieren, dann kann selbst im stärksten Winter die Temperatur in der Gewässertiefe nicht unter das Dichtemaximum, d. h. etwa 4 °C, absinken. Auf diese Weise ist es zahllosen Wasserorganismen möglich, die kalte Jahreszeit zu überdauern.

Schließlich liegt Wasser auch im gasförmigen Aggregatzustand vor. Durch Verdunstung gibt jede Wasserfläche Wasserdampf an die ungesättigte Lufthülle ab. Dieser im Gegensatz zur Wasserabgabe der Pflanzen (Transpiration), die in gewissem Umfang physiologisch steuerbar ist, als Evaporation bezeichnete Vorgang wird von mehreren Faktoren, z. B. vom Sättigungsdefizit, der Temperatur, dem Luftdruck, beeinflußt. Unsere Tümpel trocknen im Sommer durch Verdunstung restlos aus. In ihnen können daher nur Arten leben, die sich an die extremen Milieubedingungen dieser temporären Gewässer angepaßt haben.

Neben der fundamentalen Bedeutung, die der Verdunstung als Teilposten des seit etwa 4 Milliarden Jahren bestehenden Wasserkreislaufes in der Natur zukommt, soll in dem Zusammenhang auch die Beeinflussung der klimatischen Verhältnisse (z. B. des Standortklimas) nicht unerwähnt bleiben.

Von den verschiedenen, hier allerdings nicht vollständig und nur stichpunktartig vorgestellten Faktoren, die im Gewässer auf die Organismen einwirken und mit denen die Organismen in enger Wechselwirkung stehen, sind wir zwar in den Grundzügen unterrichtet, über manche Details auch gut orientiert. Für Flachgewässer besteht jedoch in vielen Punkten Nachholebedarf. Sie rückten erst in den letzten Jahren wieder etwas mehr in den Blickpunkt des Interesses.

Erstaunliche Vielfalt

Schon auf den ersten Blick beeindruckt die verwirrende Vielfalt der am naturnahen, intakten Weiher und Teich vorkommenden Pflanzen- und Tierarten. Wenn nicht von vornherein bestimmte Neigungen oder Interessen vorliegen, fällt es durch den ständigen Wechsel der Szenerie schwer, sich auf irgendein Objekt zu konzentrieren.

Da lassen sich auf dem in voller Blüte stehenden Seerosenteppich Kleinlibellen zu kurzer Rast nieder. Die Weibchen des Großen Granatauges (*Erythromma najas*) versenken dort in Begleitung des Männchens mit ihrem Legebohrer die Eier in den Blattstiel. Zum Erstaunen des Beobachters kann das Paar zur Eiablage auch ganz unter Wasser gehen und sogar eine Tauchdauer bis 15 Minuten erreichen. Viele Seerosenblätter werden von kleinen, schlanken, lebhaft metallisch glänzenden Käfern besiedelt. Es sind Schilfkäfer (*Donacia*), deren Larvenfraßbild unverkennbar ist und denen es nichts ausmacht, wenn sie bei aufkommendem Wind durch eine Welle vom Blatt gespült werden und einmal im Wasser treiben.

Zwischen dem Blattgewirr taucht unversehens ein Teichfrosch *(Rana esculenta)* auf. Zunächst ragen nur Augen und Nasenlöcher über die Wasseroberfläche. So verharrt er kurze Zeit, schwimmt dann mit einigen kräftigen Stößen der Hinterbeine näher heran und beginnt lauthals zu quaken. Die beiderseits hinter dem Mundwinkel weit hervorgetriebenen dünnhäutigen Schallblasen wirken hierbei als Resonatoren. Ringsherum stimmen andere Männchen ein, bis schließlich ein vielstimmiges Konzert ertönt.

Plötzlich retten sich die Bleßrallen *(Fulica atra)* flügelschlagend und auf dem Wasser laufend in wilder Flucht ins Schilf. Im niedrigen Flug, mit Beute in den Fängen, zieht die Rohrweihe *(Circus aeruginosus)* heran, deren Horst gut versteckt im dichten Rohrbestand liegt.

Wo soll man bei der Fülle von Eindrücken, Vielfalt der Formen, Farben, Bewegungen, Stimmen zuerst hinsehen, zum Bekannten oder Unbekannten?

Ein optischer wie akustischer Anziehungspunkt ist vor allem die Vogelwelt, über deren Bestand und Veränderungen wir dank der bemerkenswerten Tätigkeit der Ornithologen in der Regel am besten orientiert sind. In keinem anderen Fachgebiet ist die Zahl derer, die es aus Liebhaberei betreiben so groß wie in der Ornithologie. Die zunehmende internationale Zusammenarbeit spiegelt sich hier u. a. traditionell im Rahmen der Vogelberingung, des Internationalen Rates für Vogelschutz (International Council for Bird Preservation) sowie in vielschichtigen Aktivitäten des Internationalen Zentrums für Wasservogelforschung (International Wildfowl Research Bureau) wider, die das starke Interesse, das besonders dieser Vogelgruppe entgegengebracht wird, nachhaltig belegen.

Man muß kein Fachmann sein, um zu erkennen, daß sich der Vogelreichtum nicht allein aus dem Brutvogelbestand des Gewässers ergibt. Neben Hauben-, Rothals-, Schwarzhals-, Zwergtaucher, Großer Rohrdommel, Zwergdommel, Stock-, Krick-, Knäk-, Tafelente, Höckerschwan, Wasser-, Teich-, Bleßralle, Lachmöwe, Drossel-, Teichrohrsänger und anderen Brutvögeln treffen wir auf Arten, die in den Kontaktbiotopen, so z. B. in der Verlandungszone der Teiche oder den angrenzenden Feuchtwiesen brüten. Für Kiebitz *(Vanellus vanellus)*, Bekassine *(Gallinago gallinago)*, Rotschenkel *(Tringa totanus)*, Rohrammer *(Emberiza schoeniclus)* u. a. ist das Teichgebiet ebenso Nahrungsraum wie für die Graureiher *(Ardea cinerea)*, deren Kolonie mehrere Kilometer von den Teichen entfernt liegt, oder den in der Steilwand einer alten Sandgrube brütenden Eisvogel *(Alcedo atthis)*. Andererseits entfernen sich die auf angeschwemmtem Schilf und teils inmitten der Binsenbestände im Teich brütenden Lachmöwen *(Larus ridibundus)* auf ihren Nahrungsflügen oft 10 bis 20 km weit von der Kolonie. Auf den Feldern fliegen sie hinter dem Pflug her und stürzen sich auf die zutage geförderten Engerlinge, „Drahtwürmer" (Larven der Schnellkäfer, Elateridae) und Feldmäuse *(Microtus arvalis)*. Natürlich stehen andere Wasservogelarten ebenfalls in vielfältiger Weise mit den angrenzenden Biotopen in Verbindung.

Zur Vogelwelt des Gewässers gehören auch die hier rastenden und überwinternden Arten. So konzentrieren sich im Frühjahr und Herbst an größeren Teichen oder in Teichgebieten mitunter Tausende von Enten sowie eine große Zahl Taucher, Rallen und Möwen. Im Seichtwasser und auf den Schlickflächen fallen Limikolen zur Rast ein. Die einzelnen Trupps verweilen zum Teil wochenlang an den ihnen zusagenden Stellen, ziehen dann weiter und werden von Scharen neuer Durchzügler abgelöst.

Einen faszinierenden Anblick bieten die oft in den Rohrwäldern der Teichgebiete zu beobachtenden Massenübernachtungen von Rauchschwalben *(Hirundo rustica)* und Staren *(Sturnus vulgaris)*, deren Zahl in die Tausende, bei Staren sogar in die Zehntausende gehen kann (Abb. 93). Solche Bilder ergeben sich vor allem nach der Ankunft aus den afrikanischen Winterquartieren sowie nach Abschluß der Sommerbruten bis in den Herbst hinein. Auch Uferschwalben *(Riparia riparia)*, Bach- *(Motacilla alba)* und Schafstelzen *(M. flava)* nächtigen häufig massenweise im Rohr *(Phragmites australis)* der Teiche.

Diese sehr unterschiedliche Bindung an den Biotop und das Wasser trifft nicht allein auf die Vogelwelt zu, sondern gilt für eine Vielzahl von Arten verschiedenster systematischer Kategorien (Taxa). Besonders vielschichtig sind in dieser Hinsicht die Verhältnisse bei dem riesigen „Heer" der Insekten, die nicht nur am, auf und über dem Wasser, sondern ebenso zahlreich auch im Wasser vorkommen. Wie sich bei näherer Betrachtung zeigt, ist selbst bei den direkt im Wasser lebenden Insekten die Bindung zum nassen Element recht verschieden. So gibt es unter ihnen Formen, für deren Larven das Wasser der Lebensraum ist. Die voll entwickelten, geschlechtsreifen Insekten (Imagines, Singular Imago) leben dagegen im Luftraum, den sie auch zur Fortpflanzung und Ausbreitung nutzen. Das Wasser wird von ihnen nur zur Eiablage aufgesucht. Dies gilt beispielsweise für Köcherfliegen (Trichoptera), die entgegen ihrem Namen nicht zu den echten Fliegen zählen und häufig mit Kleinschmetterlingen verwechselt werden, sowie für zahlreiche Zweiflügler- und Libellenarten. Jagen die Männchen vieler Großlibellen (Anisoptera) meist in unmittelbarer Nähe des Wohngewässers, so halten sich die Weibchen bis zur Geschlechtsreife oft fernab von ihm an Waldrändern und über Waldwiesen auf. Die Weibchen der sehr häufigen Blaugrünen Mosaikjungfer *(Aeschna cyanea)* tauchen sogar in Dörfern und Großstädten auf.

In weiterer Entfernung vom Brutgewässer können auch die Tanzschwärme von Zuckmücken (Chironomidae), der wohl artenreichsten Insektenfamilie unserer Binnengewässer, vorkommen. Mitunter sind diese so groß, daß sie von weitem wie Rauchwolken aussehen. Ein solcher Schwarm über einem Bauernhaus oder an der Kirche einer Ortschaft hat schon manchmal Anlaß zu blindem Feueralarm gegeben.

Bei einer ganzen Reihe von Formen leben auch die Imagines im Wasser, den Luftraum nutzen sie lediglich noch zur Ausbreitung. Denken wir hier nur an die im klaren Wasser zwischen den submersen Pflanzen beim Schwimmen und Luftholen an der Wasseroberfläche gut zu beobachtenden Furchenschwimmer *(Acilius sulcatus)*, Gaukler *(Cybister lateralimarginalis)*, Gelbrandkäfer oder die imposanten Kolbenwasserkäfer *(Hydrous*; Abb. 135). Es mag vielleicht überraschen, aber gerade die Schwimmkäfer, deren populärste Art der Gelbrand *(Dytiscus marginalis)* ist, sind zum Teil recht gewandte Flieger. Bei Nahrungsmangel, Austrocknen der Tümpel oder während der Fortpflanzungsperiode unternehmen sie oft weite Flüge. Sie starten dazu abends oder nachts von einem erhöhten Punkt des Gewässerrandes. Ihr nächtlicher Flug endet erst, wenn im Mondschein eine glänzende Wasserfläche auftaucht. Häufig passiert es dabei, daß sich die Käfer von blanken Metallflächen, Gewächshausglasdächern oder frisch geteerten Dächern täuschen lassen, auf denen sie dann landen. So erklärt sich letztlich die Fundortangabe „Leipziger Hauptbahnhof" für einen Gelbrand in der Insektensammlung eines Biologiestudenten.

Die Ufervegetation dient für viele aquatische Insekten als Eiablagestätte. Dabei ist die Art und Weise, in der dies geschieht, sehr unterschiedlich. Die Skala reicht vom Abwerfen im Flug über das Absetzen von Gelegen auf dem Wasser, Festkleben unter Wasser bis zum eingangs geschilderten Einstechen und Versenken der Eier in lebende oder tote Pflanzenteile sowohl über als auch unter Wasser.

Von den zahllosen Insekten dieser Zone seien vor allem die durch ihre ungewöhnliche Schwimmstellung auffallenden Rückenschwimmer (Notonectidae) sowie die munteren, gewandt schwimmenden Ruderwanzen (Corixidae) genannt. Ihr Flugvermögen ist erstaunlich gut. Wird eine Ruderwanze verfolgt, dann schießt sie, durch kräftige Ruderschläge ihrer Hinterbeine emporgetrieben, aus dem Wasser heraus und geht sofort zum Flug über. Beim Wasserflohfang gelangen einige dieser zu den Wasserwanzen (Hydrocorisae) zählenden Formen in der Regel mit ins Netz. Der Aquarianer kennt sie sehr gut, und es passiert daher wohl kaum, daß er sich von einer „Wasserbiene", wie der Rückenschwimmer im Volksmund heißt, stechen läßt. Weit weniger lebhaft sind die ebenfalls häufigen Wasserskorpione *(Nepa cinerea)* und Stabwanzen *(Ranatra linearis)*, die, am Boden oder an Wasserpflanzen sitzend, auf Beute lauern.

Zu den im Uferbereich fliegenden Insekten gehört auch eine Fülle von Schmetterlingsarten. Es sind hauptsächlich Eulenfalter (Noctuidae), die tagsüber meist an Pflanzen und Baumstämmen sitzen und sich durch ihre Schutzfärbung kaum von der Unterlage abheben.

Beim abendlichen Lichtfang fliegen sie in großer Zahl die aufgestellte Lichtquelle an. Im grellen Schein der Quarzlampe sowie auf dem dazu ausgelegten oder aufgespannten weißen Tuch wimmelt es von Faltern, außerdem erscheinen auch einige Hautflügler, Wasserwanzen und Käfer. Unter den Faltern befinden sich mehrere Schilfeulenarten *(Nonagria, Archanara)*, Zünsler- *(Chilodes maritima)*, Rohrkolben- *(Archanara sparganii)*, Markeulen *(Hydraecia micacea)*, weiterhin Rohrbohrer *(Phragmataecia castaneae)* und Schilfwickler *(Orthotelia sparganella)*, deren Raupen vor allem in Stengeln des Schilfrohres, aber auch in denen des Rohr- *(Typha)* und Igelkolbens *(Sparganium)*, Kalmus *(Acorus calamus)*, der Wasserschwertlilie *(Iris pseudacorus)* und Teichsimse *(Schoenoplectus)* leben. Von den angrenzenden Feuchtwiesen fliegen Falter an; stehen Weiden und Erlen am Ufer, dann verbreitert sich das Artenspektrum beträchtlich.

Für alle blütenbesuchenden Insekten bietet sich von der Schwimmblattzone bis zum Gewässerrand ein vielfältiges farbiges Blütenmuster an. Selbst der von weitem einförmig erscheinende Röhrichtgürtel enthält einige „buntblühende" Arten. Wie groß die Zahl der von all diesen Blüten angelockten Insektenarten ist, deutet sich oft schon nach Beobachtungen an einer der für das Gewässer typischen Wasserpflanzenart an. So konnten nach einer österreichischen Untersuchung an lokalen Beständen des Schmalblättrigen Rohrkolbens *(Typha angustifolia)* von Mai bis Ende Juni an den männlichen Blütenständen insgesamt 14 Zweiflügler- und 3 Käferarten als Blütenbesucher nachgewiesen werden.

Bleiben wir noch im Bereich des Pflanzengürtels. Ein interessantes, wenngleich weniger auffälliges Leben bietet sich auch auf der Unterseite der zahllosen Schwimmblätter. Neben kleinen, teils durchsichtigen, teils milchigweißen oder braun, schwarz, schwarzbraun, grünlich, gelb gefärbten Strudelwürmern (Turbellaria), die schneckenartig auf einem Schleimband vorwärtskriechen, kommen hier Süßwasserpolypen (Hydridae; vgl. Abb. 106) vor. Ihre oft auf das 10- oder 15fache der Körperlänge ausgestreckten Fangarme (Tentakel) bilden zusammen mit denen benachbarter Polypen einen fast unsichtbaren Vorhang, der Wasserflöhen, Hüpferlingen, Wassermilben, Insektenlarven sowie anderen kleinen Wassertieren zum Verhängnis wird. Schon bei der geringsten Störung ziehen sich die Tiere sofort zu einem etwa stecknadelkopfgroßen Klümpchen zusammen.

Die hirschgeweihartig verzweigten oder unregelmäßig geformten Überzüge an den Blättern vieler Weißer Seerosen *(Nymphaea alba)* sind Kolonien von Moostierchen (Bryozoa). Sie bestehen je nach ihrer Ausdehnung aus Hunderten oder Tausenden von Individuen. Ein lohnendes Objekt zur Beobachtung unter dem Mikroskop. Bei weiterer mikroskopischer Untersuchung der relativ sauberen Blattunterseite finden sich außerdem verschiedene Urtiere (Protozoa), wie

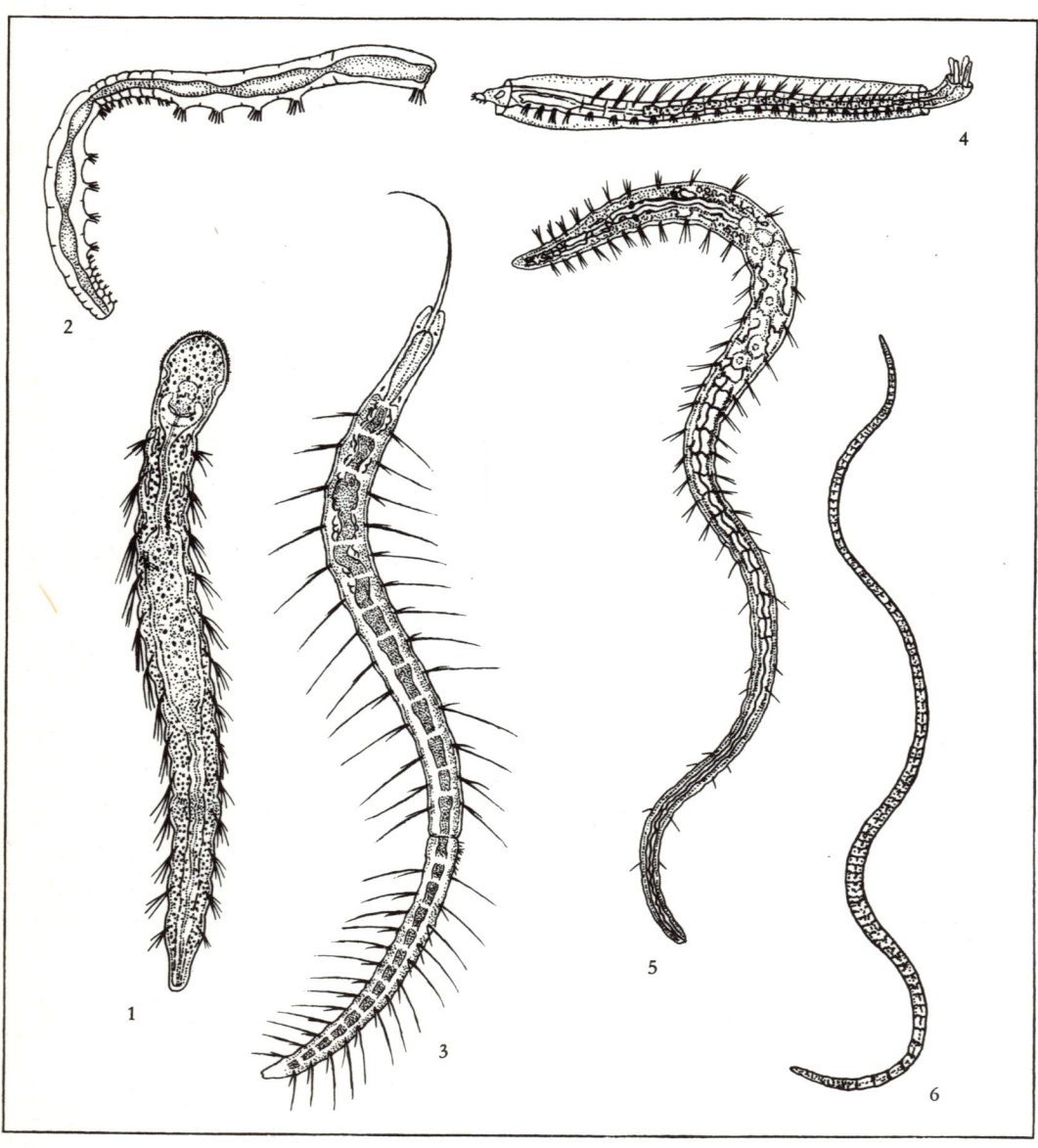

22. Wenigborster (Oligochaeta). Kombiniert nach Streble/Krauter 1978 und Engelhardt 1962.

1 = *Aelosoma variegatum*　　　4 = *Dero obtusa*
2 = *Chaetogaster diaphanus*　　5 = *Tubifex tubifex*
3 = *Stylaria lacustris*　　　　6 = *Lumbriculus variegatus*

Glockentierchen (Abb. 53) und andere festsitzende (sessile) Wimpertierchen, dazu auch zahlreiche Rädertierarten (Rotatoria). Eigentlich eine Fundgrube für jeden Biologielehrer, der seinen Unterricht möglichst anschaulich gestalten will.

Im dichten Gewirr des Schilfgürtels weisen manche Schilfstengel unter Wasser knollenförmige Verdickungen auf. Aus der Nähe entpuppen sich diese krustenförmigen Gebilde als Süßwasserschwämme (Spongillidae; Abb. 30), die den Stengel völlig umkleiden. Mitunter kommt es auch zu einer Vergesellschaftung mit Moostierchen. Solche Mischkolonien können auf einem Substrat im Uferbereich sogar mehrere Meter lange Überzüge bilden. Auf ihnen haben sich viele Urtiere, Rädertiere, Süßwasserpolypen und wenigborstige Würmer (Oligochaeta) angesiedelt.

Wie von Kinderhand in den Teichboden gezeichnet, wirken lange Furchen im Schlamm der Uferregion. Es sind Kriechspuren, an deren Ende wir auf eine Teich- (*Anodonta cygnea*) oder Malermuschel (*Unio pictorum*; Abb. 174) stoßen. Meist hat sich die Muschel mit dem Vorderende tief in den Schlamm eingegraben, so daß lediglich der hintere Schalenteil hervorragt. Beide Arten treten stellenweise sehr häufig auf, können andererseits aber in vielen Teichen und Weihern fehlen. Ähnlich verhält es sich auch mit den nur etwa 8 bis 22 mm langen Kugel- (*Sphaerium*), Häubchen- (*Musculium*) und Erbsenmuscheln (*Pisidium*). Andere auf oder im Bodenschlamm lebende Formen, z. B. verschiedene Wenigborster (vgl. Abb. 22), Egel, Muschelkrebse (Ostracoda; Abb. 23), Libellen- und Zuckmückenlarven sind dagegen weitaus schwieriger oder nur bei gezielter Suche auszumachen.

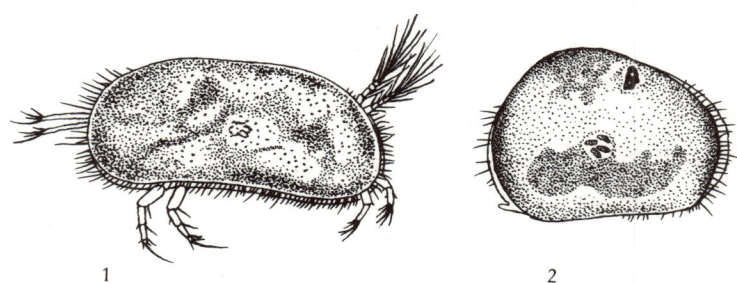

1   2

23.
Muschelkrebse
(Ostracoda). Aus
Engelhardt 1962.
1 = Schlangen-
Muschelkrebs (*Herpetocypris reptans*)
2 = Rücken-
schwimmer-
Muschelkrebs
(*Notodromas monacha*)

So spannt sich der Bogen von niederen zu hochentwickelten Formen, von Urtieren über einfache tierische Mehrzeller bis hinauf zu den Säugetieren mit solchen für Weiher und Teiche typischen Arten wie Wasserspitzmaus (*Neomys fodiens*; Abb. 144) und Bisamratte (*Ondatra zibethica*; Abb. 96). Er reicht von Bakterien über Blaualgen, Algen, Pilze, von denen vielleicht die Wasserschimmelarten (Saprolegniaceae) durch den berüchtigten Erreger der Krebspest (*Aphanomyces astaci*) oder den Befall bei Fischen und Amphibien vielen am geläufigsten sind, bis zu den Bedecktsamern (Angiospermae), deren Blüten sich in mannigfaltiger Form und Farbe am Gewässer darbieten. Von den erwähnten einfachen und niedrigen Organismen finden sich zahllose Arten in meist unvorstellbar großer Menge im Plankton. Dieser 1895 vom Kieler Physiologen V. Hensen geprägte Begriff, der sich vom griechischen Wort „to plankton = das Umhergetriebene" ableitet, umfaßt die Gesamtheit der pflanzlichen und tierischen Kleinlebewesen im freien Wasser. Entweder „schweben" die Planktonorganismen ohne jegliche Eigenbewegung im Wasser, oder sie sind zu einer mehr oder weniger großen aktiven Bewegung fähig, die jedoch nicht ausreicht, den Wasserbewegungen entgegenzuwirken. Die pflanzlichen Planktonformen bilden das Phyto-, die tierischen das Zooplankton.

Am bekanntesten sind wohl die in den natürlichen Gewässern wie im Aquarium als Fischfutter unentbehrlichen großen Zooplankter „Wasserfloh und Hüpferling". Hinter diesen geläufigen Namen verbirgt sich eine Vielzahl verschieden gestalteter und beim Wasserfloh auch je nach Aufenthaltsort unterschiedlich gefärbter Arten (Abb. 44 bis 47). Allerdings leben nicht alle Vertreter der Unterordnung Cladocera (Wasserflöhe) und der Unterklasse Copepoda (Ruderfußkrebse, Hüpferlinge) planktisch.

Beim Wasserflohfang gehen wegen der relativ großen Maschenweite vor allem die gewünschten Kleinkrebse ins Netz. Reiche Ausbeute gewährleisten dagegen Planktonnetze, die aus feinster Gaze, der sogenannten Müllergaze, bestehen. Die Maschengröße dieser für Müllereien zum Sieben von Mehlsorten hergestellten Gaze (siehe Namen) wird in Nummern angegeben. So hat die Nr. 12 eine Maschenweite von etwa 100 µm, die Nr. 25 von 50 µm. Das trichterförmige Planktonnetz endet in einem mittels Bajonettverschluß befestigten und leicht abnehmbaren Fangbecher. Dort sammelt sich die Fangausbeute.

Für die kleinsten Planktonorganismen sind aber selbst die allerfeinsten Maschen noch zu groß (Abb. 24). Diese nicht im „Netzplankton" enthaltenen Arten bilden das Zwerg- oder Nanoplankton, das durch Zentrifugieren der Wasserproben gewonnen wird. Man rechnet dazu Plankter, die kleiner als 50 µm sind, wie Bakterien und kleinste Algen. An dieser Stelle wollen wir uns noch etwas mit Problemen des Planktons vertraut machen.

Das Süßwasserplankton (Limnoplankton) setzt sich in bezug auf das Phytoplankton vor allem aus Bakterien, Blaualgen (Abb. 34) und Algen (Kiesel-, Grün- und verschiedene Gruppen von Geißelalgen; Abb. 35, 37–39, 108) zusammen; das Zooplankton besteht hauptsächlich aus Urtieren, Rädertieren und Kleinkrebsen (Cladocera, Copepoda).

Wenn eingangs vom „Schweben" der Planktonorganismen gesprochen wurde, dann kommt dies keinem echten, dauernden Schwebevermögen gleich. Voraussetzung dafür wäre die Gleichheit des spezifischen Gewichts vom Organismus und des ihn umgebenden Wassers. Das spezifische Gewicht des Protoplasmas liegt jedoch in der Regel bei 1,05 und somit etwas über dem des Wassers (1,0 bei 4 °C). Daher schwebt der Organismus in Wirklichkeit gar nicht, sondern sinkt vielmehr sehr langsam und kaum merklich ab.

Mit dieser Problematik beschäftigten sich als erste der dänische Limnologe C. Wesenberg-Lund und W. Ostwald, die hierzu folgende Formel entwickelten:

$$\text{Sinkgeschwindigkeit} = \frac{\text{Übergewicht}}{\text{Formwiderstand} \times \text{innere Reibung}}$$

Die Sinkgeschwindigkeit kann demnach vom Plankter im Sinn einer Erhöhung der Schwebefähigkeit durch Verringerung des Übergewichts oder Vergrößerung des Formwiderstandes beeinflußt werden.

Unter dem Übergewicht ist die Dichtedifferenz zwischen Planktonkörper und Wasser multipliziert mit dem Körpervolumen zu verstehen. Für seine Verminderung bestehen mehrere Möglichkeiten. So kann es zur Ausbildung von leichterer Skelettsubstanz kommen. Dies trifft für viele planktische Kieselalgen zu, die einen sehr zarten Kieselpanzer besitzen. Aber auch durch eine wasserreiche Gallerthülle (bei zahlreichen Blaualgen, Grünalgen, einigen Räder-

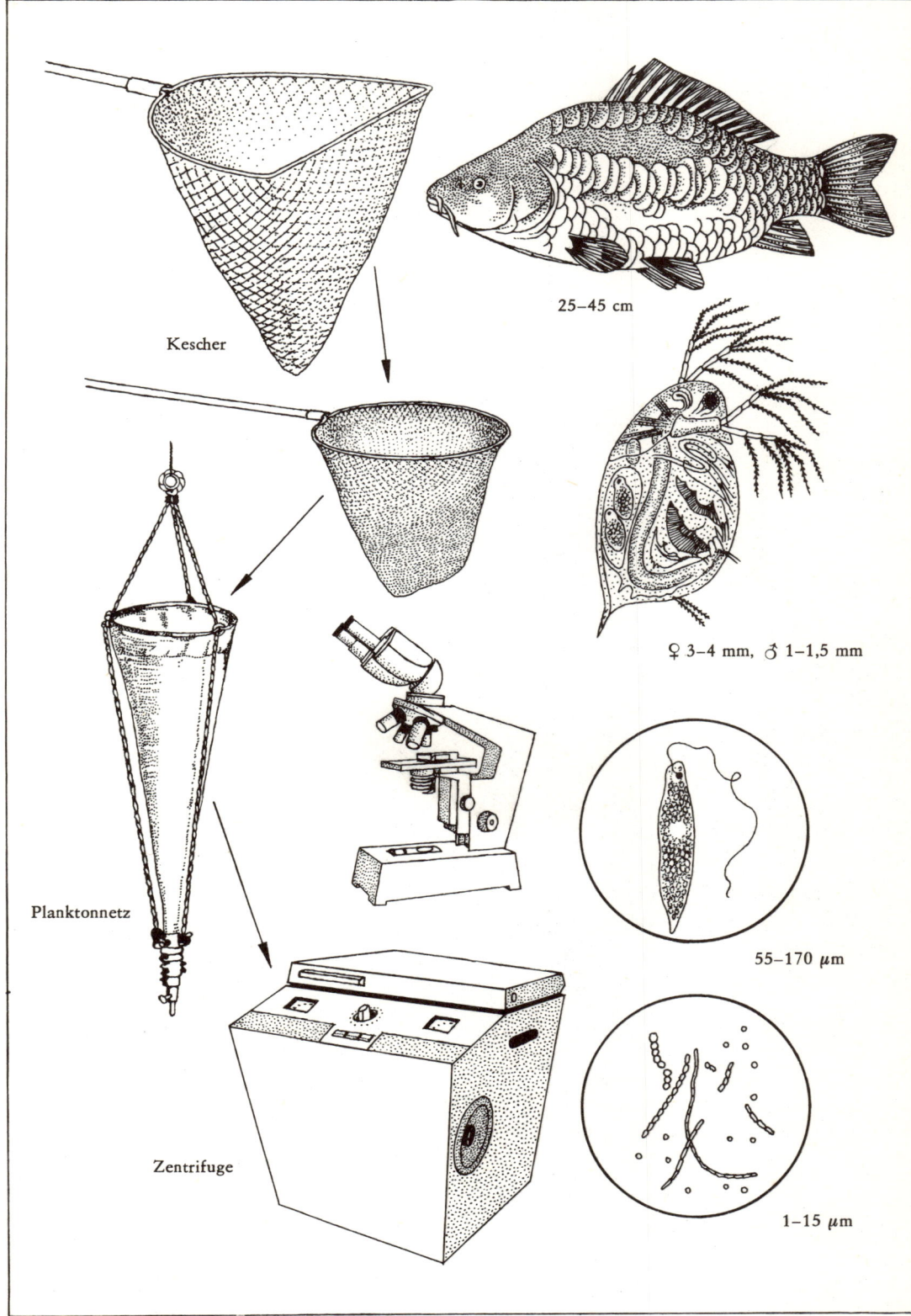

Kescher

25–45 cm

♀ 3–4 mm, ♂ 1–1,5 mm

Planktonnetz

55–170 μm

Zentrifuge

1–15 μm

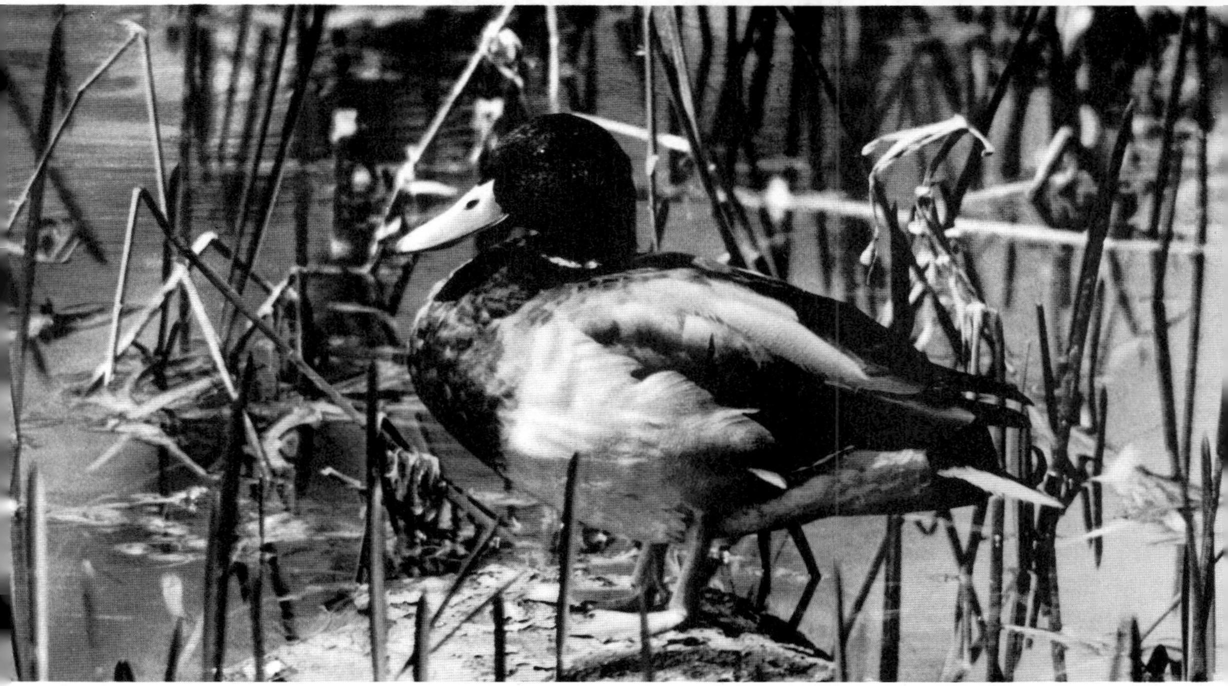

25. Die Tier- und Pflanzenwelt des Gewässers steht über und unter Wasser in mannigfaltiger enger Wechselbeziehung. Das Schema kann die Vielfalt der Prozesse jedoch nur andeuten

26. Stockenten-Erpel *(Anas platyrhynchos)* mit dem charakteristischen weißen Halsring und dunkelgrün schillernden Kopf. Die Stockente ist die Stammform der Hausente und häufigste Entenart der Gewässer Mitteleuropas

27. Die Larve des Gelbrand *(Dytiscus marginalis)* ist ein gefräßiger Räuber und packt mit ihren kräftigen, zangenartigen Mandibeln mitunter sogar Kaulquappen und kleine Fische. Durch einen in den Mandibeln verlaufenden Kanal wird Verdauungssaft in die Beute injiziert und dann auch der gelöste Nahrungsbrei aufgesogen

28.
Posthornschnecke
(Planorbarius corneus)
an der
Wasseroberfläche
schwimmend

29. Laich der Posthornschnecke *(Planorbarius corneus)*

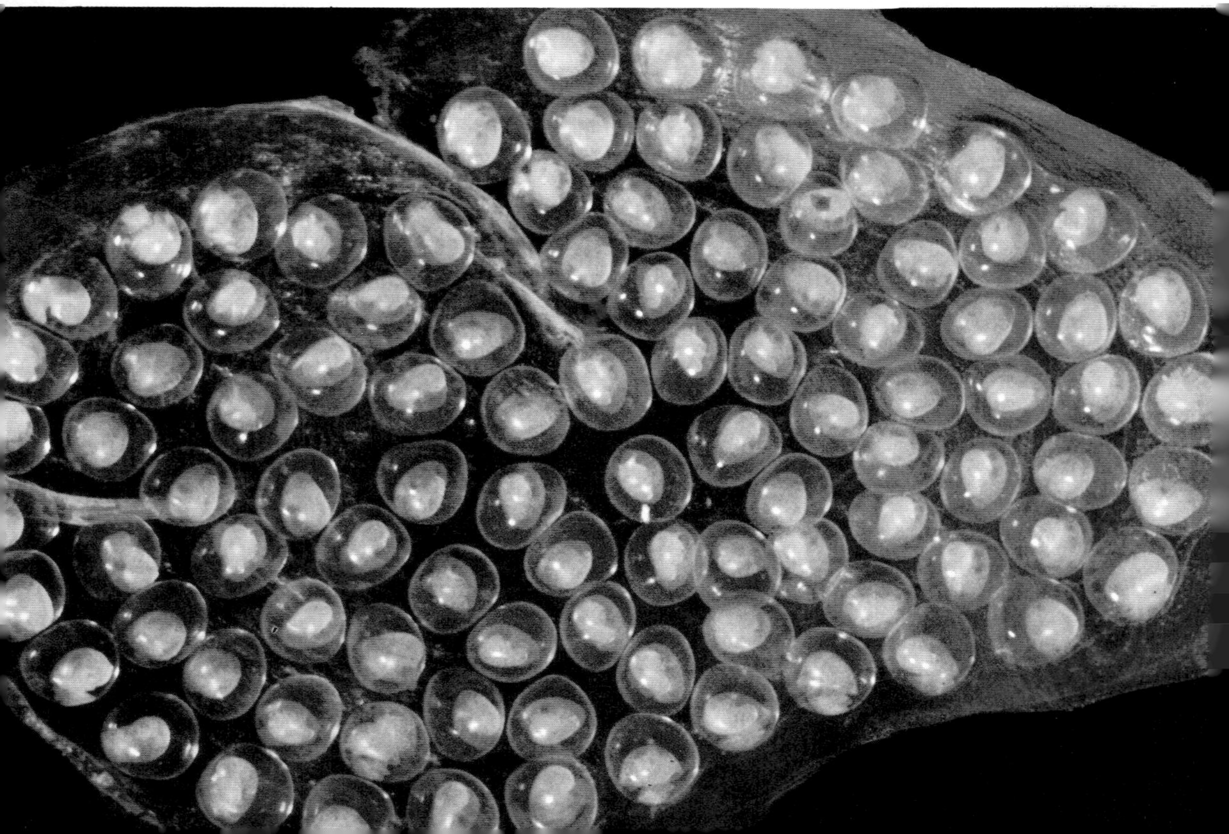

30. Auch im Süßwasser kommen Schwämme vor. Teilansicht der sehr häufigen Süßwasserart *Spongilla lacustris*

31. Vertreter der Blaualgengattung *Anabaena*. Viele Arten dieser Gattung können dichte Wasserblüten bilden. Ein für die Trinkwassergewinnung unerwünschter Störfaktor!

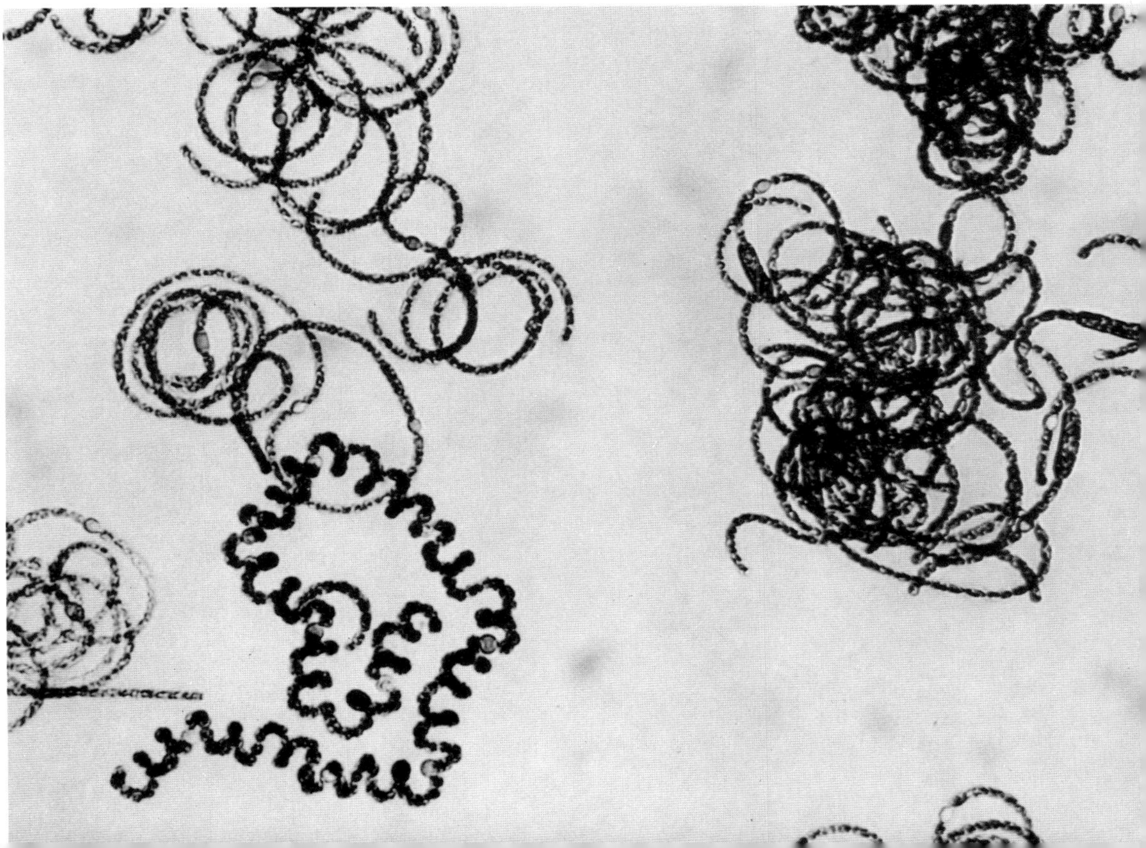

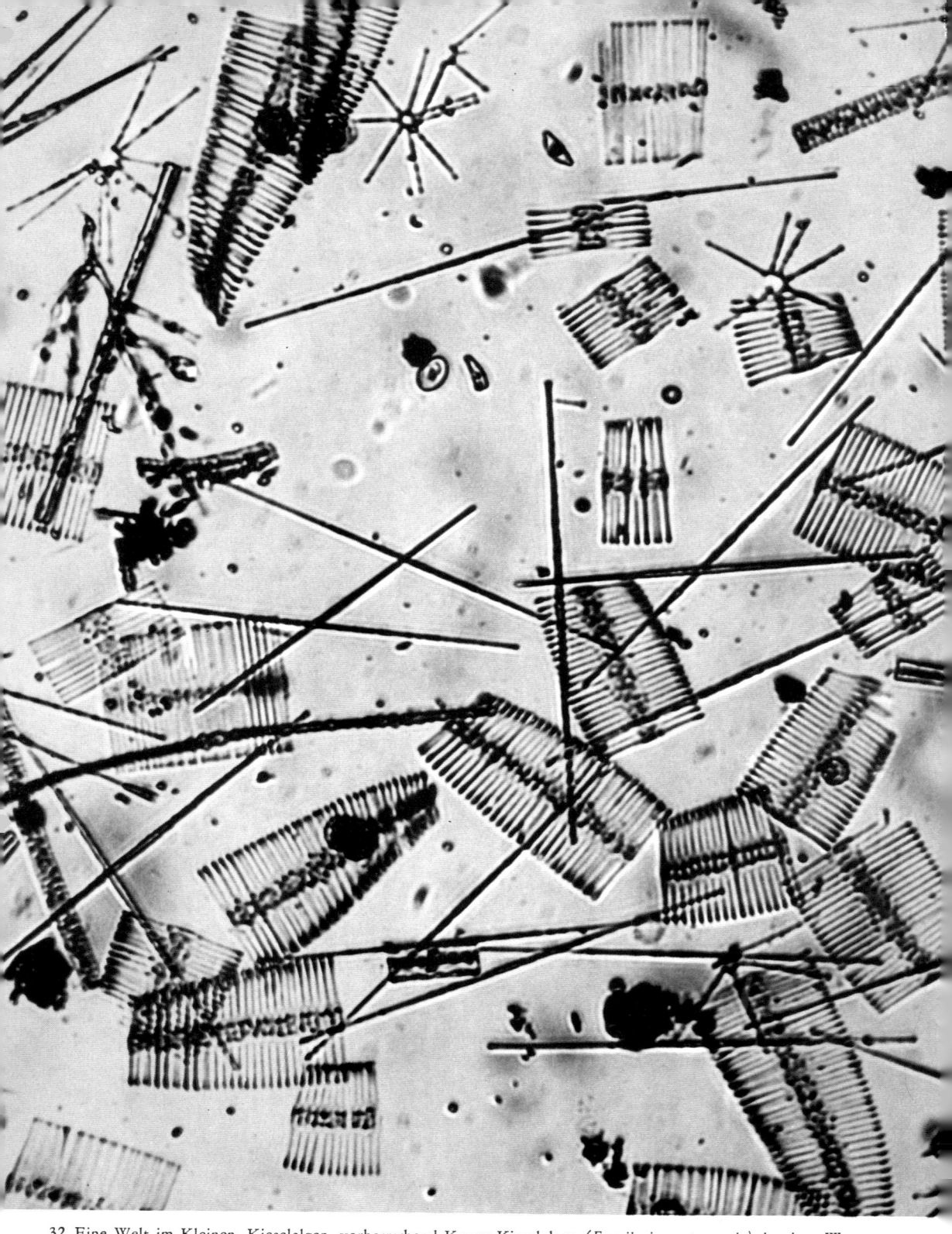

32. Eine Welt im Kleinen. Kieselalgen, vorherrschend Kamm-Kieselalgen *(Fragilaria crotonensis)*, in einer Wasserprobe unter dem Mikroskop. Natürliche Länge dieser Art 40 bis 150 μm

33. Kinder beim „Tümpeln". Gewecktes Naturinteresse. Ansatzpunkt zur Freude an der Natur, zum Schutz und Erhalten des Lebens!

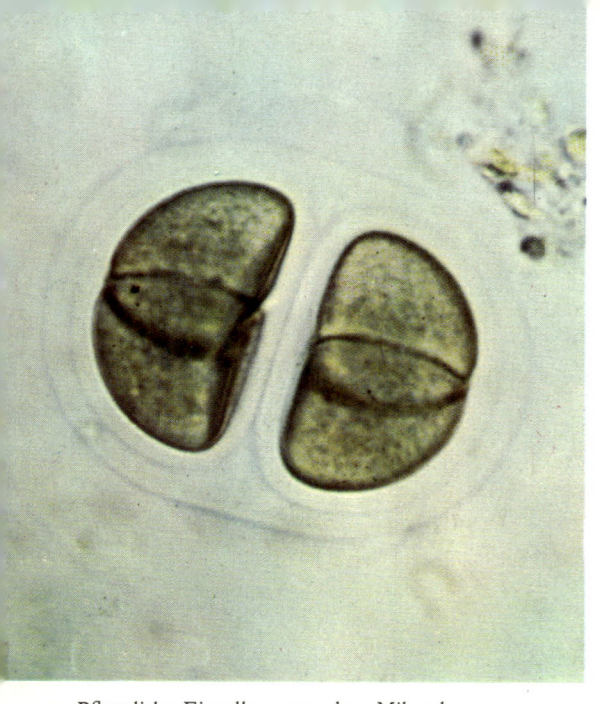
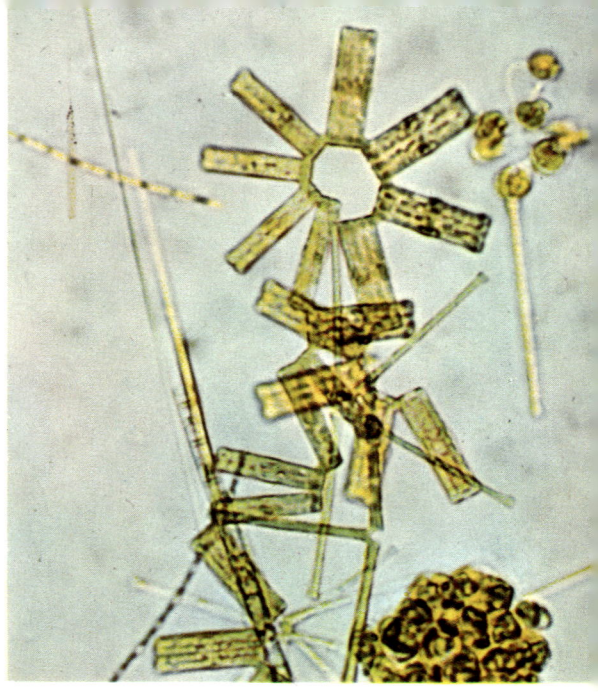

Pflanzliche Einzeller unter dem Mikroskop:

34. Kugelblaualge *(Chroococcus turgidus)*. Nat. Gr. ohne Gallerthülle 8 bis 32 µm
35. Fenster-Kieselalge *(Tabellaria fenestrata)*. Nat. Gr. 30 bis 140 µm lang und 3 bis 9 µm breit

36. Herzflagellat *(Phacus longicauda)*. Nat. Gr. 85 bis 115 µm lang
37. Hornalge *(Ceratium hirundinella)*. Nat. Gr. bis 400 µm lang

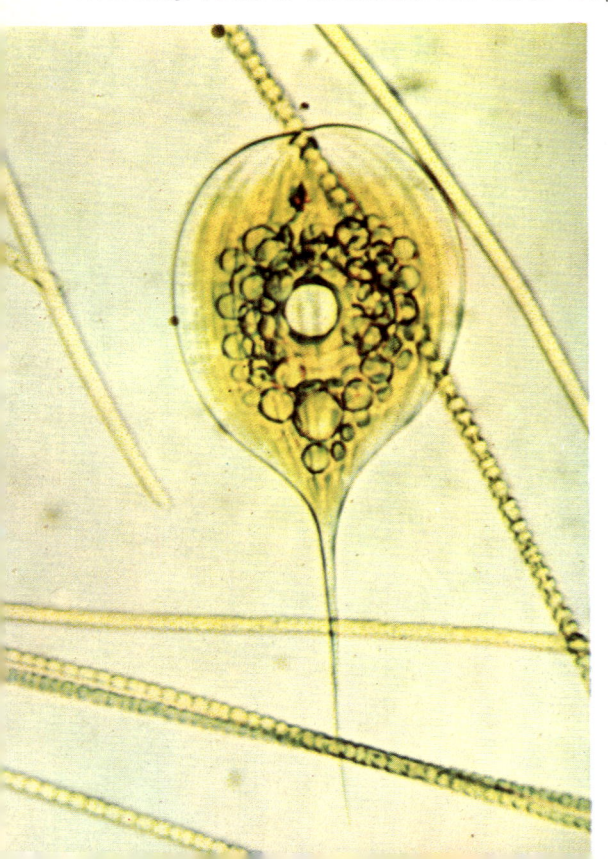
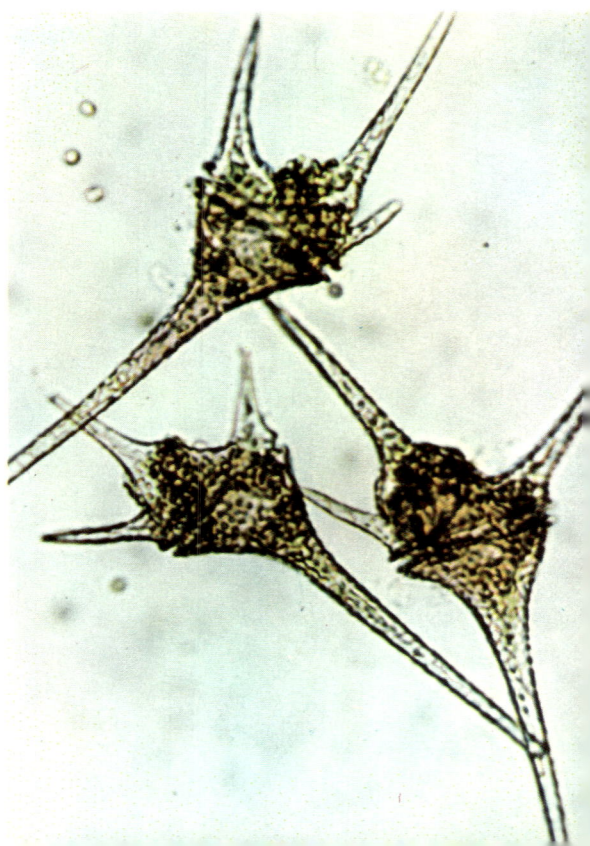

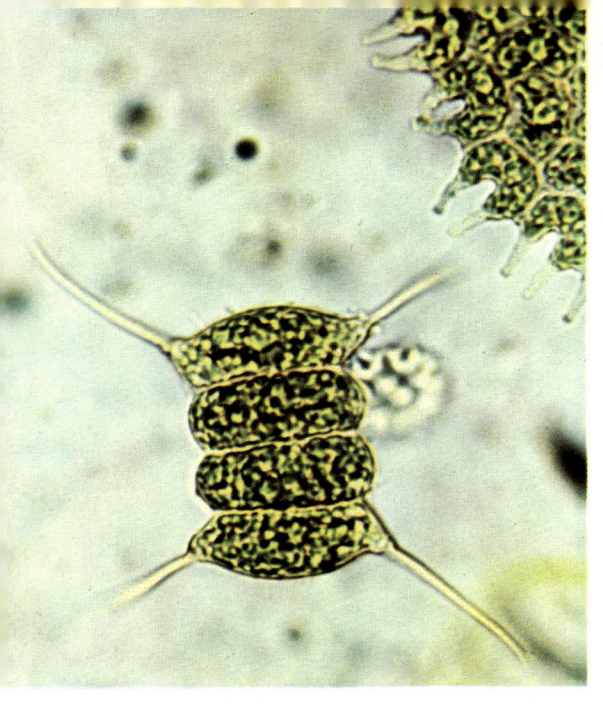
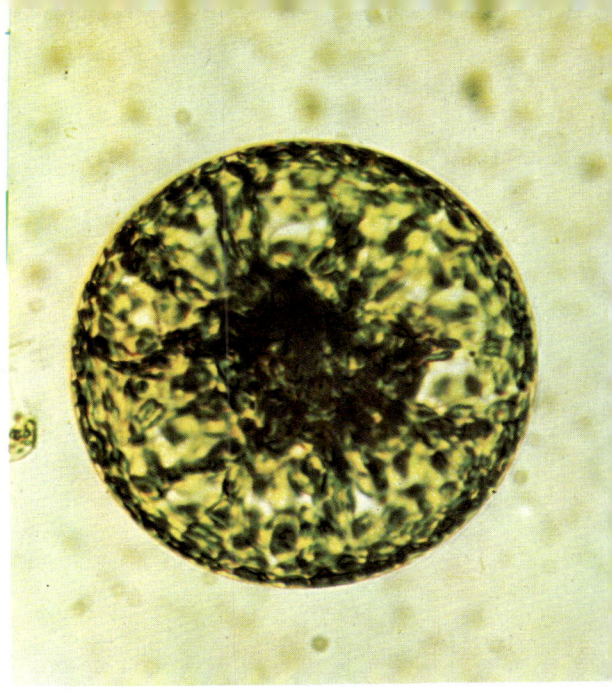

38. Geschwänzte Gürtelalge *(Scenedesmus quadricauda)*. Nat. Gr. Zellen und Fortsätze jeweils 11 bis 15 µm lang
39. Grüne Moorkugel *(Eremosphaera viridis)*. Nat. Gr. 30 bis 150 µm

40. Jochalge der Gattung *Closterium*, deren Vertreter eine nat. Gr. im Bereich von 12 bis 840 µm aufweisen
41. Radalge *(Micrasterias rotata)*. Nat. Gr. 200 bis 360 µm lang und 165 bis 305 µm breit

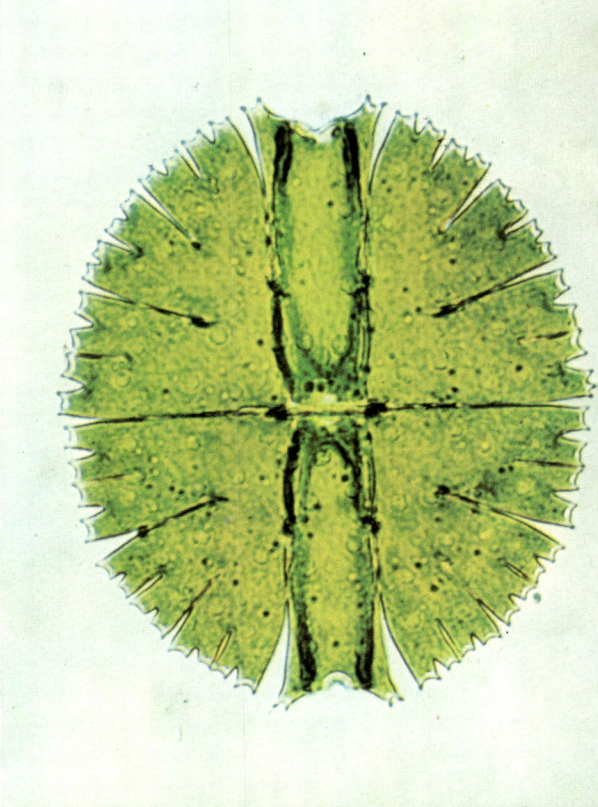

42. Nährstoffreicher (eutropher) Weiher mit dicken Algenwatten

43. Fischnetz mit einem dichten Überzug von Moostierchen *(Plumatella fungosa)*

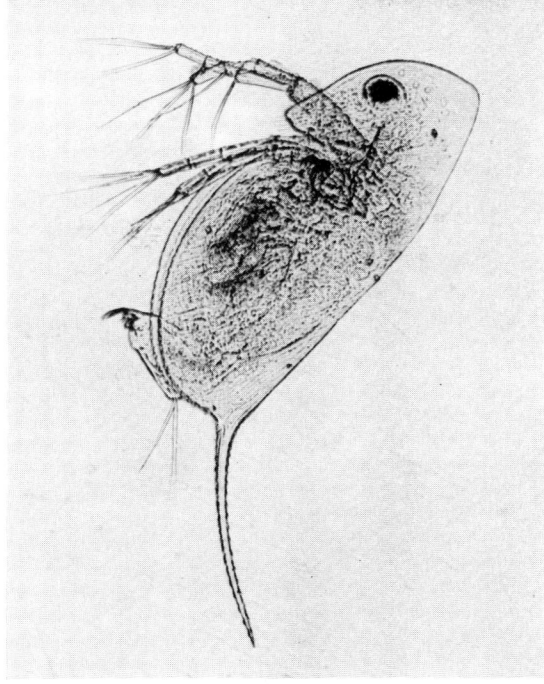
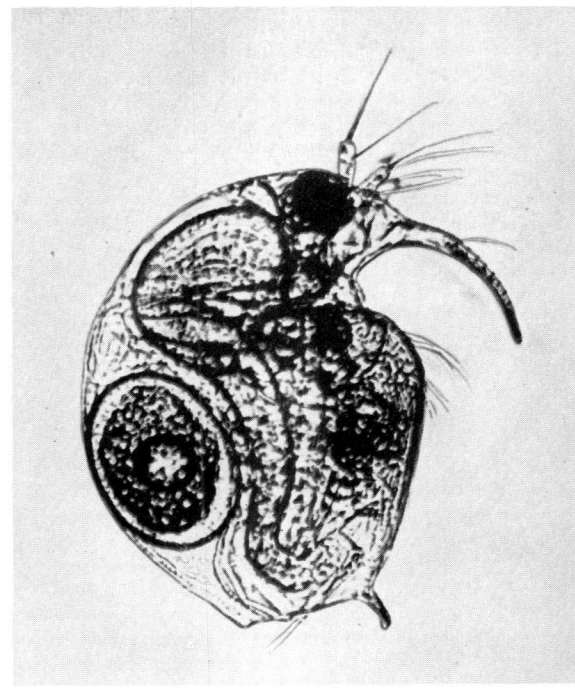

Wasserfloh ist nicht gleich Wasserfloh! Vier von rund 440 bekannten Wasserfloharten:
44. Helm-Wasserfloh *(Daphnia cucullata)*. Nat. Gr. der Weibchen 1 bis 2 mm
45. Weiher-Rüsselkrebs *(Bosmina longirostris)*. Nat. Gr. der Weibchen 250 bis 700 µm

46. Raubwasserfloh *(Polyphemus pediculus)*. Nat. Gr. der Weibchen 1 bis 2 mm
47. Plattkopf-Wasserfloh *(Simocephalus vetulus)*. Nat. Gr. der Weibchen bis 3 mm

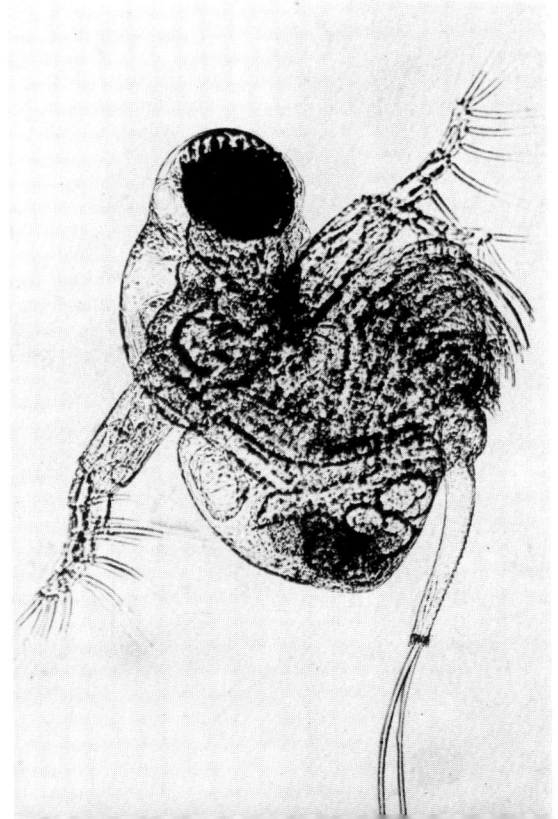
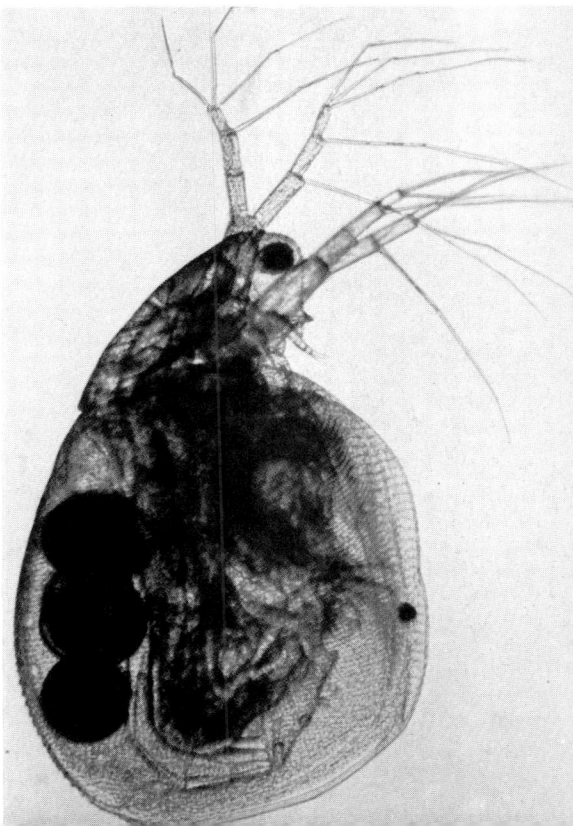

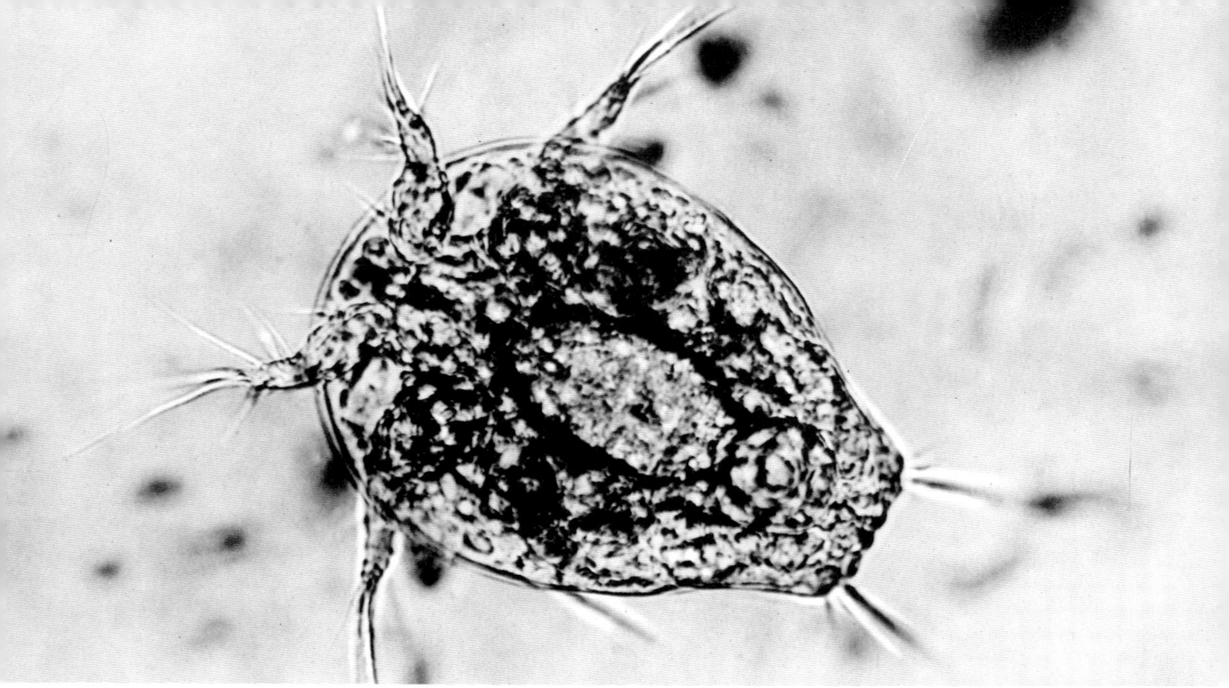

48. Nauplius, typische Larvenform der „niederen" Krebse

49. Dem Aquarianer sind Hüpferlinge als Fischfutter gut bekannt, im Bild *Cyclops vicinus*
50. Endglied des rudimentären 5. Beines von *C. vicinus*, stark vergr. (wichtiges Artbestimmungsmerkmal)

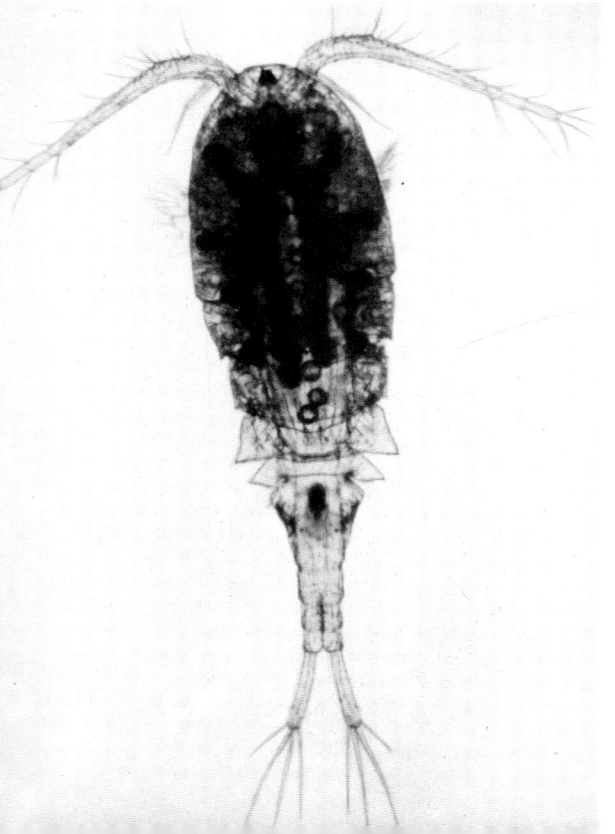

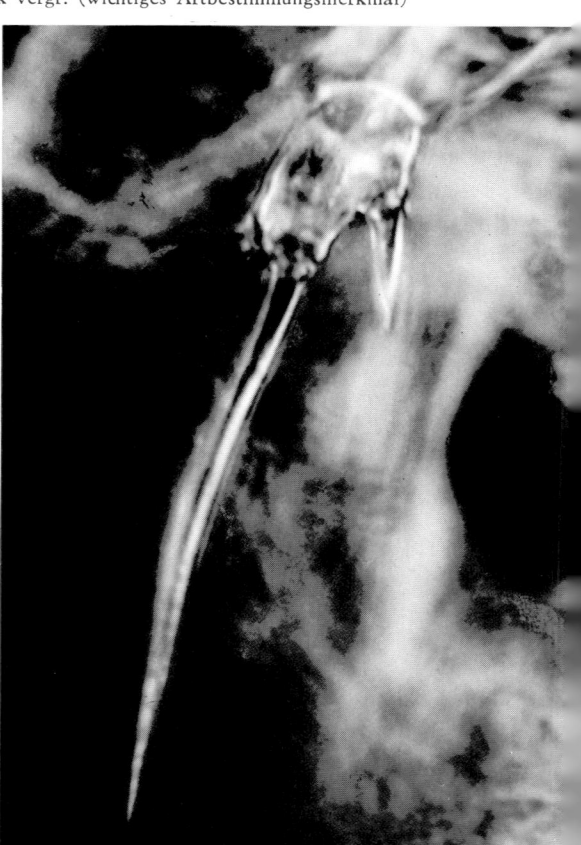

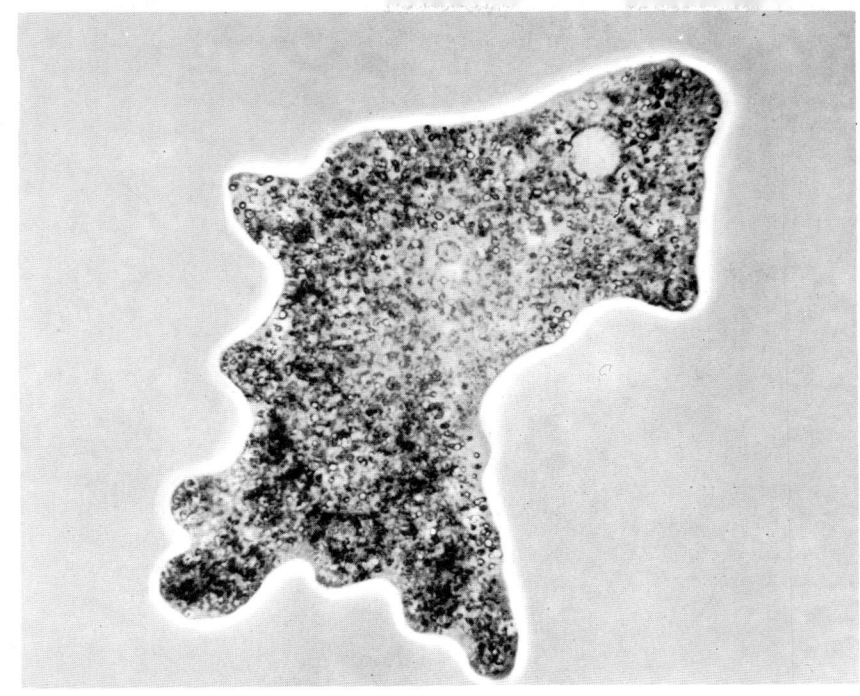

51.
Das Wechseltierchen, *Chaos diffluens (Amoeba proteus)*, ist der bekannteste Vertreter der Nacktamöben. Es zeigt keine Formkonstanz (Name!) und bewegt sich mittels Scheinfüßchen (Pseudopodien) vorwärts. Nat. Gr. 300 bis 600 μm

52. Sonnentierchen (Heliozoa) sind unverkennbar! Wie die Strahlen der Sonne gehen vom runden Zellkörper lange, fadenförmige, jedoch schnell einschmelzbare Scheinfüßchen ab. Die bis 1 mm große Art *Actinosphaerium eichhorni* findet man vor allem im Frühjahr in pflanzenreichen Gewässern

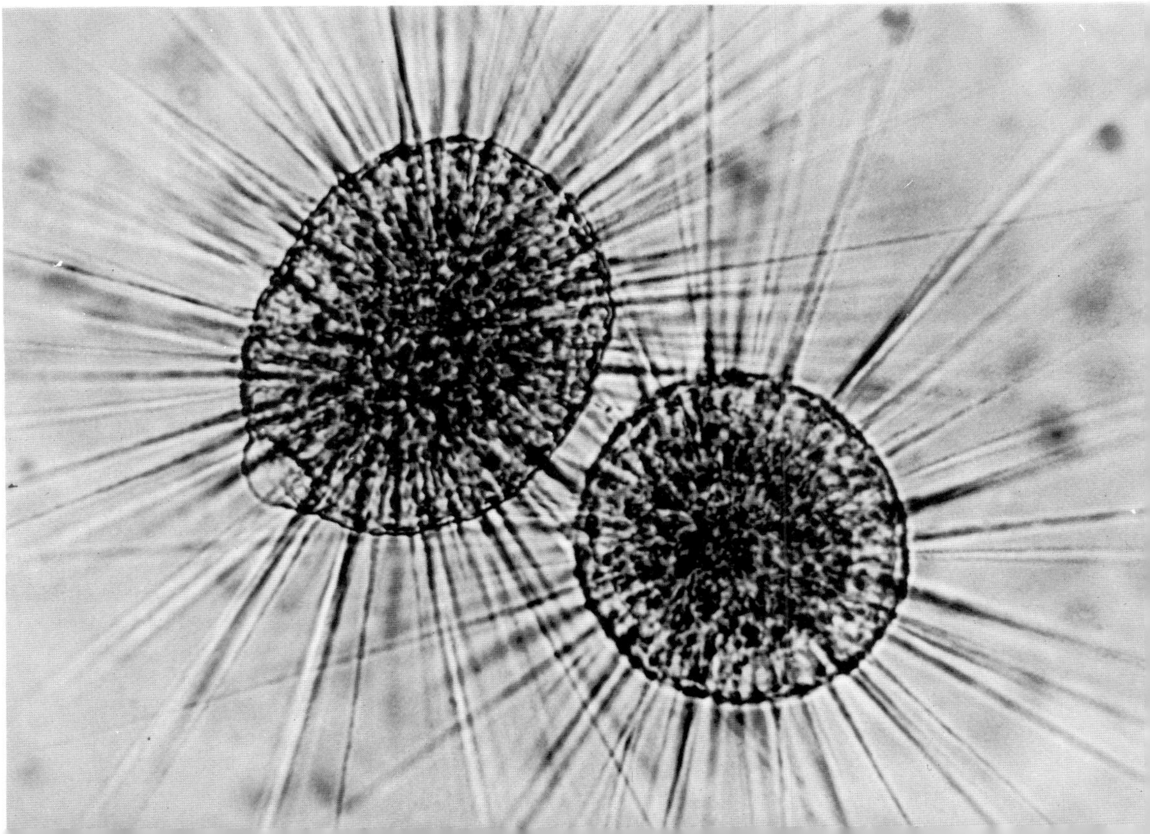

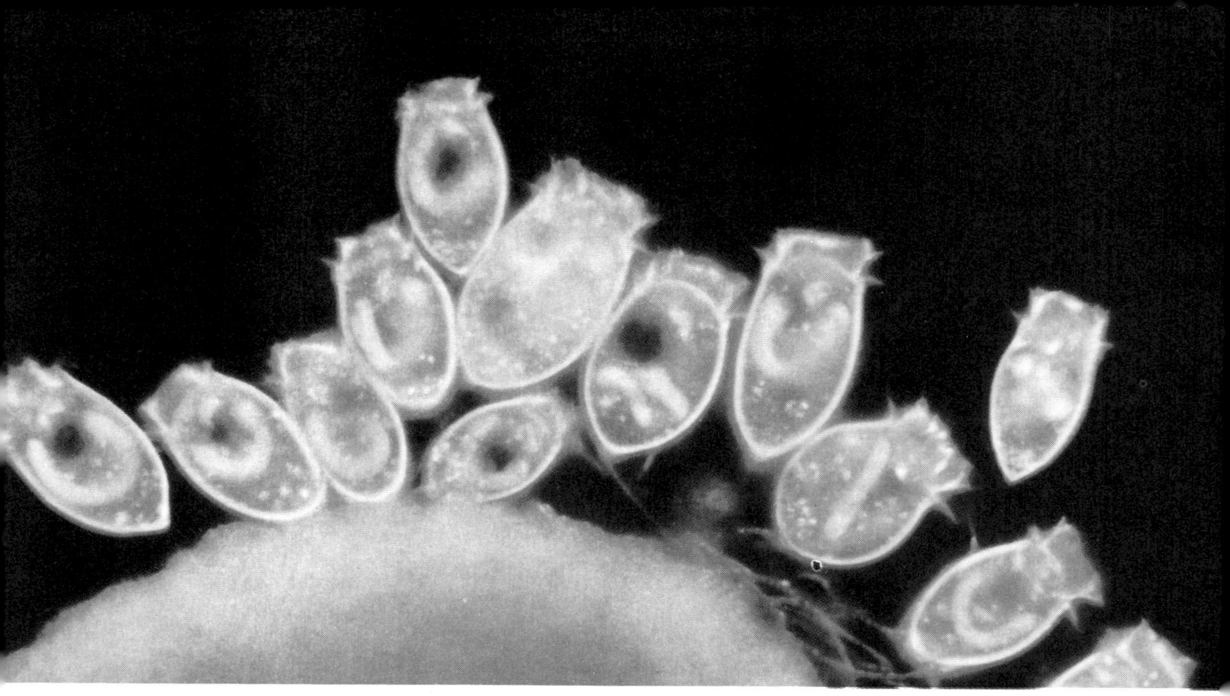

53.
Glockentierchen
der Gattung
Vorticella.
Mit Hilfe eines
kontrahierbaren
Stieles sind sie an
Wasserpflanzen
und -tieren
festgeheftet

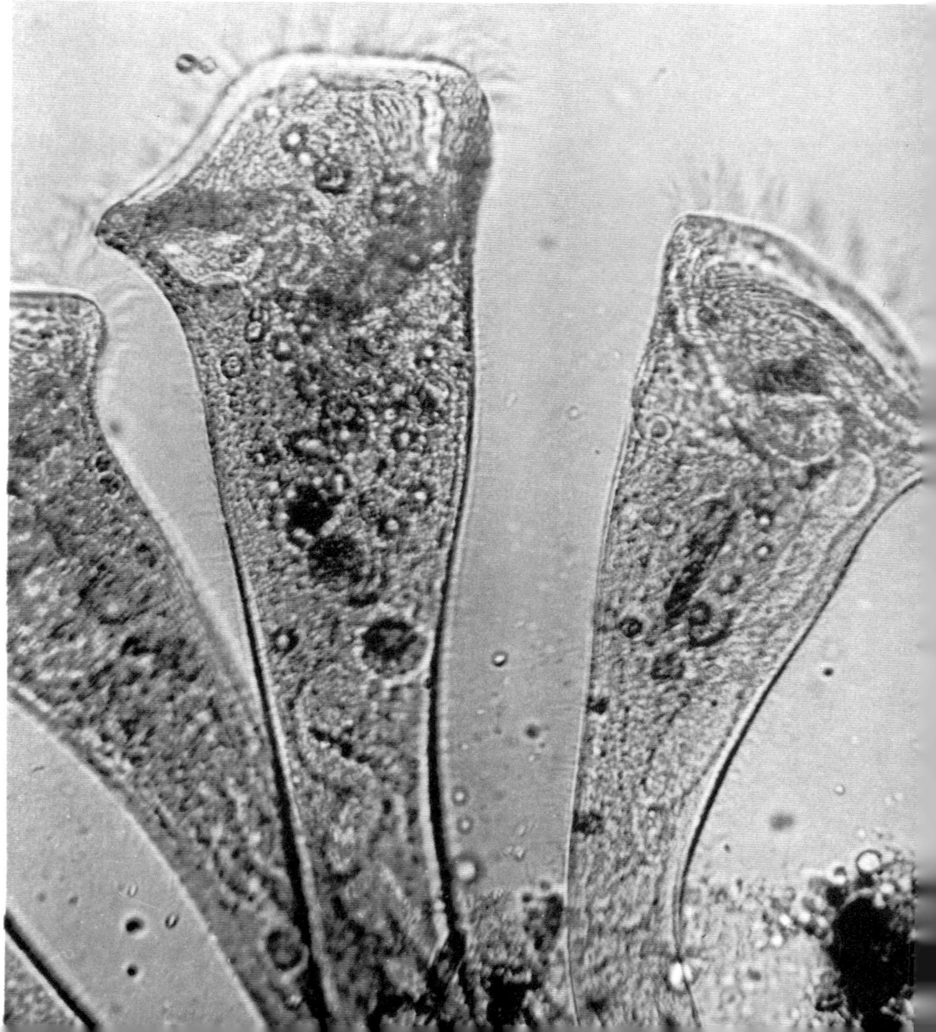

54.
Trompetentierchen
(Stentor)

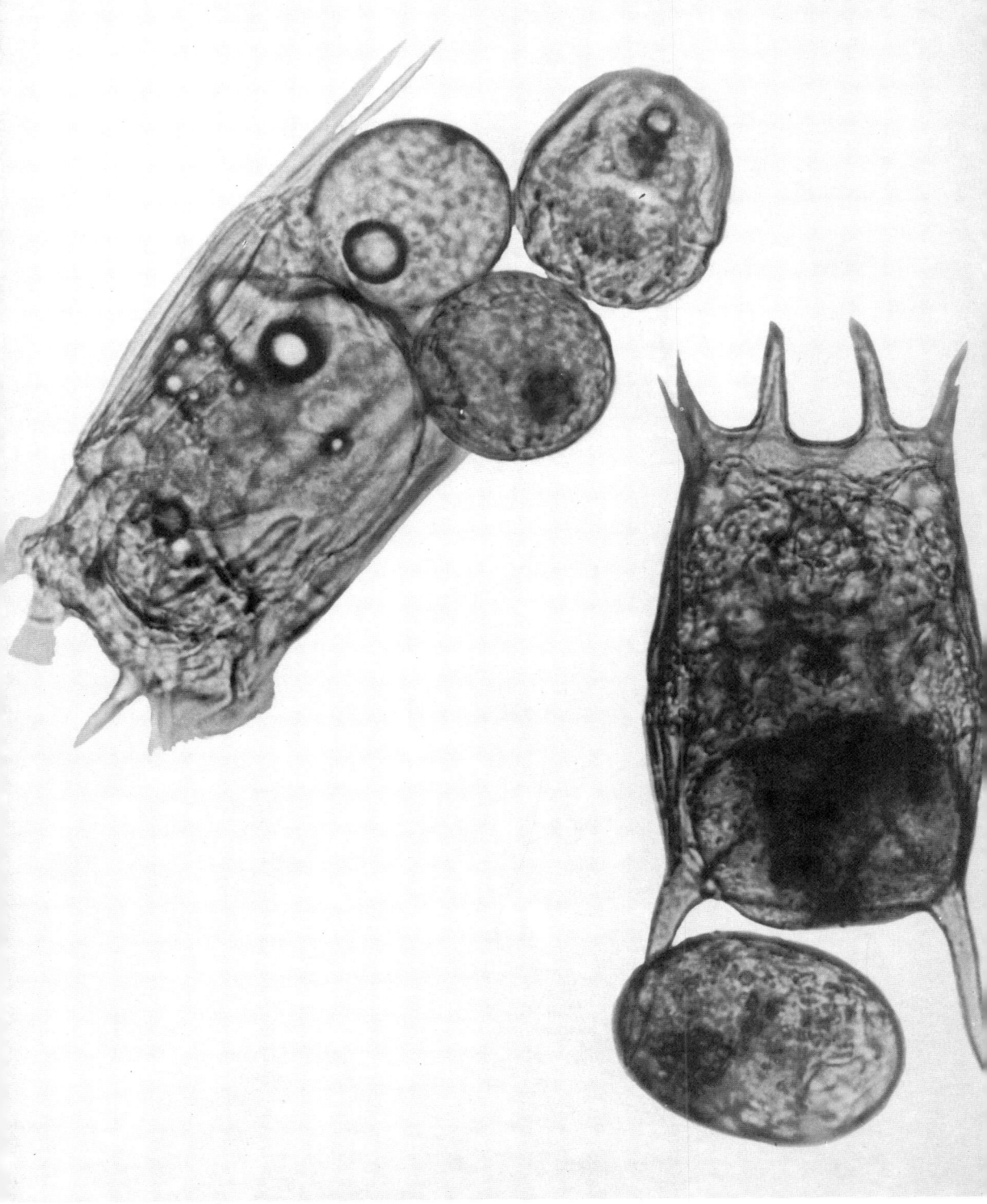

55. Rädertiere (Rotatoria) sind kleine, meist nur 0,2 bis 0,5 mm lange Schlauchwürmer. Sie kommen oft mit vielen Arten und einer hohen Individuendichte vor. Im Plankton sind z. B. die Gattungen *Polyarthra*, *Keratella* (beide im Foto), *Brachionus* und *Asplancha* vertreten

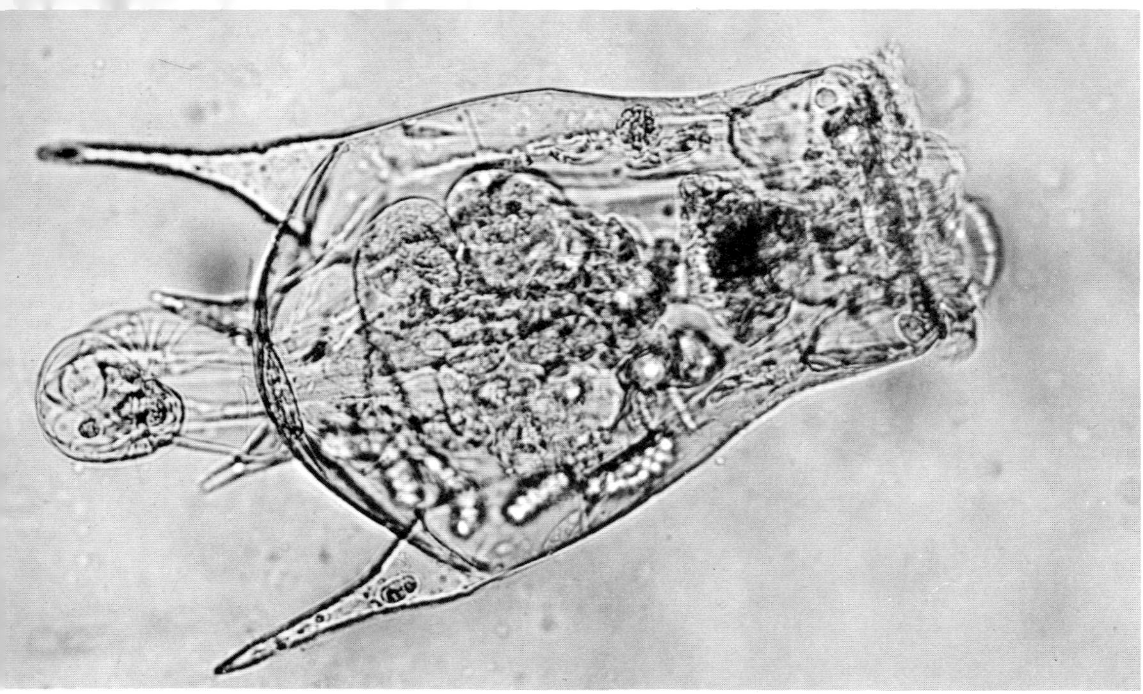

56. *Brachionus calyciflorus*, eine typische Teichform unter den Rotatorien. Nat. Gr. 250 bis 400 μm

57. Wegen ihrer hervorragenden Durchsichtigkeit eignen sich Rädertiere der Gattung *Asplanchna* („Sack-Räder-tiere") besonders gut als Studienobjekt für den Hobbymikroskopiker. Das Räderorgan arbeitet außerordentlich schnell und ist daher fotografisch meist nicht erfaßbar

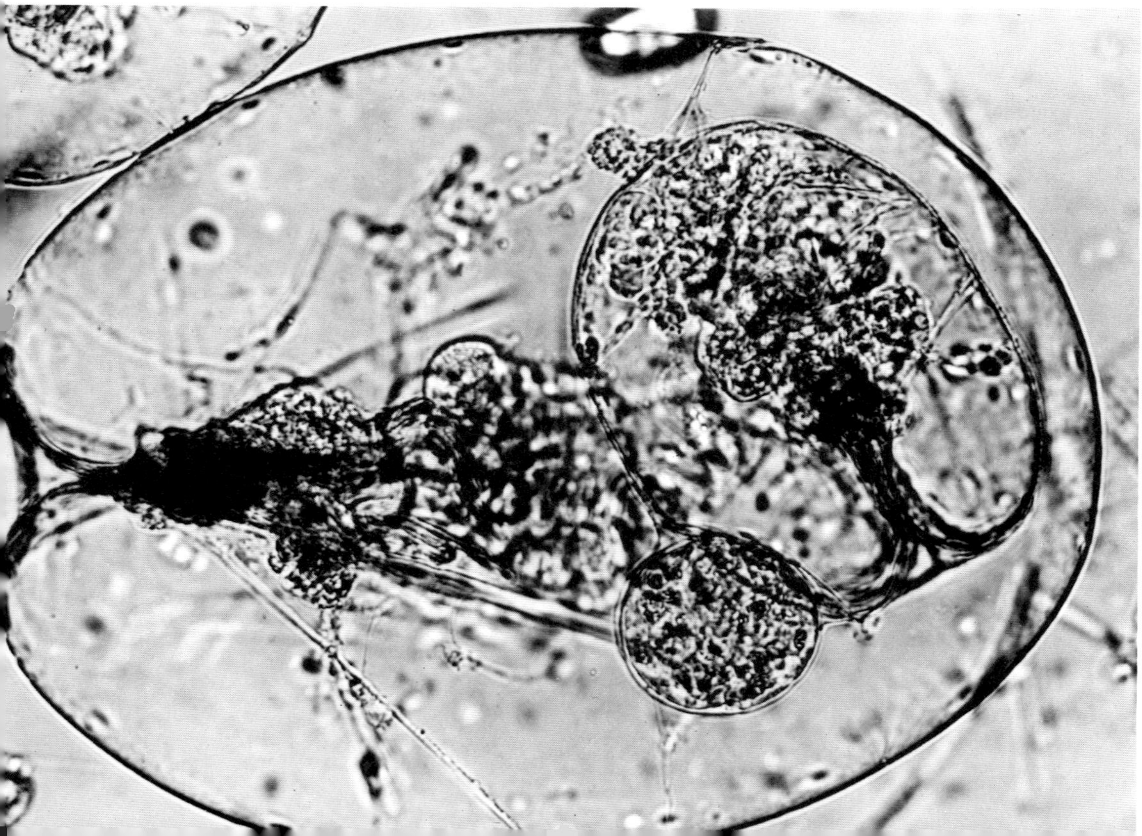

58. Nur über einen kurzen Zeitraum im Jahreszyklus treten in periodischen Gewässern die Kiefenfüße *(Triops cancriformis)* auf, was ihnen auch nicht ganz abwegig im Volksmund den Namen „Überschwemmungskrebse" einbrachte

59. Köcherfliege (Trichoptere)

60. Schlammfliege *(Sialis)* bei der Eiablage

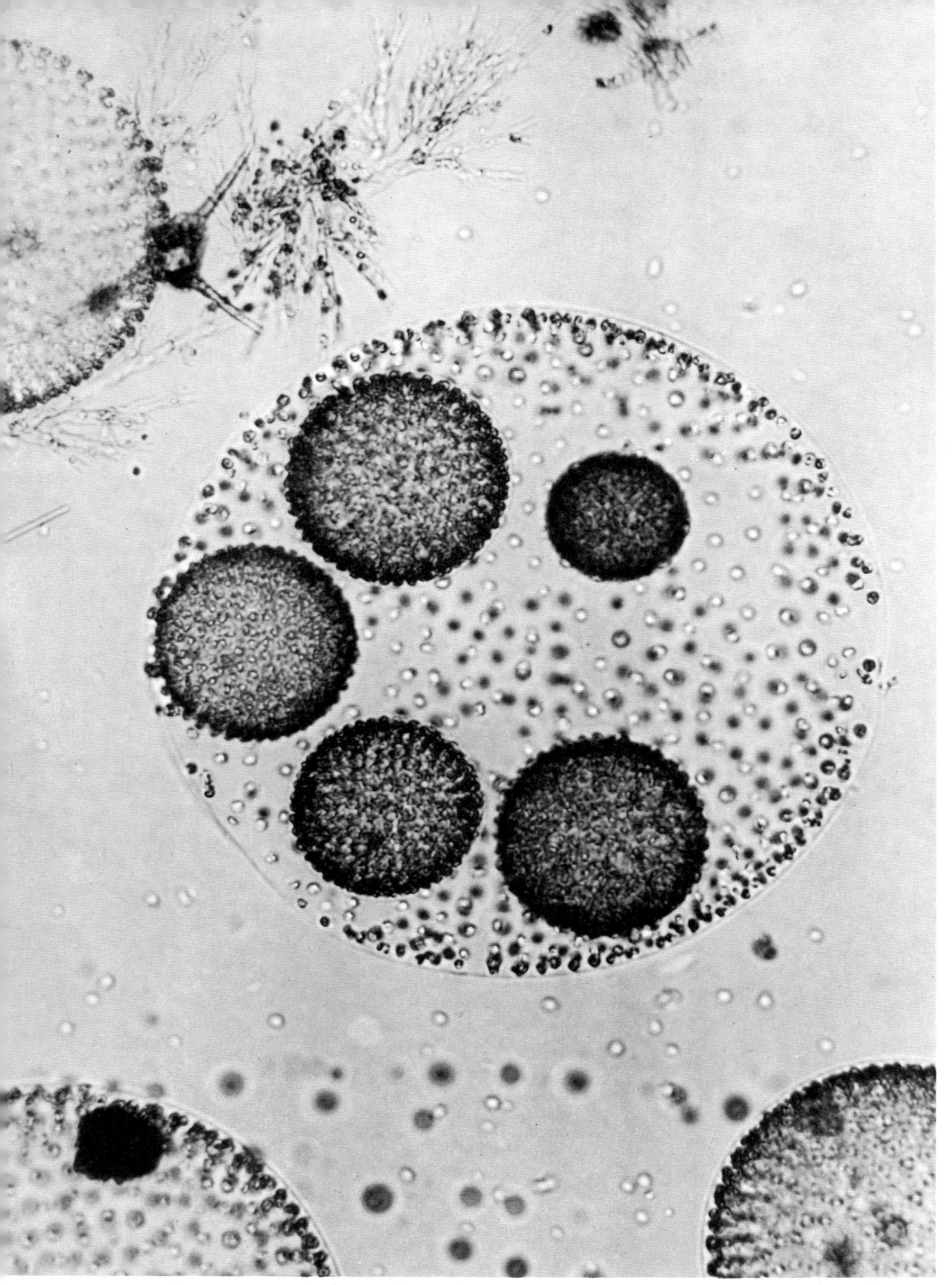

61. Die etwa stecknadelkopfgroße Wimperkugel (*Volvox aureus*) gehört zu den interessantesten und nicht alltäglichen Objekten einer Wasserprobe. Im Inneren befinden sich bereits große Tochterkugeln, die erst nach Aufreißen der Mutterkugel frei werden

62. Am Gewässerrand, in der Regel halb untergetaucht, wächst der Tannenwedel *(Hippuris vulgaris)*. Seine unscheinbaren Blüten stehen einzeln in den Blattachseln der Luftblätter. Im Kräuterbuch („CRVYDT-BOECK") des Rembertus Dodonaeus, Antwerpen 1644, wurde er als „Großer Pferdeschwanz" noch irrtümlich in die Verwandtschaft der Schachtelhalme (Sporenpflanzen!) gestellt

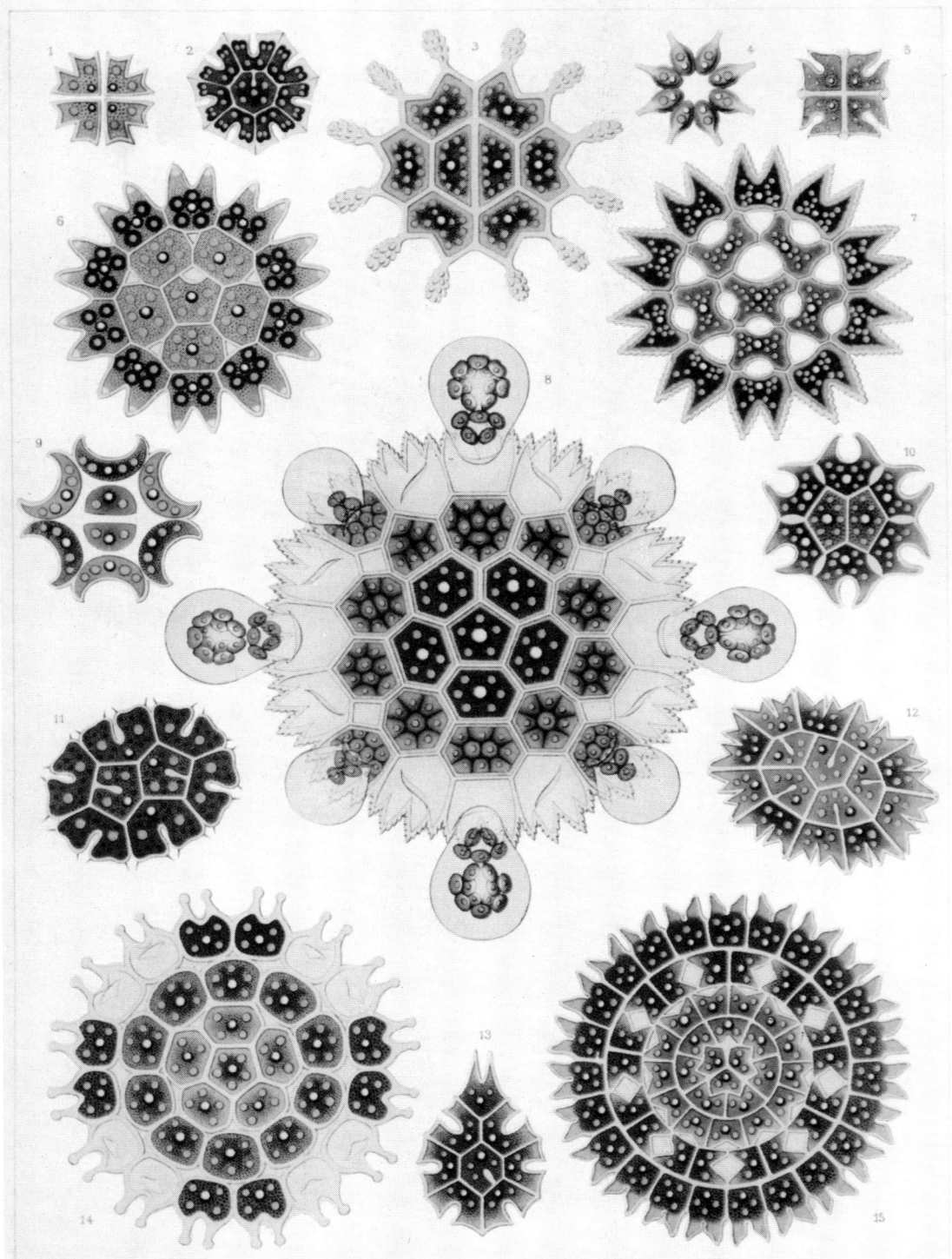

Melethallia. — Gesellige Algetten.

tieren u. a.) und Einlagerung von Stoffen, die spezifisch leichter als Wasser sind, wie Öltropfen und Luft- oder Gasblasen, wird das Übergewicht verringert. Öltröpfchen kommen häufig bei Kieselalgen und Rädertieren vor, Gasvakuolen besitzen viele planktische Blaualgen. Die Aquarianer kennen sicherlich die zwei Tragblasenpaare der von ihnen als „weiße Mückenlarve" bezeichneten Larve der Büschelmücke (*Chaoborus*; früher *Corethra*; Abb. 142). Sie ist übrigens die einzige Insektenlarve des Planktons.

Wie in der Formel zum Ausdruck kommt, besteht ein enger Bezug zwischen dem Formwiderstand des Planktonkörpers und der inneren Reibung des Wassers. Dabei ist zu beachten, daß der letztgenannte Faktor keine konstante Größe darstellt. Er unterliegt – weit stärker als die Dichte des Wassers – dem Temperatureinfluß. So erhöht sich bei sinkender Temperatur die innere Reibung, das bedeutet, im Winter „trägt" der Wasserkörper besser als im Sommer.

Betrachten wir eine Planktonprobe unter dem Mikroskop, dann fallen verschiedenste Bildungen und Einrichtungen auf, die den Formwiderstand, der senkrecht zur Absinkrichtung angreift, erhöhen. Neben der Scheibenform, Ausbildung von Zacken, Hörnern, Leisten usw. kommt es vielfach zum Zusammenschluß zu Zellkolonien. Besonders eindrucksvoll sind hier die stern- und bandförmigen Kolonien der Kieselalgen mit solchen populären Formen wie dem Schwebesternchen (*Asterionella formosa*) oder der Kamm-Kieselalge (*Fragilaria crotonensis*; Abb. 32).

Schon seit Ende des vorigen Jahrhunderts sind die Erscheinungen der Planktonzyklomorphosen (Temporalvariationen) bekannt. Man versteht darunter die im Jahresablauf von Generation zu Generation auftretenden Veränderungen der Körpergestalt verschiedener Plankter. Besonders augenfällig sind diese bei einigen Rassen planktischer Cladoceren (Gattung *Daphnia, Bosmina*, Abb. 64). In unseren Breiten folgen hier den plumpen, rund- und kurzköpfigen Wintertieren Sommergenerationen mit teilweise weit ausgezogenem helmartigen

63.
Zeichnungen von Ernst Haeckel aus „Kunstformen d. Natur", Leipzig – Wien 1904.
Die Grünalge *Pediastrum*.
1. *P. tetras*;
2. *P. rotula*;
3. *P. granulatum*;
4. *P. octonum*;
5. *P. cruciatum*;
6. *P. selenaea*;
7. *P. pertusum*;
8. *P. elegans*;
9. *P. lunatum*;
10. *P. furcatum*;
11. *P. Braunii*;
12. *P. ellipticum*;
13. *P. Darwinii*;
14. *P. trochiscus*;
15. *P. solare*

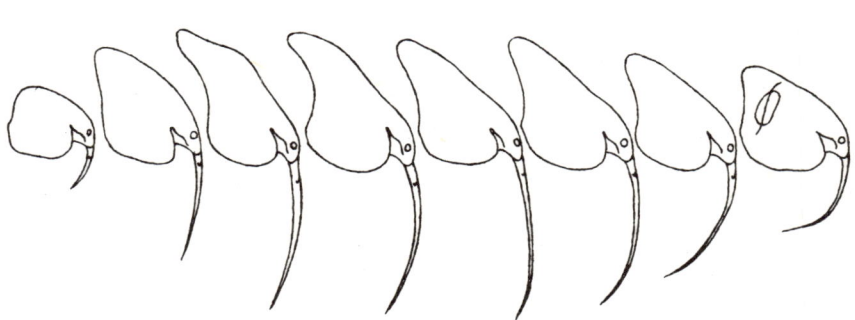

6. IV.   11. V.   24. V.   18. VIII.   23. IX.   6. X.   20. X.   2. XI.

64.
Zyklomorphose des See-Rüsselkrebses *Bosmina (Eubosmina) coregoni*. Aus Lieder 1951

Kopf, verlängertem Schalenstachel und ausgestreckterer Form. Interessanterweise sind sogar einige pflanzliche Plankter (*Ceratium*) zyklomorph.

Trotz langjähriger, intensiver Untersuchungen ist die biologische Bedeutung dieses Phänomens noch immer rätselhaft. Die Deutung der temporalen Planktonvariabilität als Anpassung an die im Sommer verminderte Tragfähigkeit des Wasserkörpers läßt sich heute nicht mehr aufrechterhalten. Wie sich inzwischen zeigte, können – ohne hier weitere Argumente und Theorien anführen zu wollen – auch andere Faktoren als die Wassertemperatur derartige Formänderungen bewirken. Bei dieser kaum übersehbaren Fülle von Arten – man

65.
Nährstoff- und
Energietransport in
einem aquatischen
Ökosystem. In
Anlehnung an Mann
1969

schätzt die Zahl der in den Binnengewässern vorkommenden Organismenarten auf über 70 000 – könnte vielleicht der Eindruck entstehen, es handle sich hier um eine mehr oder weniger beziehungslose Ansammlung von Organismen. In Wirklichkeit bilden jedoch die im Gewässer vorhandenen Pflanzen und Tiere eine große Lebensgemeinschaft, die vom Ökologen als Biozönose bezeichnet wird. In ihr ergeben sich vielfältige Wechselbeziehungen der Organismen untereinander, es finden sich kleinere oder größere, leicht oder schwerer abgrenzbare Lebensgemeinschaften, denken wir nur an die eben besprochene Lebensgemeinschaft des Planktons.

Produzenten, Konsumenten, Destruenten

Ein Lebensraum, wie beispielsweise ein Wald, Sumpf oder Weiher, bildet mit seiner gesamten Organismengemeinschaft einschließlich der auf sie einwirkenden Umweltfaktoren ein sogenanntes Ökosystem. Es erweist sich, wie man schon von diesen Beispielen unschwer ableiten kann, stets als ein offenes System, das mit benachbarten Ökosystemen in einem ständigen Energie-, Stoff- und Organismenaustausch steht. So ist ein Weiher mit der angrenzenden Wiese und dem Wald vielschichtig verzahnt. Über einen kleinen Quellzufluß werden z. B. Stoffe zugeführt, andere vom Wind herangetragen oder verweht und durch Regen eingeschwemmt. Nach dem Schlüpfen halten sich Libellen, Köcherfliegen, Mücken und andere flugfähige Wasserinsekten in der näheren oder weiteren Umgebung des Gewässers auf, zur Laichzeit wandern zahlreiche Erdkröten *(Bufo bufo)* und Grasfrösche *(Rana temporaria)* zu, ihre metamorphosierten Jungtiere verlassen den Weiher, Zugvögel fallen zur Rast ein. Diese Reihe ließe sich leicht fortsetzen. Solange keine wesentlichen Milieuänderungen auftreten, bleibt das komplexe Wirkungsgefüge eines natürlichen, unbelasteten Ökosystems durch sein Selbstregulationsvermögen erhalten. Auf- und Abbauprozesse, Angebot und Nachfrage, Werden und Vergehen gleichen sich weitgehend aus.

Innerhalb des Ökosystems sind die einzelnen Komponenten durch den Kreislauf der Stoffe und den Energiefluß wechselseitig verbunden. Unabhängig von ihrer systematischen Stellung und der Zugehörigkeit zum Pflanzen- oder Tierreich lassen sich alle Organismen des Ökosystems hinsichtlich ihrer Rolle beim biogenen Stoffumsatz in drei große Gruppen einteilen, in Produzenten (Erzeuger), Konsumenten (Verbraucher) und Destruenten (Zersetzer).

Die grünen Pflanzen bauen mit Hilfe der Sonnenenergie – einige Bakterienarten mittels Chemoenergie – aus anorganischen Stoffen (Wasser, Kohlendioxid, Mineralien) energiereiche organische Substanzen auf. Sie alle sind Produzenten (Primär-, Urproduzenten) und damit Ausgangspunkt und Motor des Stoff- wie Energietransportes. Zu den Konsumenten gehört natürlich die überwiegende Mehrzahl der Tiere. Bei der weiteren Untergliederung dieser riesigen Verbrauchergruppe werden die Pflanzenfresser (Herbivore, Phytophage) als Primärkonsumenten von Sekundärkonsumenten, d. h. den Verzehrern tierischer Substanz (Karnivore, Zoophage) unterschieden. Im Weiher leben von Primärproduzenten z. B. viele Phytoplankton fressende Kleinkrebse *(Daphnia, Moina, Cyclops-*Arten) und Wappenrädertiere *(Brachionus)*. Diese fallen wiederum verschiedensten Sekundärkonsumenten, wie Karpfen *(Cyprinus carpio)* oder anderen Friedfischen zum Opfer, die ihrerseits vom Hecht *(Esox lucius)* gefressen werden können. Häufig steht auch der Mensch am Ende einer solchen Nahrungskette (vgl. „Fressen und gefressen werden"). Primär- und Sekundärkonsumenten lassen sich allerdings nicht scharf voneinander abgrenzen. So können manche Herbivoren zeitweilig tierische und umgekehrt

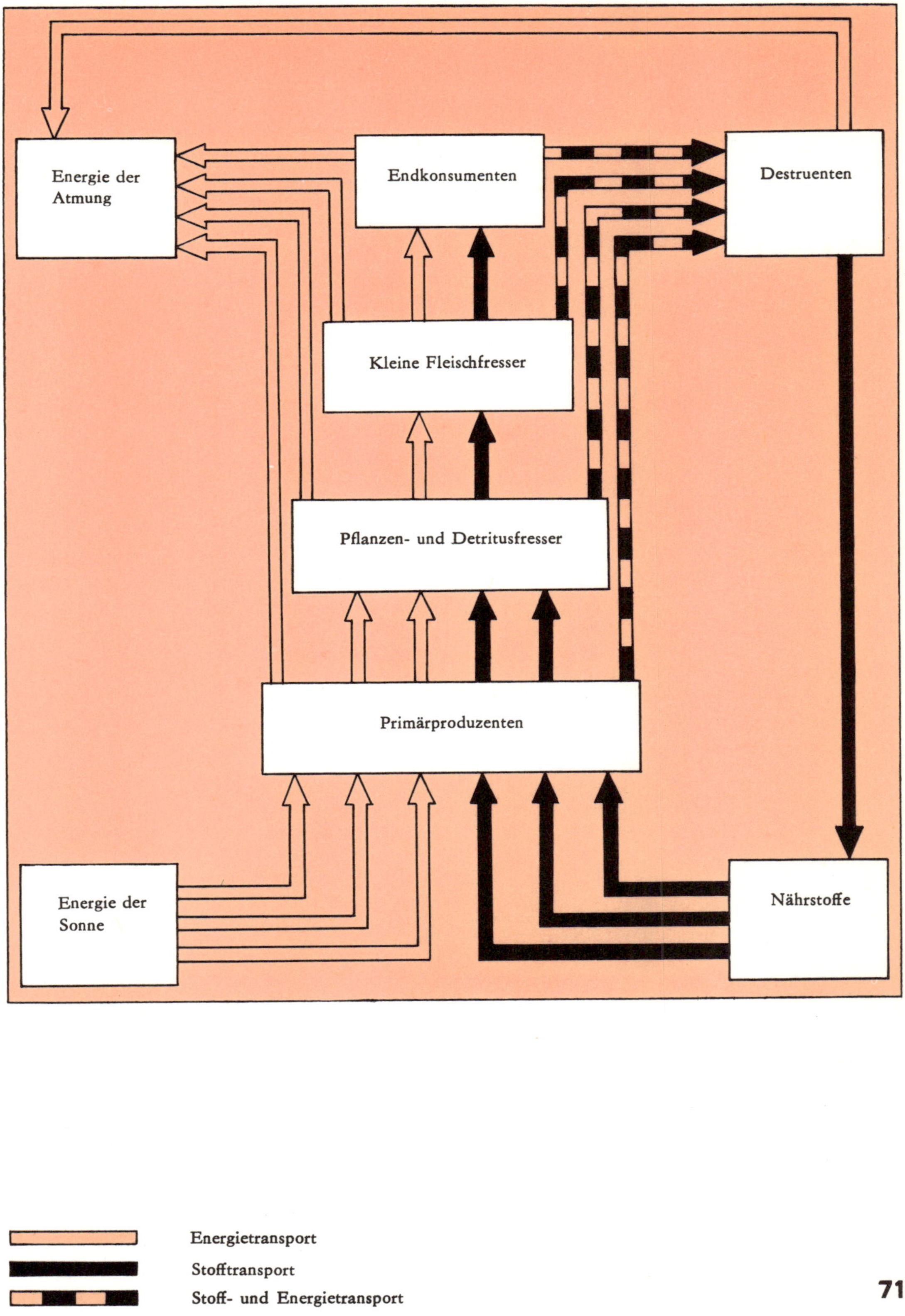

Energie der
Atmung

Endkonsumenten

Destruenten

Kleine Fleischfresser

Pflanzen- und Detritusfresser

Primärproduzenten

Energie der
Sonne

Nährstoffe

Energietransport

Stofftransport

Stoff- und Energietransport

71

manche Karnivoren gelegentlich pflanzliche Substanz verzehren. Eine Zwischenstellung nehmen die allesfressenden Tiere (Omnivoren, Pantophagen) ein. Aber auch Parasiten und Symbionten sprengen diese Grenzen.

Für den Abbau der abgestorbenen pflanzlichen und tierischen Substanzen sowie der tierischen Exkremente sorgen die Destruenten. Sie lassen sich im weitesten Sinn in zwei große Gruppen aufteilen, in Abfallfresser (Saprovoren), zu denen z. B. Milben, viele besonders im Gewässerschlamm lebende Insektenlarven, Glieder- und Fadenwürmer gehören, und Mineralisierer, wie Pilze und Bakterien. Über den mikrobiellen Abbau schließt sich der Kreislauf der Stoffe. Die freigesetzten anorganischen Stoffe stehen somit wieder den Produzenten zur Verfügung.

Im Gegensatz zu dem in stehenden Gewässern mehr oder weniger geschlossenen Kreislauf des biogenen Stofftransportes unterliegt die durch die Primärproduzenten gebundene Energie nur einem Energiefluß (vgl. Abb. 65). Sie durchläuft unter ständigem Verlust die einzelnen Glieder der Nahrungsketten. Durch Atmung und Ausscheidungsprozesse gehen auf jeder Ernährungsstufe etwa 80 bis 90 % der aufgenommenen Energie verloren. Daraus folgt, daß sich mit zunehmender Länge einer Nahrungskette auch die „Abschreibungssumme" an Energie weiter erhöht.

Schon aus der groben Kenntnis der engen Verknüpfungen und des Zusammenspiels aller Prozesse heraus wird deutlich, daß jeder Eingriff in ein Gewässer, wie z. B. See, Weiher oder Teich, der nicht rasch durch Selbstregulation beseitigt werden kann, entsprechende Auswirkungen bis zu den Einzelabläufen zeigen muß. Zu den markantesten Beispielen der Vergangenheit und Gegenwart zählen die verschiedenen ins Gewässer gelangten Giftstoffe und selbstverständlich das Eutrophierungsproblem. Aus der Fülle der giftigen Stoffe wollen wir nur die Biozide herausgreifen. Dieser Sammelbegriff umfaßt – etwa gleichartig wie die englische Fachbezeichnung „Pestizide" – alle gegen Schadorganismen angewandten chemischen Mittel. Ihre weitere Unterteilung erfolgt im Hinblick auf die zu bekämpfende Zielgruppe. So wenden sich Molluskizide gegen Mollusken, Insektizide gegen Insekten, Algizide gegen Algen, Fungizide gegen Pilze usw. Der Einsatz der chemisch sehr verschiedenartigen bi* ziden Stoffe ist auch gegenwärtig noch eine unabdingbare Folge der steten Höherentwicklung unserer Lebensansprüche. Zur Vermeidung von Ernteverlusten, Erhaltung der Wälder sowie bei der Krankheits- und Seuchenbekämpfung kann auf ihre Anwendung nicht verzichtet werden. Lag die Weltproduktion an Bioziden 1964 nach groben Schätzungen bei etwa 1 Mio Tonnen, dann dürfte sie sich bis 1980 mindestens verdoppelt haben.

Unter den Insektiziden sind die chlorierten Kohlenwasserstoffe (z. B. DDT, Dieldrin, Lindan, PCB) wegen des breiten Wirkungsspektrums, ihrer langen Wirkungsdauer (Persistenz), ziemlich guten Fettlöslichkeit und der dadurch bedingten Anreicherung in den Nahrungsketten ökologisch relevante Substanzen. Die bekannteste von ihnen ist sicherlich das 1940 in Basel als Schädlingsbekämpfungsmittel patentierte DDT (p, p-Dichlordiphenyltrichloräthan). Erinnern wir uns daran, daß es zur Bekämpfung der verbreitetsten und häufigsten menschlichen Infektionskrankheit, der Malaria, dient. Eine Tatsache, die nicht hoch genug zu bewerten ist, da gegenwärtig rund 767 Millionen Menschen in „Malaria-Gebieten" leben. Wie wir seit längerer Zeit wissen, ist jedoch DDT – gleiches gilt für viele andere Biozide – gegen mikrobiellen bzw. anderweitigen chemischen Abbau außerordentlich widerstandsfähig. Durch Niederschläge, Wasserströmungen und Wind wird es weit über den Einsatzort hinaus verbreitet. So konnte DDT in Meeresfischen und -säugern, ja sogar in der Antarktis im Fettgewebe der Pinguine nachgewiesen werden. Über die Nahrungskette kommt es zu einer beachtlichen Akkumulation, wobei die Endglieder (karnivore Vögel, der Mensch u. a.) zwangsläufig besonders gefährdet sind. In einem kalifornischen See reicherte sich ein zur Mückenbekämpfung versprühter DDT-Abkömmling (DDD) im Plankton auf das 250fache und in Zwergtauchern *(Podiceps ruficollis)* schließlich auf das 80 000fache an. Eine Folge des Kumulationseffektes chlorierter Kohlenwasserstoffe ist die offenbar weit verbreitete Dünnschaligkeit der Vogeleier. Sie läßt sich übrigens auch experimentell erzeugen und führt ab einer Schalendickereduktion von etwa 15 bis 20 % zu Fortpflanzungsstörungen, da die dünnschaligen Eier dann beim Brüten zerdrückt werden. Als Wirkmechanismus dieses Phänomens kommen wahrscheinlich mehrere Faktoren in Betracht. Eine wesentliche Rolle soll dabei die Hemmung bestimmter Enzyme (Karboanhydrase, ATPasen) im Uterus der Vögel spielen.

Durch das inzwischen von den meisten Ländern ausgesprochene DDT-Verbot – eine Ausnahme bilden in erster Linie die Entwicklungsländer, in denen DDT zur Bekämpfung wichtiger Krankheitsüberträger (siehe *Anopheles*) auch weiterhin aktuell sein wird – hat sich hier erfreulicherweise ein Wandel vollzogen. Dem gleichen Zweck dient eine Reihe weiterer Maßnahmen, darunter die kontinuierliche Entwicklung von Bioziden mit kurzer Wirkungsdauer.

Besonders gravierend wirkt sich der zunehmende Nährstoffeintrag auf die stehenden Gewässer aus. Die ungewollte Mästung der Primärproduzenten führt zu einem enormen Anstieg der pflanzlichen Biomasse. Unter natürlichen Verhältnissen liegt vor allem Phosphor (in Form von Orthophosphat) meist nur in sehr geringer Konzentration vor, so daß er der wesentliche produktionsbegrenzende Faktor (Minimumstoff) ist. Eine Konzentrationserhöhung heizt daher die Primärproduktion an. Schon eine Phosphorkonzentration von nur 1 μg Orthophosphat pro Liter ermöglicht das Wachstum von 15 Mio Zellen je Liter der im Plankton lebenden Kieselalge *Asterionella*. Bei Zufuhr von 1 kg Phosphor kann eine Planktonalgenbiomasse von 123 kg Trockensubstanz entstehen.

Die in die Teiche und Weiher gelangten Pflanzennährstoffe dürften, abgesehen vom Eintrag durch Niederschläge, hauptsächlich von den angrenzenden landwirtschaftlichen Nutzflächen stammen. Einen ersten Eindruck vermittelt dazu die Tabelle 6. Man nimmt an, daß zur Zeit rund 1 bis 5 % des zur Düngung der Landwirtschaftsflächen verwendeten Phosphors und 10 bis 25 % des Stickstoffs in die Gewässer eingebracht werden. Selbstverständlich ist das Ausmaß dieses „Düngerexports" in ein aquatisches Ökosystem je nach der Intensität der landwirtschaftlichen Bodennutzung, der Bodenart, dem geologischen Untergrund usw. recht verschieden. Die Folgen einer solchen Belastung sind außerordentlich komplex. So bewirkt die Massenentwicklung des Phytoplanktons und der höheren Wasserpflanzen eine stärkere Schlammablagerung und beschleunigt damit den Verlandungsprozeß in den Flachgewässern enorm. Beim mikrobiellen Abbau der Biomasse kommt es zum Sauerstoffschwund mit all den bekannten Auswirkungen. Im Rahmen der sich anschließenden Fäulnisprozesse entsteht schließlich der lebensfeindliche Schwefelwasserstoff.

Diese krasse Änderung des biologischen Gleichgewichtes ist irreversibel, soweit nicht teure Sanierungsmaßnahmen eingeleitet werden. Das klassische Beispiel bildet diesbezüglich der etwa 1 km² große schwedische Trummen-„See", dem im Zeitraum von 11 Jahren etwa soviel Phosphor zugeführt wurde, wie

Tabelle 6: Nährstoffabtrag (kg/ha · a) von unterschiedlich bewirtschafteten Landwirtschaftsflächen (nach Schlungbaum 1976)

Nutzungsart	Phosphor	Stickstoff
Grünland	0,10–1,50	2– 22
Ackerflächen	0,56–2,50	20–145
Brachflächen	3,38	33–185

vorher in insgesamt 9 000 (!) Jahren. Nach seiner Entschlammung (rund 900 000 m³ Schlamm wurden entfernt) kam es zu einer nachhaltigen Besserung der Wasserbeschaffenheit. Die Restaurierungskosten beliefen sich auf etwa 2,5 Mio Schwedische Kronen. Inzwischen gibt es relativ vielseitige und zum Teil nicht derart kostenaufwendige Methoden (Tiefenwasserableitung, -belüftung, Nährstoffausfällung usw.). Sie alle können aber nur dann sinnvoll und langfristig wirksam sein, wenn keine neuerliche Belastung erfolgt, d. h. eine regelmäßige Prophylaxe (konsequente Einhaltung der geltenden gesetzlichen Bestimmungen, Anlage von ungedüngten Dauergrünstreifen am Gewässerufer u. a.) betrieben wird.

Organismen als Anzeiger der Wassergüte

Jedes Gewässer wird in Abhängigkeit von seinen spezifischen ökologischen Verhältnissen, insbesondere dem Nahrungsangebot, von bestimmten Lebewesen besiedelt. Ähnlich wie die an Land lebenden Organismen stellen die Wasserorganismen sehr unterschiedliche Ansprüche an ihr Lebensmilieu. Bei der Untersuchung der Lebensgemeinschaft eines Gewässers erhält man daher Aufschluß über den Gewässerzustand, der unter dem Aspekt der Wassernutzung auch als Gütezustand bezeichnet wird.

Gegenüber den physikalischen und chemischen Untersuchungen, die den momentanen Zustand charakterisieren, erfaßt die biologische Analyse eine längere Zeitspanne, da Pflanzen- und Tierarten keinem raschen Wechsel unterliegen. Schon anhand einer einzelnen Untersuchung ist somit eine Aussage über den durchschnittlichen Gewässerzustand möglich. Angaben zur Konzentration von Verunreinigungsstoffen und über ihre Art – von einigen Stoffen, z. B. Schwefelwasserstoff, Eisen und Kochsalz, abgesehen – kann das biologische Verfahren jedoch nicht liefern.

Als Indikatororganismen (Zeigerorganismen, Bioindikatoren) eignen sich Arten, die eine enge Bindung an bestimmte Umweltverhältnisse zeigen. Je enger diese ist, um so höher ist der Wert der betreffenden Art als Indikator. Ausgesprochen euryöke Organismen, d. h. Arten, die sich durch eine große Toleranzbreite und Anpassungsfähigkeit auszeichnen, sind zur Beurteilung der Wassergüte daher wenig aussagekräftig. Von den in der wasserwirtschaftlichen Praxis gängigen Verfahren der biologischen Indikation sei hier das zur Gewässergüteeinschätzung wichtige Saprobiensystem von R. Kolkwitz und M. Marsson (revidiert von H. Liebmann) vorgestellt. Ausgehend vom natürlichen Selbstreinigungsprozeß wurde es ursprünglich für mit organischem Material verunreinigte Fließgewässer entwickelt. Über seine Gültigkeit für stehende Gewässer gehen die Ansichten sehr auseinander, und der Meinungsstreit ist noch nicht abgeschlossen. Als „Saprobien" werden Organismen bezeichnet, die im Gegensatz zu Bewohnern vollkommen reiner Gewässer, den „Katharobien", in mit abbaubaren organischen Stoffen belasteten Gewässern vorkommen und sich in einer bestimmten Phase des Abbauprozesses optimal entfalten. In Fließgewässern finden sich so entsprechend den räumlich aufeinanderfolgenden Stufen der Selbstreinigung ganz spezifische Lebensgemeinschaften. Diese deutliche Zonierung ist in stehenden Gewässern naturgemäß nicht derart ausgeprägt. Hier liegen die einzelnen Zonen nicht neben-, sondern übereinander. Gemäß dem fortschreitenden Mineralisierungsgrad werden nach R. Kolkwitz, M. Marsson und H. Liebmann vier Stufen der Saprobie (Saprobität) und äquivalent auch vier Wassergüteklassen unterschieden:

Saprobiestufe		Wassergüteklasse
polysaprob	(primäre Spaltprozesse)	IV
α-mesosaprob	(sekundäre Spaltprozesse)	III
β-mesosaprob	(fortgeschrittene Mineralisation)	II
oligosaprob	(vollendete Mineralisation)	I

Die Grenzen zwischen diesen Stufen sind im wahrsten Sinne des Wortes fließend. Über die klassischen Saprobiestufen hinaus wurden in letzter Zeit noch weitere Stufen aufgestellt. So charakterisiert z. B. die xenosaprobe Stufe den höchsten Reinheitsgrad (Quellgewässer) oder die hypersaprobe Stufe ein Nährstoffüberangebot, wie es zunehmend durch hochkonzentrierte Industrieabwässer auftritt.

Wenden wir uns nochmals den vier Saprobiestufen zu. Die polysaprobe Zone ist durch organisch sehr stark verunreinigtes Wasser gekennzeichnet. Reduktions- und Spaltungsprozesse überwiegen, freier Sauerstoff fehlt völlig, oder es herrscht starker Sauerstoffschwund. Typisch ist der Reichtum an Bakterien und damit verbunden an bakterienfressenden Geißel- und Wimpertierchen. Solche polysaproben Zonen finden sich z. B. an Stellen, wo häusliche und Stallabwässer in Teiche und Weiher eingeleitet werden, aber auch in der engeren Umgebung von Tierkadavern.

In der α-mesosaproben Zone verschwinden die Reduktionsprozesse mehr und mehr. Der Sauerstoffgehalt kann tagsüber durch die Photosynthese der Mikroorganismen zum Teil recht hoch sein. Neben vielen Algen existiert allerdings noch ein bedeutender Bakterienanteil. Im Uferbereich treten vielfach Froschlöffel- und Pfeilkrautbestände auf, generell ist die Zahl der höheren Pflanzen- und Tierarten jedoch recht gering. Alpha-mesosaprob sind sehr viele Tümpel, Dorfteiche, die durch stärkeren Besatz mit Wassergeflügel einer „organischen Düngung" unterliegen, Abwasserfischteiche u. a. Gewässerformen.

Das Wasser der β-mesosaproben Zone ist reich an Sauerstoff und – soweit keine Wasserblüte vorliegt – nur leicht getrübt oder klar. Die Pflanzen- und Tierwelt zeichnet sich durch Artenreichtum und Mannigfaltigkeit aus und übertrifft in dieser Hinsicht das Organismenleben der anderen Saprobiestufen. Derartige Verhältnisse gelten für viele Weiher.

Wesentliches Merkmal der oligosaproben Zone ist der Abschluß des Minera-
lisationsprozesses. Die Nährstoffarmut spiegelt sich in der geringen Arten- und
Individuenzahl wider. Aus der mikrobiologischen Untersuchung von Wasserproben geht hervor, daß die Zahl der sich auf Nährböden entwickelnden
Bakterienkeime unter 1 000 pro cm^3 liegt. Oligosaprob sind u. a. manche
stehende Gewässer des Hochgebirges, Forellenteiche, aber auch einige tiefe
Seen des Flachlandes.

Ehe wir einen Blick auf einige ausgewählte, auch für den hydrobiologisch
nicht vorbelasteten Leser verhältnismäßig gut bestimmbare Leitorganismen
werfen, sei noch einmal die Bedeutung der Bakterien herausgestellt. Sie spielen bei der Selbstreinigung der Gewässer unumstritten die Hauptrolle. Die
in den einzelnen Saprobiestufen auftretenden mehrzelligen Organismen sind
an diesem so eminent wichtigen ökologischen Prozeß nicht direkt beteiligt.

Der Nachweis einer einzigen Leitart genügt natürlich nicht für eine exakte
Charakterisierung der Wassergüte. Einer sinnvollen Aussage müssen schon
mehrere Leitformen mit einer bestimmten Mindesthäufigkeit und für sie
typische Lebensgemeinschaften zugrundeliegen. Es erübrigt sich eigentlich zu
betonen, daß dies eine sorgfältige, sachgerechte Bestimmung voraussetzt.

Im Hinblick auf die weitere Vervollkommnung des von R. Kolkwitz und
M. Marsson rein empirisch aufgestellten Saprobiensystems gilt es vor allem,
Kenntnisse über das Spektrum der ökologischen Ansprüche und zur Toleranz-
breite vieler Leitarten zu gewinnen.

Auch die Wasservogelfauna kann als Indikator für den ökologischen Zustand
der Gewässer herangezogen werden. Bekanntlich waren es unter den Wirbeltieren besonders die Vögel, die uns über die Auswirkungen von Umwelt-
belastungen erste und vielfältige Hinweise lieferten. Beeindruckend nimmt
schon Rachel Carson in ihrem „Stummen Frühling" auf diese Problematik
Bezug. Gegenwärtig liegt eine nahezu unübersehbare Fülle von Arbeiten zur
Giftbelastung von Vogelpopulationen, Akkumulation verschiedenster Gifte über
Nahrungsketten und -netze sowie über die sich daraus ergebenden Konse-
quenzen vor.

Wie man auf größeren stehenden Gewässern beobachten kann, eignet sich

Tabelle 7: Ausgewählte Leitorganismen für die Wassergüteklassen I bis IV
(in Anlehnung an Palissa, Wiedenroth und Klimt 1977)

Leitorganismen für die Wassergüteklasse I (oligosaprobe Zone, nicht oder kaum verunreinigtes Wasser)	
Hornalge	*Ceratium birundinella*
Wassernetz	*Hydrodictyon reticulatum*
Wechselblütiges Tausendblatt	*Myriophyllum alterniflorum*
Glanz-Laichkraut	*Potamogeton nitens*
Mittelgroßes Nixkraut	*Najas intermedia*
Reusentierchen	*Nassula gracilis*
Reinwasser-Glockentier	*Vorticella similis*
Planarie	*Dugesia gonocephala*
Kugel-Rädertier	*Conochilus unicornis*
Kristall-Wasserfloh	*Sida crystallina*
Gallerthüllen-Wasserfloh	*Holopedium gibberum*
Buntflossenkoppe	*Cottus poecilopus*

Leitorganismen für die Wassergüteklasse II
(β – mesosaprobe Zone, mäßig verunreinigtes Wasser)

Platter Herzflagellat	*Phacus pleuronectes*
Geißelkugel-Grünalge	*Eudorina elegans*
Große Mummel	*Nuphar lutea*
Wassernuß	*Trapa natans*
Wasserstern	*Callitriche*
Schwimmendes Laichkraut	*Potamogeton natans*
Strahlenbällchen	*Actinosphaerium eichhorni*
Grünes Pantoffeltier	*Paramecium bursaria*
Wappenrädertier	*Brachionus urceolaris*
Facetten-Rädertier	*Keratella cochlearis*
Facetten-Rädertier	*Keratella quadrata*
Schwertborsten-Rädertier	*Polyarthra vulgaris*
Fransenkrone	*Stephanocerus fimbriatus*
Öltropfenwürmchen	*Aelosoma hemprichi*
Teichschlange	*Stylaria lacustris*
Bunt-Plattegel	*Glossiphonia complanata*
Spitzhornschnecke	*Lymnaea stagnalis*
Dreieckmuschel	*Dreissena polymorpha*
Plötze	*Rutilus rutilus*
Flußbarsch	*Perca fluviatilis*

Leitorganismen für die Wassergüteklasse III
(α – mesosaprobe Zone, stark verunreinigtes Wasser)

Herzflagellat	*Phacus longicauda*
Wirbelnder Tannenzapfen	*Spondylomorum quarternarium*
Gemeines Hornkraut	*Ceratophyllum demersum*
Kamm-Laichkraut	*Potamogeton pectinatus*
Sonnentier	*Actinophrys sol* (in II u. III)
Riesensumpfwurm	*Spirostomum ambiguum*
Blaues Trompetentier	*Stentor coeruleus* (in II, häufiger in III)
Glasrädertier	*Epiphanes senta*
Wappenrädertier	*Brachionus rubens*
Rollegel	*Herpobdella octoculata*
Großer Wasserfloh	*Daphnia magna*
Gemeiner Wasserfloh	*Daphnia pulex*
Tümpel-Wasserfloh	*Moina brachiata*
Wasserassel	*Asellus aquaticus*

Leitorganismen für die Wassergüteklasse IV
(polysaprobe Zone, sehr stark verunreinigtes Wasser)

Rotes Schwefelbakterium	*Chromatium minutissimum*
Rotes Schwefelbakterium	*Chromatium okenii*
Rotes Schwefelbakterium	*Chromatium vinosum*
Schwefelbakterium	*Beggiatoa*
Nierentierchen	*Colpidium colpoda*
Kleinmäuliges Glockentier	*Vorticella microstoma*
Teleskop-Rädertier	*Rotaria neptunia*
Schlammröhrenwurm	*Tubifex tubifex*
Larve der Schlammfliege	*Eristalis tenax*

die Anzahl und das Artenspektrum der „Wasservögel" durchaus als Maß für die Beschaffenheit der Wasserqualität. So weisen die sehr nährstoffreichen polysaproben Gewässer „eine Artenkombination von Schlammfauna- bzw. Allesfressern, wie z. B. verschiedene Enten- und Möwenarten, auf, an den oligotrophen Gewässern kommen fast nur Fischfresser, wie Kormorane, Reiher und Taucher vor" (Reichholf 1976). Hinsichtlich der Individuendichte können auf Gewässern der Güteklasse IV im Gegensatz zum verhältnismäßig geringen Artenspektrum maximale Wasservogelkonzentrationen auftreten.

Unter „oligotroph" versteht man ein nährstoffarmes Wasser, das übrigens weitgehend der oligosaproben Stufe entspricht. Der Hydrobiologe kennzeichnet mit der Trophie und den verschiedenen Trophiestufen die Intensität der organischen photoautotrophen Produktion, mit anderen Worten den Nährstoffgehalt des Gewässers. Erinnern wir uns in dem Zusammenhang an das bereits mehrfach gestreifte Problem der Gewässereutrophierung. Einen sehr hohen Nährstoffüberschuß charakterisiert die polytrophe Stufe. Solche Verhältnisse liegen etwa in einem polysaproben Gewässer vor. Zwischen diesen Extremen gibt es weitere Stufen, die eine ähnliche parallele Zuordnung zu Saprobiestufen aber nicht mehr gewährleisten. Ein nährstoffreiches, eutrophes Gewässer kann beispielsweise sowohl zur Wassergüteklasse II als auch III gehören.

Explosion des Lebens

Wenn der Frost Erde und Wasser erstarren läßt und die Gewässer von einer Eisdecke überzogen sind, wirkt die Landschaft wie ausgestorben. Der Schnee bedeckt Sträucher und Bäume, unter seiner Last biegen sich die Weidenzweige noch tiefer herab. Das Eis trägt und lockt zu einem Erkundungsgang über die weitläufigen Teichflächen.

Vom kalten Nordwind weggeweht, häuft sich der Schnee im Röhricht und an den Binsenhorsten. Durch das klare Eis hindurch sieht man an vielen Stellen Wasserpflanzen, vor allem die aus Nordamerika eingeschleppte Wasserpest *(Elodea canadensis)*. Aus dem Pflanzendickicht steigen hin und wieder kleine Sauerstoffblasen empor. Ein Zeichen, daß die Pflanzen auch unter dem Eis assimilieren, solange es die Lichtverhältnisse erlauben. Das Leben pulsiert in den frostfreien Bereichen. Pflanzen- und Tierreste werden im Kreislauf der Stoffe abgebaut und remineralisiert. Vom Teichboden aufsteigende größere Gasblasen, die sich unter der Eisdecke sammeln und schließlich einfrieren, zeugen von den Abbauprozessen. Die Luftblasenbahnen im Klareis, in deren Nähe gelegentlich auch abgebissene Pflanzenteile zu beobachten sind (vgl. Abb. 97), deuten auf die Anwesenheit von Bisamratten *(Ondatra zibethica)* hin. Ihre aus Schilf oder anderen Wasserpflanzen zum Schutz gegen Kälte und Frost gebauten Winterburgen (Abb. 95) finden sich an vielen Stellen der Teiche. Die größte Burg im Teichgebiet erreicht über dem Eis die beachtliche Höhe von 1,40 m. Demzufolge dürfte die auf dem Teichboden aufsitzende Burgsohle einen Durchmesser von gut 2 bis 3 m besitzen. Übrigens kann es durchaus passieren, daß man selbst zu dieser Jahreszeit „auf dem Eis" eine Bisamratte antrifft, die das Gewässer an einer eisfreien Stelle verlassen hat, um sich kurzzeitig in der Sonne zu wärmen. Auf dem Teichdamm zeichnen sich im Schnee die Spuren vom Wildschwein *(Sus scrofa)* und eines flüchtigen Hermelins *(Mustela erminea)* ab. Im niedrigen Flug zieht ein Schwarm Bergfinken *(Fringilla montifringilla)* vorbei. Sie kommen aus den Nadel- und Birkenwäldern Nordeuropas und sind in Mitteleuropa regelmäßige Wintergäste.

Zu dieser Jahreszeit bereitet der Futterfang für den Aquarianer kein Vergnügen. Durch die starke Eisdecke muß zunächst ein Loch geschlagen werden. Kleinste Eisstückchen spritzen auf. Dann ist es so weit, das Stocknetz wird durch verschiedene Wassertiefen gezogen. Die Ausbeute ist aber nicht allzu groß. Im Netz bleibt nach dem Ablaufen des Wassers ein schwach grünlicher Brei zurück. Es sind weitgehend Ruderfußkrebse, vor allem halberwachsene Tiere, ohne Eiersäcke. Neben Cyclopiden findet sich auch *Diaptomus*. Die schlanken, durchsichtigen *Diaptomus*-Arten („Schwebekrebschen") weisen durch die in ihrem Fettkörper eingelagerten roten, blauen oder orangegelben Öltröpfchen eine herrliche Färbung auf. Sobald die Sonne etwas höher steigt und wärmer scheint, schmilzt das Eis, schwellen die Knospen der Weiden und Erlen am Gewässer. Von den obersten Ästen der Eichen herab verkünden die Stare *(Sturnus vulgaris)* mit ihrem pfeifenden, schmatzenden Gesang den nahen Frühling. Trotz des wechselhaften Wetters halten sich seit dem letzten Februardrittel auch die Kiebitze *(Vanellus vanellus)* wieder im Teichgebiet auf. Zwar überzieht hin und wieder ein dichter Flockenwirbel die Landschaft mit einer dünnen Schneedecke, die weiße Pracht ist jedoch nicht beständig und schmilzt schnell dahin.

Am Dorfweiher haben sich die Bachstelzen *(Motacilla alba)* eingestellt. Mit wippendem Schwanz trippeln sie auf der Suche nach Bodeninsekten am Ufer entlang. Im Vorjahr bauten sie ihr Nest in einer der alten hohlen Kopfweiden.

Der anhaltende Sonnenschein hat die Weidenkätzchen hervorgelockt, die weithin sichtbar im kräftigen Goldgelb (Abb. 70) und Silbergrau schimmern. Es summt und brummt um die Weiden wie bei einer Orchesterprobe. Die Bienen stürzen sich auf das überreiche Pollenangebot. Sie fliegen mit großen Pollenklumpen an den Hinterbeinen (in den „Höschen") zum Stock zurück, wo sich die Pollenbretter der Brutnester füllen.

Auch Zitronenfalter *(Gonepteryx rhamni)*, Kleine – *(Aglais urticae)*, Große Füchse *(Nymphalis polychloros)* und Tagpfauenaugen *(Inachis io)* haben die ergiebigen Nektarquellen entdeckt. Sie gaukeln von Kätzchen zu Kätzchen, gleiten dahin, schrauben sich hoch in die Luft, fliegen jedoch immer wieder um die blühenden Weiden, nur gelegentlich einmal mit weit ausgebreiteten Flügeln in der warmen Sonne ruhend. Ihren langen schlanken Fühlern entgeht nicht die feinste Duftnuance. Wer zweifelt noch daran, trotz fortdauernder Nachtfrostgefahr, der Frühling ist eingekehrt.

Im Auwald sind durch den Anstieg des Grundwasserspiegels wieder alle Senken mit Wasser gefüllt. Es wimmelt in ihnen nur so von Stechmückenlarven. Zwei bis drei Netzzüge liefern einen faustgroßen Klumpen der jungen Mückenbrut. In einigen Tümpeln, deren Boden stark mit halb verrottetem Fallaub bedeckt ist, schwimmen langsam, mit gleichmäßigem Beinschlag, Kiemenfüße *(Siphonophanes grubei;* Abb. 126). Man muß schon recht genau hinsehen, um diese 1,5 bis 2 cm langen Tiere, die wie die Wasserflöhe zur Unterklasse der Blattfußkrebse (Branchiopoda) gehören, bei der starken Wasserspiegelung zu entdecken. Der Arbeitsrhythmus ihrer blattförmigen Beine, über die kopfwärts regelrecht Bewegungswellen laufen, beeindruckt stets von neuem. Je nach Wassertemperatur und Tiergröße sind es in einer Minute etwa 140 bis 400 Beinschläge. Bei den Weibchen ist außerdem die am Hinterleib liegende Bruttasche in ständiger Bewegung. Mit Eiern prall gefüllt, wird sie abwechselnd nach links und rechts gedreht. Die Beine dienen den Kiemenfüßen auch zum Atmen und Nahrungserwerb. Sie filtrieren kleinste Nahrungspartikel, wie Algen und organisches Zerreibsel (Detritus), aus dem Tümpelwasser. Wer einige dieser interessanten Kleinkrebse mit nach Hause nimmt, sollte sie möglichst im Kühlschrank aufbewahren und regelmäßig mit algenreichem Aquarienwasser füttern.

Schon seit Anfang März haben Teichmolche *(Triturus vulgaris)* und Grasfrösche *(Rana temporaria)* die Winterquartiere verlassen. Im seichten, sich schnell erwärmenden Wasser der Tümpel und Gräben, am Rand der Weiher und Teiche ist das Liebeswerben der Molche in vollem Gange. Neben dem imposanten Hochzeitskleid der Männchen mit dem gekerbten Rückenkamm, den lappenartigen Hautsäumen der Hinterfüße und seinen leuchtenden Farben verblassen regelrecht die schlicht aussehenden Weibchen. Wen wundert es daher, wenn die Männchen ein bevorzugtes Fangobjekt der Kinder sind. Stolz wird die Beute im Marmeladenglas heimwärts getragen (Abb. 202). Ein Bild, das sich jährlich im Frühling wiederholt. In den großen gallertartigen Laichballen der Grasfrösche, die mitunter 3 000 bis 4 000 Eier enthalten, beginnen sich die Embryonen zu bewegen. Die anhaltend warme Witterung beschleunigt die Entwicklung. Auch die Moorfrösche *(Rana arvalis)* haben inzwischen gelaicht. Ende März treffen die ersten Erdkröten *(Bufo bufo)* am Laichgewässer ein. Anfangs sind es fast nur Männchen. Ihr dumpfer, etwas schnarrender Lockruf klingt durch das Fehlen der Schallblasen nicht laut und ist kaum 150 m weit zu hören.

Am Ufer der Gewässer wachsen die Blätter der Wasserschwertlilien *(Iris pseudacorus)* empor. Zwischen dem Blattwerk der submersen Pflanzen schwimmen ziegelrote Wassermilben auf der Jagd nach Muschelkrebsen, Hüpferlingen oder weichhäutigen Insektenlarven. Hin und wieder sieht man Rückenschwimmer paarweise an der Wasseroberfläche hängen, das Männchen etwas unterhalb vom Weibchen. Es ist Paarungszeit für Ruder-, Schwimmwanzen und Rückenschwimmer. Wasserkäfer tauchen aus dem Pflanzengewirr auf, bleiben wenige Sekunden an der Oberfläche hängen und schwimmen wieder, mit Frischluft versehen, in die Tiefe. Für den Gelbrand *(Dytiscus marginalis)* beginnt die Zeit der Eiablage. Unruhig rudern die Weibchen von Pflanze zu Pflanze. Ist endlich die geeignete sauerstoffreiche Wirtspflanze gefunden, dann werden mit dem Legeapparat die Eier in sie versenkt.

Hoch über den Teichen kreisen die Rohrweihen *(Circus aeruginosus)*. Seit ihrer Ankunft brillieren sie mit wechselvollen, von tiefen Abstürzen unterbrochenen Balzflügen. Von den angrenzenden Feuchtwiesen klingt das „Meckern" der Bekassine *(Gallinago gallinago)* herüber. Das Männchen imponiert dem am Boden sitzenden Weibchen mit seinen Liebesspielen. Etwa alle 6 bis 8 Sekunden produziert es etwa 2 Sekunden lang diese eigenartigen, an das Meckern einer Ziege erinnernden Tonfolgen. „Himmelsziegen" werden die Bekassinen daher im Volksmund genannt. Lange war unklar, wie die Töne zustandekommen. Nachdem man zunächst glaubte, daß sie von der Stimme oder den Flügeln erzeugt würden, wies 1885 B. Altum auf die Schwanzfedern hin. Die Vögel kippen im schnellen Flug plötzlich seitwärts ab und stürzen dann 10 bis 15 m in die Tiefe. Dabei werden die äußeren Schwanzfedern seitlich in den Fahrtwind gedreht. Die hohe Sturzgeschwindigkeit läßt die Schwanzfedern vibrieren, und so entsteht der meckernde Ton. In erster Linie erzeugen ihn die äußeren Federn, die in ihrer Gesamtkonstruktion der kurzen extremen Beanspruchung besonders gut angepaßt sind.

Geschickt versteckt im Weidengebüsch am Rand des Teichdamms liegt das Nest der Stockente *(Anas platyrhynchos)*. Es ist ein ziemlich einfacher Bau aus trockenen Halmen und Blättern, mit Dunen ausgelegt. Die 9 graugrünen Eier fühlen sich noch warm an. Vor dem Verlassen des Nestes hat sie das Weibchen, das auf dem Teich nach Nahrung gründelt, mit den bräunlichgrauen Dunen bedeckt.

Nicht weit davon entfernt, an der Schilfkante des stark verlandeten Nachbarteiches, hat die hochbeschlagene Bache aus Schilf einen Kessel ausgepolstert. Er ist nach allen Seiten durch Altschilf und niedrige Weiden gegen Sicht vorzüglich gedeckt. Schon in den nächsten Tagen dürfte die Bache hier frischen.

Mitte April treten die ersten Vegetationsfärbungen auf. Bei günstigen Temperatur-, Licht- und Nährstoffverhältnissen kommt es zur Massenentwicklung von Phytoplanktern. Denken wir nur an grün gefärbte Tümpel oder Dorfteiche, die vielerorts fast schon zum vertrauten Bild geworden sind. Bei der mikroskopischen Untersuchung einer Planktonprobe zeigen sich Massen von „Augentierchen" *(Euglena)*, vor allem das beliebte Schul- und Demonstrationsobjekt *Euglena viridis*.

Weitaus seltener, wenngleich berühmter ist *Euglena sanguinea*, die vor allem auf Weidetümpeln des Alpenvorlandes blutrote hautartige Überzüge bildet. Das unvermittelte Auftreten solcher Rotfärbungen führt stets zu wilden Gerüchten und Legenden über diese „Bluttümpel" oder „Blutseen".

Relativ früh sind die Rauchschwalben *(Hirundo rustica)* aus ihren afrikanischen Überwinterungsgebieten zurückgekehrt. In den ersten Tagen nach der Ankunft nächtigen sie massenweise im alten Rohr der Teiche. An Nahrung mangelt es ihnen hier wahrlich nicht. Im schnellen Flug jagen sie Mücken, Fliegen und andere Insekten, bei trockener Witterung teilweise in beträchtlicher Höhe, bei feuchter, wenn die Insekten durch die Luftfeuchtigkeit herabgedrückt werden, dicht über dem Wasser. Fliegen die Schwalben tief, dann gibt es Regen, sagt der Volksmund.

Etwa zur gleichen Zeit sind auch Mehl- *(Delichon urbica)* und Uferschwalben *(Riparia riparia)* wieder da. Aus dem Schilfdickicht erklingen die dumpfen Rufe der Großen Rohrdommel *(Botaurus stellaris)*, vom Wald her meldet sich der Kuckuck *(Cuculus canorus)*.

In der Lachmöwenkolonie, die seit Jahren auf einem fischereiwirtschaftlich nicht mehr genutzten Teich besteht, herrscht reges Treiben. Ständig fliegen Möwen zwischen den Nahrungsrevieren und der Kolonie hin und her. Bei Störungen erhebt sich laut kreischend eine weiße Vogelwolke. Das Rufen und Fliegen der Möwen beherrscht die Szenerie. Es dauert einige Zeit, bis die allgemeine Erregung abklingt und die Tiere wieder auf ihre Nester einfallen. Der Nestbau ist im allgemeinen abgeschlossen. Im ersten Maidrittel dürften die vollen Gelege (3 Eier) vorliegen. Es ist erstaunlich, wie sehr die durchschnittlich 35,6 g schweren olivgrün bis -bräunlich gefärbten und mit grauen oder dunkelbraunen Flecken versehenen Eier in der Färbung (teilweise auch in der Form) variieren (Abb. 77). Wie in jedem Jahr brüten auch diesmal wieder am Rand der Kolonie einige Schwarzhalstaucher *(Podiceps nigricollis)*.

Zusehends verschwindet das gelbe Altschilf im frischen Grün unzähliger kräftig emportreibender neuer Halme. Viele Weiher und Teiche sind fast völlig vom weißen Blütenmeer des Gemeinen Wasserhahnenfußes *(Ranunculus aquatilis)* bedeckt. Es sieht aus, als sei über Nacht Schnee gefallen. Auf den Blüten tummeln sich Schwebfliegen, Bienen, Hummeln und Käfer.

Am Ufer leuchten weithin die hellgelben Blüten der Wasserschwertlilien. Das zarte Grün der von Sonnenstrahlen durchfluteten Weidenbüsche, Birken, Erlen und Eichen steht im reizvollen Kontrast zum wolkenlosen Blau des Frühlingshimmels. Sumpfdotterblumen *(Caltha palustris*; Abb. 68) und Fieberklee *(Menyanthes trifoliata*; Abb. 72) überziehen die Feuchtwiesen mit dottergelben, weißen und zartrosa Farbtupfen.

Aus den Schilfwäldern ertönt das „karre karre kiet kiet" des Drosselrohrsängers *(Acrocephalus arundinaceus)*. Die letzten Zugvögel, unter ihnen die Rohrsänger, sind eingetroffen. Nun ist der sangesfreudige Vogelchor mit seiner breiten Klangfülle komplett. In das Stimmengewirr fallen Wasserfrösche und Rotbauchunken *(Bombina bombina)* ein. Mit dem warmen Wind weht ein zarter Blumenduft heran. Die jungen Blätter der Birken vibrieren und zaubern ein unermüdliches Wechselspiel von Lichtkontrasten. Vorbei ist das anscheinend noch überschaubare Leben und Treiben des Vorfrühlings. Explosionsartig, immer reicher, in verwirrender Fülle und Vielfalt entwickeln sich Pflanzen- und Tierwelt, die in den Monaten Mai und Juni ihren Höhepunkt erreichen.

Tannenwedel, Krebsschere, Wasserfeder, Pfeilkraut und Froschlöffel kommen zur Entfaltung. Teich-, Seerosen, Laichkräuter und Wasserlinsen bilden dichte grüne Teppiche, Gilbweiderich, Sumpfziest, Schwanenblume, Igelkolben und wie sie alle heißen, schmücken das Gewässerufer. Große Schwärme tiefschwarzer Kaulquappen durchziehen das seichte Wasser. In den Laichteichen spritzt das Wasser unter den Schlägen der ablaichenden Karpfen *(Cyprinus carpio)* auf. Binnen einiger Stunden geben die Rogener ihre ganze Eimasse von oft über 1 Mio Eiern ab. Auch Schleien *(Tinca tinca),* Rotfedern *(Scardinius erythrophthalmus)* und Moderlieschen *(Leucaspius delineatus)* laichen in diesem Zeitraum.

Der Insektenflug nimmt immer mehr zu. Das bunte Blütenmosaik zieht Scharen von Blütenbesuchern an. Im strahlenden Sonnenschein schwirren Libellen auf der Jagd nach Fliegen, Mücken und Schmetterlingen umher. Vor

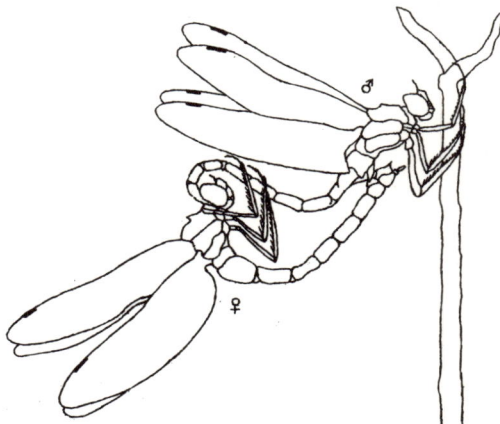

66.
„Paarungsrad"
der Blaugrünen
Mosaikjungfer
(Aeschna cyanea).
Aus Naumann 1952

Sonnenuntergang schwärmen die Männchen der Eintagsfliegen über den Weidenbüschen.

Heftige Gewitterregen lassen im Frühsommer hier und dort zahlreiche Tümpel entstehen. Im warmen, lehmig trüben Tümpelwasser kann man gelegentlich merkwürdige, fast urtümlich aussehende Tiere beobachten. Es sind Kiefenfüße *(Triops cancriformis;* Abb. 58), die sich außerordentlich schnell entwickeln und unter günstigen Bedingungen eine Gesamtlänge von 10 cm erreichen können. Ihr Körper wird weitgehend von einem braunen, flachgewölbten Rückenschild bedeckt. Dieser trägt die dicht nebeneinander liegenden Augen und verjüngt sich nach hinten. Der über den Schildrand hinausragende Hinterleib ist segmentiert und endet in zwei langen Schwanzfäden (Furka). Etwa in Augenhöhe ragen unter dem Schild auf jeder Seite drei lange vielgliedrige Fäden hervor. Sie gehören zum 1. Beinpaar und dienen diesen eigenartigen Kleinkrebsen zum Tasten und zur chemischen Wahrnehmung. Die übrigen Beinpaare sind blattförmig ausgebildet und nur von der Unterseite her sichtbar. Sie werden zum Körperende hin fortlaufend kleiner sowie undifferenzierter.

Zur charakteristischen Lebensgemeinschaft solcher Tümpel gehört im mitteleuropäischen Raum meist noch der Echte Kiemenfuß *(Branchipus schaefferi),* der Große Wasserfloh *(Daphnia magna)* und der Tümpel-Wasserfloh *(Moina brachiata).* Neben den durch ihren Beinschlag aufgewirbelten Bodensedimenten fressen die Kiefenfüße auch diese Krebsarten, ja selbst kleine Artgenossen.

Der Wind treibt dichte Pappelwolle zum Weiher. Soweit man sehen kann, ist die Luft von kleinen mit seidig weißem Haarschopf versehenen Samen erfüllt. Sie treiben auf dem Wasser, bedecken den Erdboden und türmen sich oft an windgeschützten Stellen im Uferbereich zu flockigen Haufen.

Die Stockente führt Junge. In Kiellinie folgen sie der Mutter am Rand des Vegetationsgürtels. Auf den offenen Wasserflächen schwimmen Bleßrallen *(Fulica atra)* und Taucherfamilien. In den ersten Lebenstagen verkriechen sich die jungen Taucher immer wieder im Rückengefieder der Eltern, wo sie ruhen, Wärme und Schutz finden. Meist deuten die leicht aufgestellten Flügel des Altvogels auf das Tragen von Jungen hin. Bei plötzlich auftretender Gefahr nimmt er diese mit unter Wasser, wobei wahrscheinlich die Flügel fest an den Rücken oder die Flanken gedrückt werden. Interessanterweise sollen sogar im Flug abgeschossene Taucher Junge auf ihrem Rücken getragen haben.

Durch die anhaltend warme Witterung sinkt der Wasserspiegel weiter ab. Im Weiher erhöht sich der Detritusgehalt, Schwefelbakterien weisen auf die fortschreitende Saprobisierung hin. Die Tümpel sind ausgetrocknet. Wo vor kurzem noch Wasser stand, existiert jetzt nur eine trockene, von mehr oder weniger tiefen Spalten und Rissen durchzogene Schlammfläche. Binsen, Froschlöffel *(Alisma)* und andere feuchtigkeitsliebende Arten markieren gleichsam die Stellen der einstigen Feuchtbiotope.

Verlassen liegt der Rohrweihenhorst im dichten Rohrbestand. Am Horstrand finden sich noch Reste einer Bleßralle und zwei nahezu mumifizierte Wasserfrösche. Seit Mitte August sind die jungen Weihen flügge. Sie halten sich jetzt irgendwo im Rohrwald auf, werden noch einige Zeit von den Altvögeln gefüttert und geführt, bis sie sich dann endgültig von ihnen trennen.

Die Störche lassen erste Zeichen von „Zugstimmung" erkennen. Immer häufiger kreisen sie über dem Dorf, den Wiesen und Feldern. Auf der Feuchtwiese am Teichrand, wo sie sich seit Tagen versammeln, wechselt ihre Zahl ständig.

Im Wiesenweiher schwimmen Schwärme von Jungfischen. Bei den Kaulquappen sind die Hinterbeine vollständig ausgebildet, die Vorderbeine brechen durch, und der Schwanz schrumpft immer mehr ein. Ende August ist die Metamorphose beendet. Überall am Weiherrand stößt man auf die kleinen, etwa 2 cm langen Wasserfrösche.

Die ersten Frühnebel kommen auf. Es dauert lange, bis die wogenden Nebelwände von Sonnenstrahlen durchdrungen werden und sich auflösen. Erst gegen Mittag sind die letzten Nebelschwaden verschwunden. Blätter und Halme trocknen ab, die lila Blüten der Herbstzeitlosen *(Colchicum autumnale)* leuchten wieder weithin.

Auf den Leitungsdrähten sitzen Trupps von Rauchschwalben. Vor dem Dunkelwerden vereinigen sie sich zu großen Schwärmen, die über den Wasserflächen der Teiche nach Insekten jagen, ehe sie zur Übernachtung im Schilf einfallen. Die ursprünglich ziemlich kleinen Starenschwärme haben sich durch Zuzug aus den Sommerbruten und der weiteren Umgebung ständig verstärkt und bieten, wenn sie sich eine halbe Stunde vor Sonnenuntergang ebenfalls zur Ruhe begeben, ein imposantes Bild. Bevor sie sich niederlassen, vollführen sie mit erstaunlicher Wendigkeit elegant aussehende Schwenkungen. Kommt ein Greifvogel in die Nähe des Schwarms, so wird er sofort attackiert und in die Flucht geschlagen. Mit gewaltigem Brausen fällt die riesige Schar schließlich ein, erhebt sich jedoch noch mehrfach wieder, und es vergeht einige Zeit, bis sie endgültig zur Ruhe kommt und das Gezwitscher verstummt.

67. Alles Leben scheint zu ruhen

68.
Am Teichrand und
auf den sumpfigen
Wiesen leuchten
im Frühjahr die
gelben Blüten der
Sumpfdotterblume
(Caltha palustris)

69. Hochgebirgstümpel. Im Hintergrund das Lankofel-Massiv. Gewitterstimmung

Blüten am Wasser:
70. Kätzchen der Bruchweide *(Salix fragilis)*

71. Wasser-Schwertlilie *(Iris pseudacorus)*

72. Fieberklee *(Menyanthes trifoliata)*

73. Schwanenblume *(Butomus umbellatus)*

74. Selbst auf kleinen Gewässern und auch auf Zier- und Parkteichen in den Städten finden wir den Höckerschwan (*Cygnus olor*), dessen Bestand enorm zugenommen hat

75. Auf der an den Weiher angrenzenden Feuchtwiese brütet der Kiebitz (*Vanellus vanellus*)

76. Zwergtaucher *(Podiceps ruficollis)* auf dem Nest

77. Ausdruck der Variabilität sind die unterschiedlich gefärbten und oft auch verschieden geformten Eier innerhalb einer Vogelart. Eine unter diesem Gesichtspunkt zusammengetragene Kollektion von Eiern der Lachmöwe *(Larus ridibundus)*. Fundort: Brutteich bei Radibor, Oberlausitz (DDR)

78. Den ausgeflogenen Kuckuck *(Cuculus canorus)* füttert sein „Wirt" (Teichrohrsänger, *Acrocephalus scirpaceus)* noch eine Zeitlang

79. Zwergdommel *(Ixobrychus minutus)*. Altvögel mit Jungen. Das Nest steht gut versteckt im dichten Rohrbestand

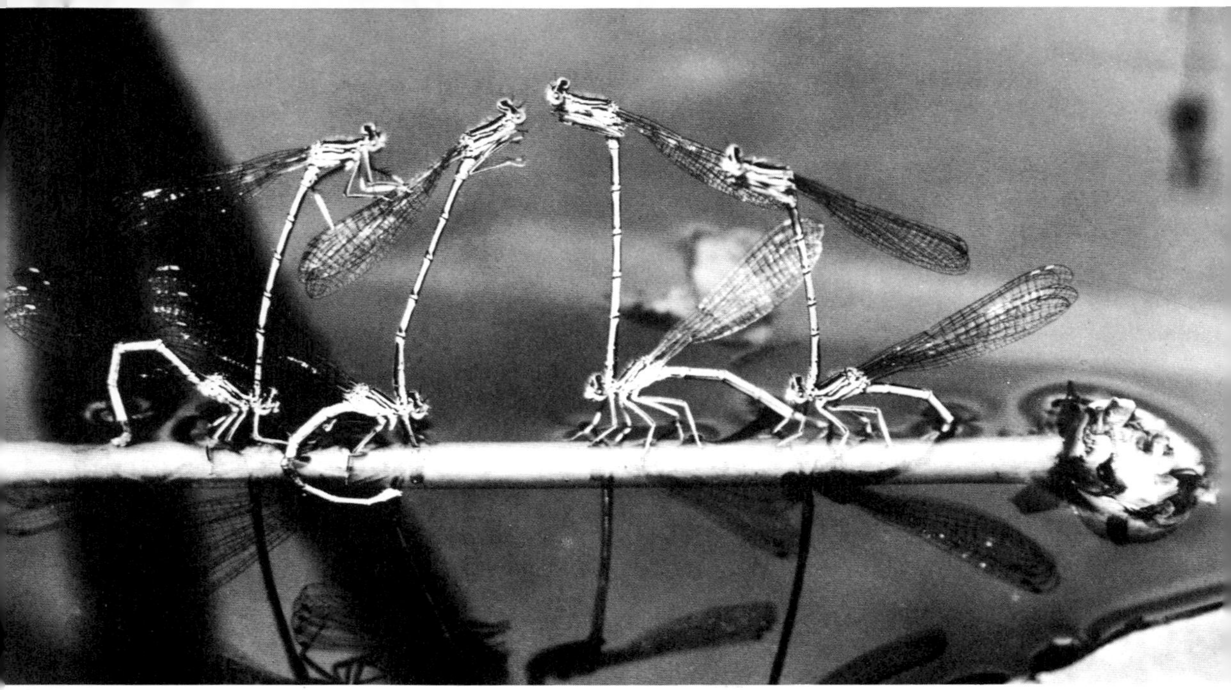

80. Schlanklibellen (Coenagrionidae) legen ihre Eier in Begleitung der Männchen ab. Diese halten sich mit ihrer Hinterleibszange an der Vorderbrust des Weibchens fest und lassen es erst nach erfolgter Ablage los

81. Ruderwanzen (Corixidae) müssen sich unter Wasser in Ruhestellung an einem Substrat festhalten, um nicht durch ihre Lufthülle (Auftrieb!) nach oben getrieben zu werden

82.
Hochsommer
am Teich

83. Im klaren Teichwasser kann man auch die Unterwasserblätter und langen Blattstengel der Gelben Teichrose
    (*Nuphar lutea*) gut erkennen

84.
Eine Segellibelle
(Libellulide) ist
geschlüpft. Die
weißen Fäden,
die aus der leeren
Larvenhülle
(Exuvie)
heraushängen, sind
chitinige
Auskleidungen
von Atemröhren

85. Mit der Unterwasserkamera geschossen. Porträt des Amerikanischen Flußkrebses *(Orconectes limosus)*

86. Wichtigster Nutzfisch der Binnenfischerei ist der Karpfen *(Cyprinus carpio)*, der in verschiedenen Zuchtformen existiert. Spiegelkarpfen, kolorierter Kupferstich aus der „Allgemeinen Naturgeschichte der Fische Deutschlands", Berlin 1783, von Marc Eliezer Bloch

87. Flußbarsch *(Perca fluviatilis)*

88. Wildschwein *(Sus scrofa)* am Tümpel

89. Der Herbst hat Einzug gehalten

90. Auffliegende Bruchwasserläufer *(Tringa glareola)*

91. Am Wasser

92. Vergängliche Strukturen

93. Naturerlebnis im Herbst. Vor Sonnenuntergang fallen die Stare *(Sturnus vulgaris)* ins Rohr ein

94. Rauhreif verwandelt die Weiden in eine gespenstische Kulisse

Dieses beeindruckende Schauspiel veranlaßte ein findiges Reiseunternehmen, jahrelang im Herbst Busfahrten zu einem verkehrstechnisch günstig gelegenen „Starenteich" zu organisieren. Ungeachtet der vorgerückten Tageszeit erfreuten sich die Fahrten großer Beliebtheit.

Auf den Teichen schwimmen große Mengen von Enten. Ihre Zahl und Artzusammensetzung wechseln nahezu täglich. Vom Ufer fliegt mit hellem „hididi hididi" ein Trupp Bruchwasserläufer (*Tringa glareola*; Abb. 90) auf. Immer häufiger ertönen die Flötenrufe ziehender Limikolen. Auffällig und zum Teil auch kaum bemerkt ist seit langem der Vogelzug im Gange. Die Störche sind bereits weggezogen. Den Ornithologen bietet jede Exkursion eine Vielfalt von Eindrücken, die Beobachtungstagebücher füllen sich.

95.
Winterburg der Bisamratte *(Ondatra zibethica)*

96.
An milden Wintertagen wärmen sich die Tiere mitunter kurzzeitig in der Sonne auf

97.
Luftblasen und frische Fraßreste im Klareis verraten die Anwesenheit der Bisamratte

Nach und nach geht das reiche Insektenleben über dem Wasser zurück. Die Bisamratten sind eifrig beim Burgenbau. Zusehends verliert sich das Grün der Blätter in herbstliche Farben. Auf den Teichdämmen steht die Rotfärbung der Eichen im reizvollen Kontrast zum Goldgelb des Röhrichtgürtels.

Regenschauer peitschen das Wasser, die Abfischung verläuft bei unfreundlichem Wetter. Der Sturm rüttelt an den Bäumen, erste Nachtfröste treten auf. Bald schwimmen Blätter statt Wasserlinsen auf Weihern und Teichen.

Der Insektenflug hat aufgehört. In der Uferregion bedecken Pflanzenreste und leere Schneckenhäuser die Wasserfläche. Bei der Analyse von Wasserproben erkennt man unter dem Mikroskop zahllose in sattelartige Schalenteile (Ephippien) eingeschlossene Dauereier von Wasserflöhen, Dauerformen von Süßwasserschwämmen und Moostierchen, auf die im einzelnen noch später eingegangen wird. Die Temperaturen sinken weiter ab. Ende Dezember überzieht wieder eine dünne Eisdecke die Gewässer.

Besiedlung der Wasseroberfläche

Kontakt mit der Natur halten oder suchen, das bedeutet, den „unentbehrlichen" fahrbaren Untersatz zu verlassen, sogar einen längeren Fußmarsch nicht zu scheuen, vor allem aber Zeit und Muße für Beobachtungen aufzubringen. Es erfordert, mit offenen Augen durch die Landschaft zu gehen und auch weniger auffällige Lebensvorgänge und Organismen zu entdecken. Gerade am Gewässer bietet sich dazu eine Fülle von Möglichkeiten.

Achten wir nur einmal auf das rege Leben an der Grenzfläche zwischen Luft und Wasser, am Oberflächenhäutchen des Gewässers. Es entsteht durch die Oberflächenspannung des Wassers und ist mit einer dünnen, relativ elastischen Membran vergleichbar, die einer großen Zahl von Organismen als Haft-, Kriechfläche und „Laufbahn" dient. Während sich das Häutchen an einem benetzbaren Körper fest anlegt und ihn ins Wasser zieht, weicht es von einem unbenetzbaren, selbst wenn er etwas spezifisch schwerer als Wasser ist, zurück und setzt seinem Durchdringen Widerstand entgegen. Erinnern wir uns an den einprägsamen Schulversuch mit der eingefetteten Nähnadel, die im Wasserglas nicht untersinkt. Die auf dem Oberflächenhäutchen lebenden Organismen müssen demnach vor allem unbenetzbar sein, dürfen aber in keinem Fall eine bestimmte Gewichtsgrenze überschreiten, da sie sonst die Oberflächenspannung überwinden und im wahrsten Sinne des Wortes „einbrechen" würden.

In der Fachliteratur hat sich für die an diesen Lebensraum angepaßten Formen der Begriff „Neuston" eingebürgert. Obgleich er meist auf Mikroorganismen, Bakterien, Algen und Pilze, begrenzt wird, verstehen wir hier darunter die Gesamtheit der im Bereich des Wasserhäutchens lebenden Organismen, zählen also auch die vielfältigen makroskopischen Vertreter dazu.

Am auffälligsten sind sicher die geselligen, oft zu Hunderten vorkommenden Wasserläufer. Scheinbar mühelos und mit meist verblüffender Schnelligkeit gleiten die zu den Landwanzen (Geocorisae) zählenden Tiere über die Wasserfläche dahin. Am besten sind die Gerriden, d. h. die eigentlichen Wasserläufer, an diese Verhältnisse angepaßt. Die Hüften ihrer beiden hinteren Beinpaare liegen seitlich am Körper, so daß die ungewöhnlich langen Beine weit vom Körper abstehen und diesen wie die Ausleger eines Südseekanus vor dem „Kentern" bewahren. Dagegen sind die Vorderbeine wesentlich kürzer gehalten. Sie dienen zum Fangen der vom Wind auf das Wasser verwehten Insekten und berühren bei der Fortbewegung nur mit den Fußspitzen das Wasser. Apropos Fußspitzen! Die sonst am Ende des letzten Fußgliedes (Tarsengliedes) befindlichen Krallen liegen bei allen auf dem Wasserspiegel lebenden Wanzenformen in einer mehr oder weniger gut ausgebildeten Einkerbung vor der Fußspitze und sind dazu weitgehend einschlagbar. Somit kann das Wasserhäutchen nicht durchstoßen werden.

Für die Unbenetzbarkeit der Tiere sorgt übrigens ein feiner, dichter Haarfilz, der außerdem an den Beinen auf recht komplizierte Weise noch zusätzlich mit einem aus der Schnabelspitze austretenden fetthaltigen Sekret imprägniert wird.

Wenn wir einmal genau auf die Fortbewegung achten, dann fällt auf, daß die langen Mittelbeine gleichsam wie Ruder arbeiten, während die Hinterbeine Steuerungsfunktion übernehmen. Durch einen einzigen kräftigen Ruderschlag können die Gerriden über 50 cm, manchmal sogar bis 1 m weit nach vorn schnellen. Es darf daher nicht überraschen, daß meist weite vegetationsfreie Wasserflächen bevorzugt werden, wo sie sich ungestört bewegen können.

Bei Sonnenschein zeichnen sich am Grunde flacher und klarer Tümpel sehr schön die Schattenbilder der Wasserläufer ab. Neben dem Körperschatten erkennt man an jeder Fußspitze einen kleineren kreisförmigen oder ovalen Schatten, der auf die Eindellung des Oberflächenhäutchens zurückgeht und recht anschaulich dessen Elastizität widerspiegelt.

Auch einige Spinnenarten fühlen sich in diesem Lebensraum heimisch. So läuft die 12 bis 18 mm lange Listspinne *(Dolomedes fimbriatus)* von einem Schwimmblatt aus geschickt über die Wasserfläche, indem sie ihr 2. und 3. Beinpaar als Doppelruder gebraucht. Das Weibchen schleppt sogar seinen Eikokon mit sich herum, den es selbst bei drohender Gefahr nicht im Stich läßt, wenn sich das Tier plötzlich zur Verblüffung des Beobachters auf Tauchstation begibt. Schnell klettert es an einem Pflanzenstengel ins Wasser hinab und hält sich dort gut 5 bis 10 Minuten auf. Obwohl diese Art verbreitet und keineswegs selten ist, tritt sie aber nicht in großer Individuendichte auf.

Ganz anders liegen die Verhältnisse bei den Springschwänzen (Collembola; Abb. 98), winzigen, meist 1 bis 2 mm langen flügellosen Insekten, die im Frühjahr in enormen Scharen am Gewässerrand vorkommen. Es sieht aus, als hätte jemand stellenweise Schießpulver auf das Wasser gestreut. Wirft man ein Steinchen dorthin, dann springen die blauschwarzen Körnchen auseinander und sammeln sich bald an anderer Stelle wieder an. Die walzenförmigen, mitunter fast kugelrunden Tierchen können nicht nur beachtliche Sprungweiten, die teilweise das 20 bis 30fache ihrer Körperlänge betragen, erzielen, sondern auch erstaunliche Sprunghöhen. Zum Springen dient ihnen eine am vierten Hinterleibsegment ansitzende Sprunggabel (Furca). Sie liegt in Ruhestellung nach vorn umgeschlagen unter dem Bauch und ist dort in einer speziellen Halteeinrichtung (Retinaculum) arretiert. Beim Sprung wird die Gabel dann nach hinten geschnellt und stößt so das Tier mit ziemlicher Wucht vom Oberflächen-

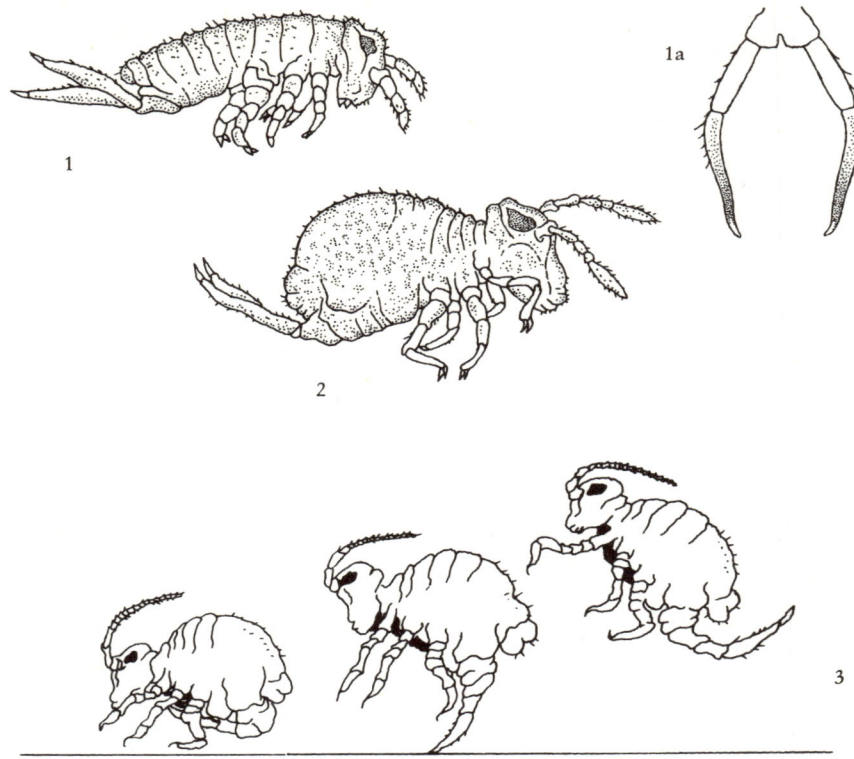

98.
Springschwänze
(Collembola)
1 = Schwarzer
Wasserspringer
(*Podura aquatica*).
Nat. Gr. bis 1,5 mm.
Vergrößert:
1a = Springgabel
(Furca);
2 = *Sminthurides
aquaticus*.
Nat. Gr. 0,5
bis 1 mm;
3 = Sminthuride
(Kugelspringer) beim
Sprung auf der
Wasseroberfläche
(nach Sedlag 1953)

häutchen ab. Danach geht sie sofort wieder in die Ausgangsstellung zurück. Es lohnt sich, die Tierchen einige Zeit unter dem Binokular oder Mikroskop zu betrachten. Angefangen von der Sammeltechnik, d. h. von eigenen Erfahrungen mit der riesigen Individuenzahl und dem Sprungvermögen der Collembolen, über das Verfolgen der possierlich wirkenden Körperpflege oder ihrer Fortpflanzungsbiologie gibt es eine breite Skala von Möglichkeiten, die Lebensweise dieser merkwürdigen „Urinsekten" näher kennenzulernen. Trotz ihres Massenvorkommens leiden die Springschwänze niemals an Nahrungsmangel. Sorgen doch die an der Wasseroberfläche lebenden unübersehbaren Scharen von Mikroorganismen dafür, daß der Tisch immer üppig gedeckt ist.

Am eindrucksvollsten tritt die Massenproduktion bestimmter Mikroorganismen in diesem Bereich in einer Vegetationsfärbung zutage. Hautartige, vielfach auffallend gefärbte Überzüge können sich im zeitigen Frühjahr schon nach mehreren sonnigen Tagen auf einem Tümpel oder Weiher bilden.

Eines der bekanntesten Beispiele ist die „Wasserblüte" der weitverbreiteten Goldglanzalge (*Chromulina rosanoffii*; früher *Chromophyton*). Die winzigen, nur 6 bis 9 µm großen Flagellaten steigen zur Oberfläche empor, durchbohren das Wasserhäutchen und scheiden eine kugelige Gallerthülle ab, die mit einem Stielchen – bei anderen Algen-Gattungen mittels einer Haftscheibe – dort festsitzt. Ihre zum Lichteinfall orientierten und als Reflektoren wirkenden Chromatophoren („Farbstoffträger") rufen auf der Wasseroberfläche einen goldschimmernden Glanz hervor. Sobald man jedoch die Blickrichtung ändert, erlischt er wieder, und auf dem Wasser fällt lediglich noch eine feine graue „Staubschicht" auf. Werden die Zellen mit Wasser benetzt, dann wandeln sie sich binnen weniger Sekunden erneut in eine frei bewegliche Form um.

Völlig andere Anpassungen haben die Taumel- oder Kreiselkäfer (Gyrinidae) entwickelt, die zwar nicht laufen oder springen, aber beachtlich gut schwimmen können. Vom zeitigen Frühjahr an ziehen sie auf der Wasseroberfläche ihre Kreise und jagen in kleineren oder größeren Gesellschaften mit scheinbar spielerischer Leichtigkeit dahin. Der gut eingefettete Körper ist fast stromlinienförmig gebaut. Von den Beinen, die stets unter Wasser bleiben, sind die beiden hinteren Paare stark verkürzt und zu hochspezialisierten Schwimmbeinen umkonstruiert. Die Schlagfrequenz der Hinterbeine liegt bei etwa 50 Ruderschlägen/s, die der Mittelbeine ist um die Hälfte niedriger. Eine interessante Umgestaltung zeigen auch die Augen. Sie sind durch eine Furche (Fühlergrube), in der beim Schwimmen die kurzen Fühler liegen, in eine obere, für das Sehen in der Luft, und eine untere, für das Sehen im Wasser zuständige Hälfte geteilt. Schließlich verfügen die Käfer über ein im 2. Fühlerglied lokalisiertes, hochempfindliches Sinnesorgan (Johnstonsches Organ). Mit dessen Hilfe können sie bei ihrer rasenden Fahrt offenbar Hindernisse rechtzeitig orten.

Auch auf der Unterseite des Oberflächenhäutchens leben zahlreiche Organismen. Zu ihnen gehören vor allem die äußerst gewandten Rückenschwimmer (Notonectidae), die durch ihre Lufthülle stark überkompensiert (leichter als Luft) sind. Das geringere spezifische Gewicht ermöglicht es ihnen, mühelos und selbst ohne Schwimmbewegungen aus dem Pflanzengewirr zur Oberfläche aufzusteigen. Ihr Körper nimmt dabei zum Wasserhäutchen einen Winkel von nicht ganz 45° ein, die beiden vorderen Beinpaare des mit dem Rücken nach unten emportreibenden Tieres sind nach oben gespreizt. Der Auftrieb reicht allerdings nicht aus, die Oberflächenspannung zu überwinden. Mit den benetzbaren Fußgliedern und der Hinterleibsspitze wird das Wasserhäutchen lediglich von unten her etwas eingedellt. Es liegen demnach genau die umgekehrten Verhältnisse wie bei den Wasserläufern vor. Durch Schwimmstöße seiner Hinterbeine gleitet das Tier in dieser Haltung an der Wasserfläche entlang. Gejagt wird alles, was sich bewegt und die passende Größe besitzt. Wenn die Vorderbeine eine Insektenlarve oder Kaulquappe gepackt haben, wird sie „mundgerecht" gehalten, mit einem Stich getötet und ausgesaugt. Während des gesamten Freßaktes stützt sich das Tier in der oben beschriebenen Weise gegen die Wasseroberfläche ab. Soll das Wasserhäutchen durchbrochen werden, dann ist dazu ein kräftiger Schlag der Hinterbeine erforderlich, der das Tier regelrecht emporschnellt.

Ähnlich geschickt wie die Wasserläufer auf der Oberseite des Wasserhäutchens laufen viele kleine Wasserkäfer auf dessen Unterseite entlang. Dazu gesellen sich verschiedene Käferlarven, die hier, wie z. B. die der Sumpffieberkäfer (Helodidae), nach Nahrung suchen. Auch Gelbrandkäferlarven bleiben längere Zeit mit ihrem die Atemöffnung umgebenden unbenetzbaren Haarkranz am Wasserhäutchen hängen. Es würde zu weit führen, alle hier lebenden Wasserinsekten aufzuzählen. Erwähnt seien nur noch die Larven der Fiebermücke *(Anopheles)*, die sich ständig in diesem Lebensraum aufhalten und lediglich bei Gefahr abtauchen. Da ihnen im Gegensatz zu den Gelbrandkäfer- und Stechmückenlarven der Gattung *Culex* ein Atemrohr fehlt und ihre Atemöffnungen flach auf der Rückseite des Hinterendes ausgebildet sind, liegen sie horizontal zum Oberflächenhäutchen. An ihm haften sie mit den Atemverschlußkappen und besonderen, fächerförmig verzweigten Rückenhaaren („Palmblatthaaren") fest. In dieser Lage läßt sich ihr nach unten gerichteter Mund sowohl rechts als auch links um 180° zur Wasseroberfläche hin drehen, so daß alle auf dem Wasser treibenden Nahrungspartikel zum Mund gestrudelt werden können. Bei der Bekämpfung der Fiebermücken, die bekanntlich die Erreger der Malaria *(Plasmodium malariae, – vivax, – falciparum)* übertragen, macht man sich diese spezifische Lebensweise zunutze. Auf den Wasserspiegel gesprühte Insektizide sollen weitgehend nur die *Anopheles*-Larven vernichten.

Neben Insekten, die von der Kohäsion des Wasserhäutchens Gebrauch machen, finden sich natürlich auch Vertreter anderer Gruppen. So hängen Rückenschwimmer-Muschelkrebse *(Notodromas monacha)* und von den Wasserflöhen die Kahnfahrer *(Scapholeberis mucronata)* mit den schienenförmigen Bauchkanten ihrer Schalenklappen an der Unterseite des Oberflächenhäutchens und filtrieren dort die Kahmhaut ab.

Spitzhornschnecken *(Lymnaea stagnalis)*, aber auch einige andere Schneckenarten gleiten mit ihrer breiten Fußsohle am Wasserspiegel entlang, während das Gehäuse ins Wasser hinabhängt. Wie bei den Landschnecken, deren „Kriechspur" wohl gut bekannt ist, wird am vorderen Fußende ein Schleimfilm erzeugt, den die Sohlenwimpern nach hinten befördern. An diesem Schleimband „heftet" sich die Schnecke fest.

Mit Hilfe von Schleim, den Hautdrüsen am Körperrand abscheiden, können auch verschiedene Strudelwürmer (Abb. 99) mit der Rückseite nach unten am Wasserhäutchen dahinkriechen. Eine der schönsten Strudelwurmarten des Süßwassers, der glashelle und bei günstigem Licht durchsichtige Glas-Strudelwurm *(Mesostoma ehrenbergi)*, kann sogar Schleimfäden spinnen, die ihm zum Fang von kleinen Krebsen und z. B. auch zum Herablassen von der Wasseroberfläche dienen. Mitunter hängen Süßwasserpolypen mit ihrer Fußscheibe am Wasserhäutchen und lassen sich frei im Wasser dahintreiben.

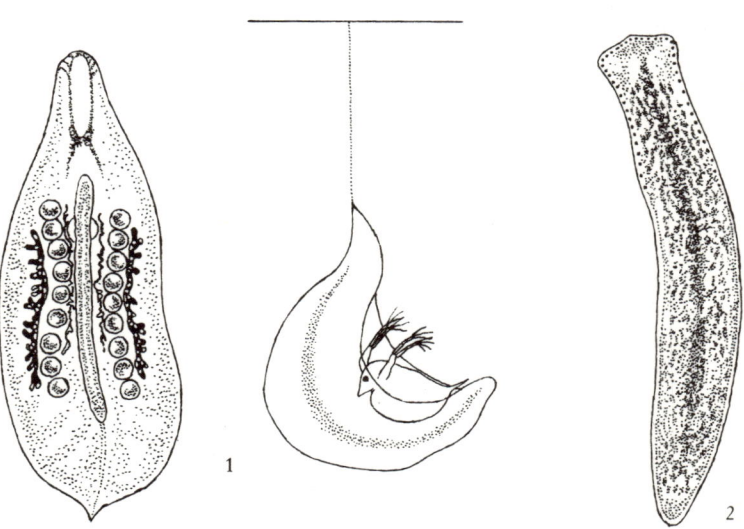

99. Strudelwürmer (Turbellaria). Umgezeichnet nach Engelhardt 1962. 1 = *Mesostoma ehrenbergi* hängt am Schleimfaden vom Wasserhäutchen herab und saugt einen Wasserfloh aus; 2 = *Polycelis nigra*

Netzmittel, Mineralöle und Mineralölprodukte können diese Lebensgemeinschaft des Oberflächenhäutchens erheblich schädigen. Im Zuge der zunehmenden Gewässerverschmutzung sind die stehenden Kleingewässer in dieser Hinsicht besonders bedroht. Denken wir nur an die Fülle der verschiedenartigsten Kanister, Dosen und Kunststoffbehälter, die selbst weit von jeder Ansiedlung entfernt die Tümpel „zieren". Wie aus einer Untersuchung im Raum Kiel hervorgeht, zählten dort Behälter für Benzin und Ölprodukte mit einem Fassungsvermögen von 1 bis 20 l zu den häufigsten Abfällen in Kleingewässern. Dosen und Kanister für Motorenöle rangierten dabei an erster Stelle. Die in ihnen verbliebenen Ölreste und oft nicht unerheblichen Restbestände anderer schädlicher Stoffe bilden eine akute – wenn auch zeitlich begrenzte – Gefahrenquelle. So gehen z. B. unter dem Einfluß von Netzmitteln Wasserläufer buchstäblich unter, und die Lufthülle der Wasserinsekten schwindet. Nach Freilandbeobachtungen und experimentellen Untersuchungen von Jahn (1971) gefährdet oder vernichtet ein die Wasseroberfläche überziehender dünner Ölfilm vor allem die Insekten, die sich hier zur Nahrungssuche, Atmung und zum Schlüpfen aufhalten. Die einzelnen Arten und Gruppen reagieren allerdings unterschiedlich auf den Ölfilm. Interessant ist in dem Zusammenhang die Tatsache, daß sich Sumpfdeckel- (*Viviparus contectus*), Spitzhornschnecken (*Lymnaea stagnalis*), Kugel- (*Sphaerium corneum*) und Erbsenmuscheln (*Pisidium*) nicht nur als weitgehend unempfindlich erwiesen, sondern Öl sogar in teilweise großen Mengen – vermutlich infolge der beachtlichen Anhäufung ölabbauender Bakterien – aufgenommen hatten.

Wasserpflanzen erobern den Raum

In Abhängigkeit von den Jahreszeiten schrumpft und wächst der Raum, den die Wasserpflanzen beanspruchen.

Im Winter sind die Reste der Wasserpflanzen bereits durch die Tätigkeit der Mikroben in Zersetzung begriffen oder verrottet. Nur am Gewässerrand bleiben Röhricht und Binsen im abgestorbenen Zustand noch länger erhalten. Dieses vom Menschen seit Jahrhunderten vielseitig und mit erstaunlichem Geschick genutzte natürliche Material kann auch bei Frost „geerntet" werden.

Bei vielen Wasserpflanzen überwintern nur die Wurzelstöcke (Rhizome). Sie sind am Gewässergrund vor dem Erfrieren geschützt und stellen im Frühjahr die zur Entfaltung der Pflanze erforderlichen Nährstoffe bereit. In dieser Form überdauern z. B. das Gemeine Schilf (*Phragmites australis*), der Rohrkolben (*Typha*), einige Laichkraut-Arten (*Potamogeton*), der Fieberklee (*Menyanthes trifoliata*) und der giftige Wasserschierling (*Cicuta virosa*), dessen knolliger, hohler Wurzelstock durch Querwände gekammert ist, die kalte Jahreszeit.

Eine große Zahl von Wasserpflanzen bildet Winterknospen (Hibernakeln, Turionen), die bereits im Herbst angelegt werden. Zu diesem Zeitpunkt läßt das Längenwachstum der Sprosse nach. Es entstehen Kurzsprosse mit kleinen, nährstoffreichen, dicht aneinandergedrängt sitzenden Blättern (Niederblätter). Die walzen-, kugel- oder birnenförmigen Hibernakeln können sich von der Mutterpflanze lösen und zu Boden sinken, oder sie werden von der absterbenden Pflanze mit auf den Grund hinabgezogen. Hier bleiben sie dann bis zum Frühjahr liegen. Bei der Krebsschere (*Stratiotes aloides*) z. B. entstehen die Winterknospen in den Blattachseln, dem Quirl-Tausendblatt (*Myriophyllum verticillatum*) außerdem an den Sproßenden, bei anderen Arten nur dort.

Im Spätsommer beginnt auch die durch ihre dicken Teppiche bekannte Vielwurzelige Teichlinse (*Spirodela polyrhiza*) besondere Wintersprosse auszubilden. Gegenüber den Sommersprossen sind sie mit einem Durchmesser von etwa 2 mm kleiner, etwas dunkler und besitzen nur 2 bis 3 winzige Wurzeln. Die dunklere Färbung ist auf den vermehrten Gehalt an Reservestärke zurückzuführen, der gleichzeitig das spezifische Gewicht der Pflanze erhöht, so daß ihre Schwimmfähigkeit verlorengeht. Dadurch sinkt sie auf den Grund des Gewässers, wo sie mit geschlossenen Spaltöffnungen unbeschadet überwintert.

Alle bisher erwähnten Überdauerungsorgane waren vegetative Bildungen. Darüber hinaus kann die Winterperiode auch mit Samen überdauert werden,

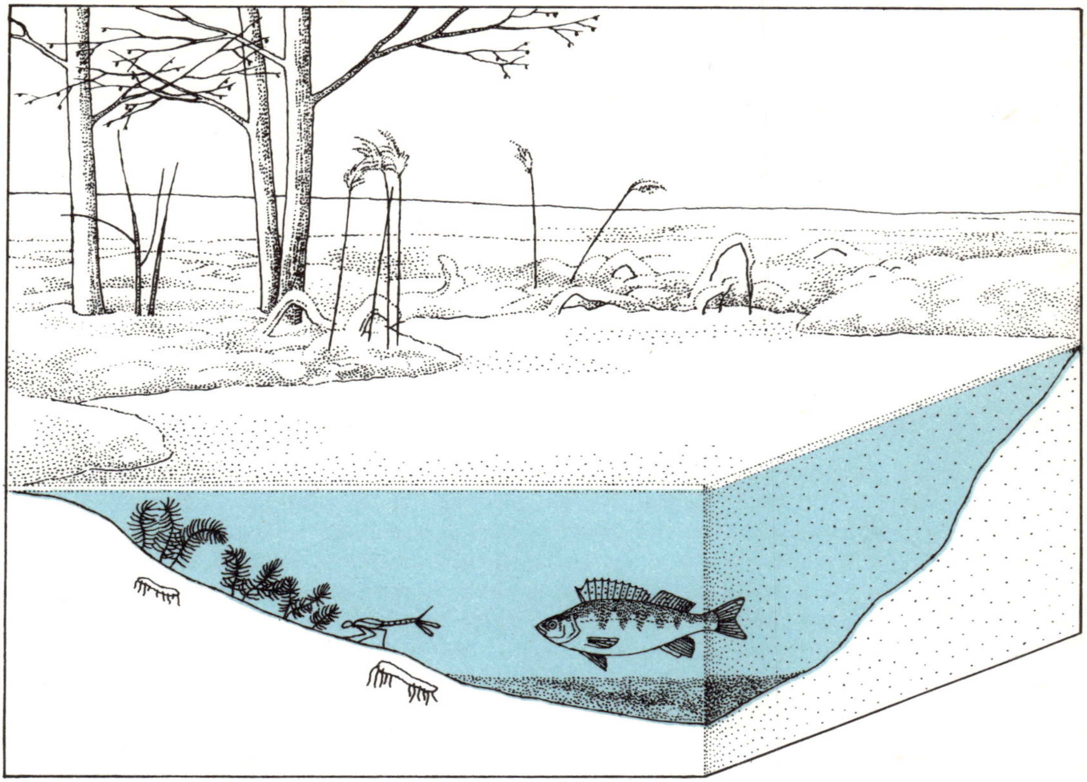

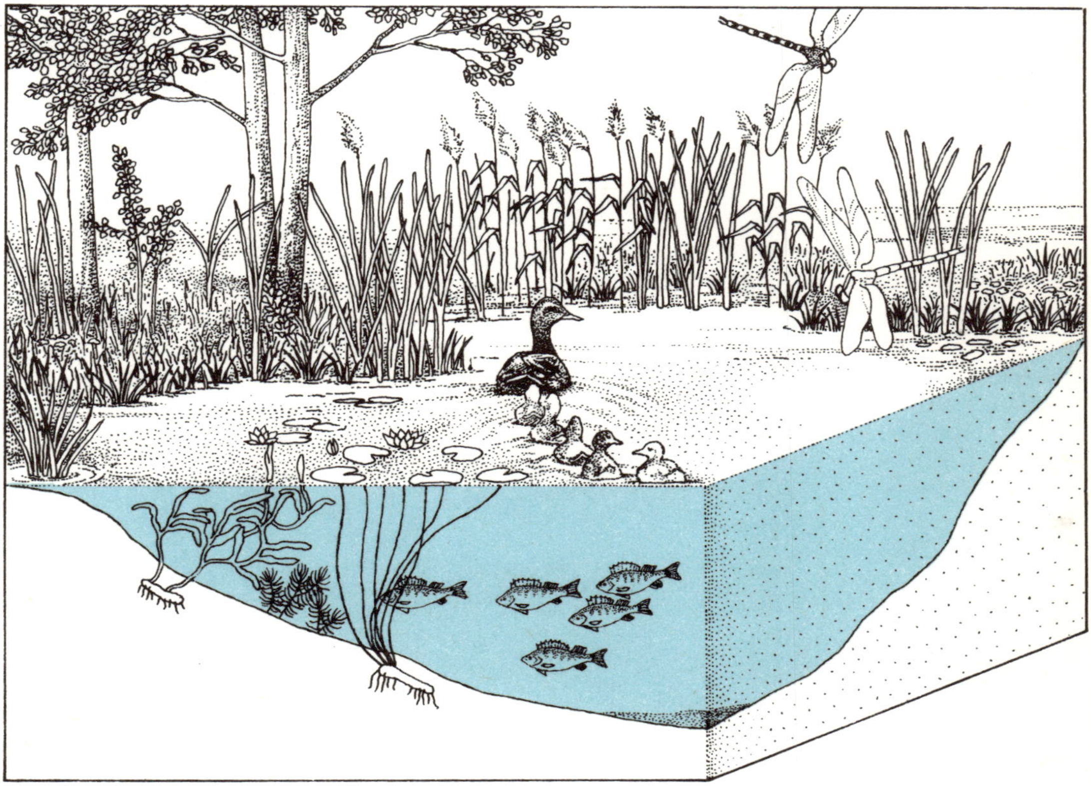

die durch ihre Wasserarmut und schützende Schale gegen Kälte und Frost in hohem Maße unempfindlich sind. Diese Form der Überwinterung finden wir z. B. bei der vielerorts im Rückgang begriffenen Wassernuß *(Trapa natans)*, deren vierstachelige braune Steinfrüchte eigentlich unverkennbar sind.

Die Wärme des Vorfrühlings sprengt das einförmige winterliche Bild (Abb. 100). Überall am Gewässer herrscht wieder Leben. Geradezu explosionsartig entfaltet sich das frische, zarte Grün. In Tagen bis Wochen erobern die Pflanzen aufs neue ihren Lebensraum. Dabei sind die Chancen recht ungleich verteilt. Unter den höheren Wasserpflanzen verfügen die mit einem Wurzelstock überwinternden Arten über eine ausgezeichnete Ausgangsposition. Ihr Siedlungsbereich ist bereits fest vorgegeben. Für die Schwimmblattarten unter ihnen gilt es vor allem, die Blätter schnell zur Wasseroberfläche emporzutreiben. Doch damit nicht genug. Durch Wurzelstocksprosse erobert beispielsweise das Röhricht ständig neues Terrain. Jahr für Jahr vergrößert sich so seine Bestandsfläche beachtlich. Aber auch Arten mit weniger günstigen Voraussetzungen, die jedoch zu dieser Pflanzengesellschaft gehören, finden dadurch ein Fortkommen. Sobald das Röhricht durch Weide-, Bootsbetrieb oder anderweitige Einwirkungen zurückgedrängt wird, breiten sich in diesen Bereichen sofort die bislang unterlegenen Arten aus. Reiche Schwimmblattbestände beschneiden der submersen Flora den Raum. Dort, wo sie nicht dicht ausgebildet oder z. B. stellenweise durch Bisamrattenfraß bzw. phytophage Insekten gelichtet sind, nutzen die Unterwasserpflanzen ihre Chance. Manche nährstoffreiche Teiche und Weiher weisen im Frühjahr durch die rasche ungeschlechtliche Vermehrung (Sprossung) der vom Gewässerboden aufgestiegenen Wasserlinsen eine dichte Wasserlinsenschicht auf, die keinen weiteren Pflanzenwuchs mehr ermöglicht.

Doch auch niedere Pflanzen ringen um den Raum. Im Frühjahr sind es vor allem Kieselalgen, die eine Massenentwicklung erfahren. Bei gutem Nährstoffangebot kann es dann im Sommer zu einem Grünalgenmaximum kommen. Diese enorme Biomasseproduktion führt zur Bildung dichter Algenwatten (Abb. 42), durch deren Last bei entsprechendem Wellengang das Schilf auf der Wasserseite regelrecht abgeknickt werden kann.

Zu einer Zeit, in der die Vegetation der Teiche und Weiher am üppigsten entwickelt und der gesamte Wasserkörper von ihr durchdrungen ist, trocknen meist die temporären Gewässer aus. Auf diese Verhältnisse haben sich verschiedene Arten, besonders die Sumpfpflanzen, eingestellt. Sie können sowohl

101.
Blattformen des Pfeilkrautes *(Sagittaria sagittifolia).* Von links nach rechts: Wasserblatt, Wasserblatt mit Schwimmteil, Schwimmblatt, pfeilförmiges Schwimmblatt, dasselbe als Luftblatt dienend, charakteristisches Luftblatt. Aus Ohlberg 1955

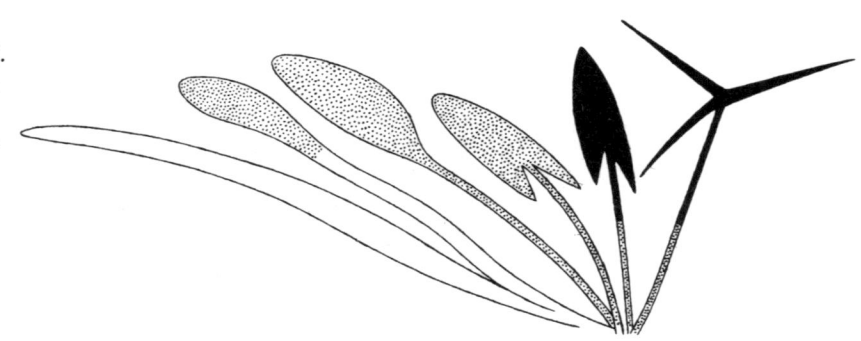

102. „Wasser hat keine Balken". Für den Wasserläufer gilt dieses Sprichwort nicht

103. „Seerosenteppich"

104. Als Aerenchym bezeichnet man das interzellularreiche Durchlüftungsgewebe vieler Wasser- und Sumpfpflanzen. Rasterelektronenmikroskopische Aufnahme des Rhizoms vom Kalmus *(Acorus calamus)*, 200 x

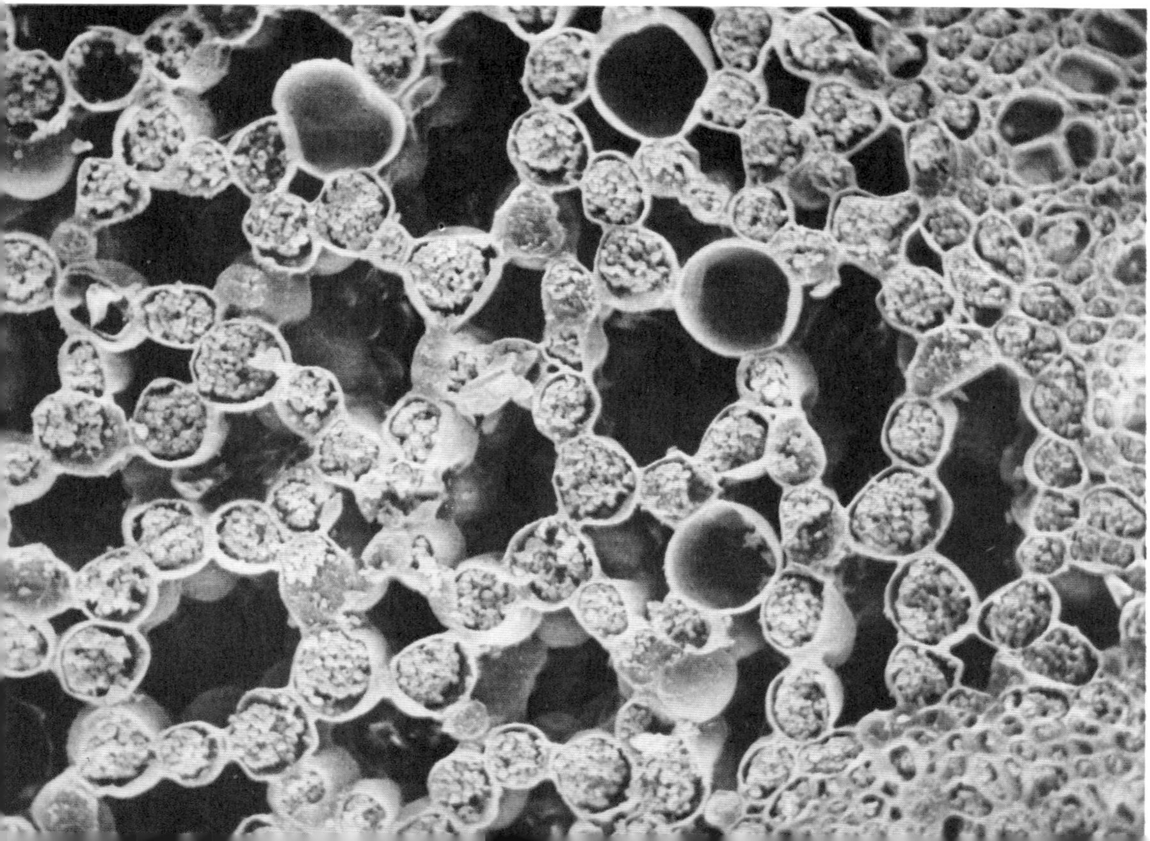

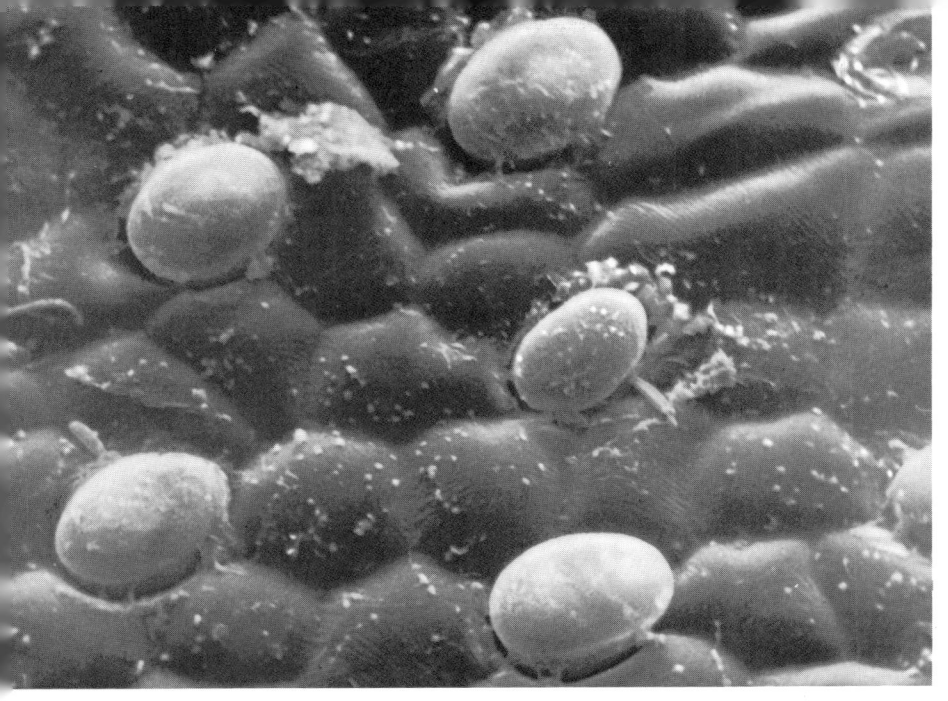

105.
Auf der Unterseite
der Schwimmblätter
der Gelben Teichrose
(Nuphar lutea) und
auch bei anderen
Wasserpflanzen gibt
es sogenannte
Hydropoten, die
offenbar die Fähigkeit
besitzen, Wasser und
die darin gelösten
Stoffe aufzunehmen.
Rasterelektronen-
mikroskopische
Aufnahme 620 x

106. Süßwasserpolyp der Gattung *Pelmatohydra*

107. Zwei Nesselkapseltypen von *Pelmatohydra* unter dem Fluoreszenzmikroskop. Oben explodierte Stenotele, darunter eine Haploneme; etwa 700 x

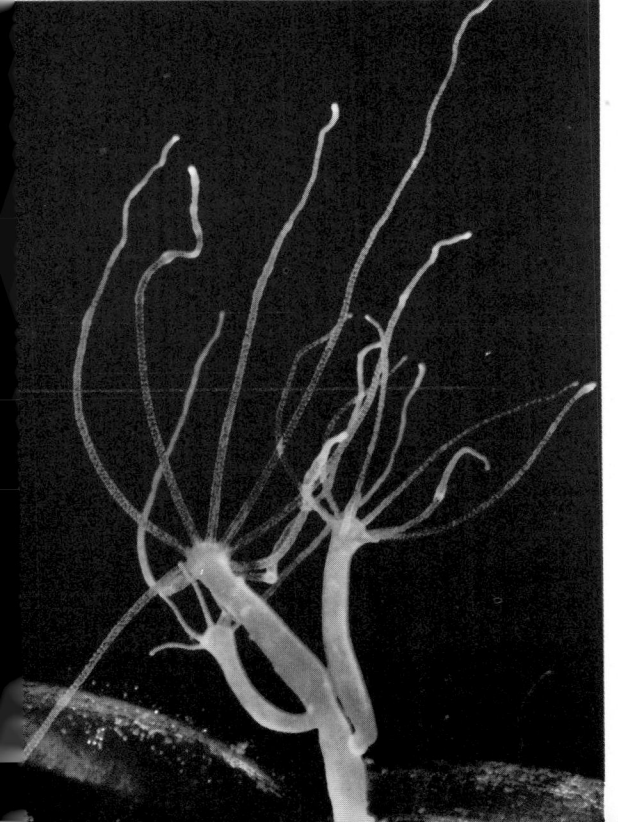

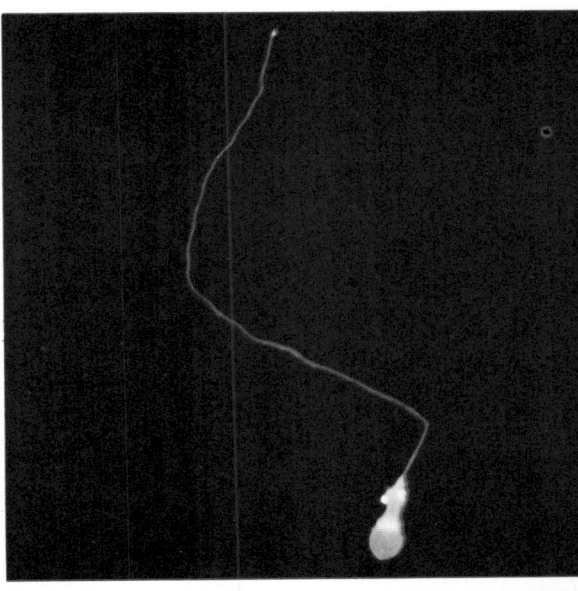

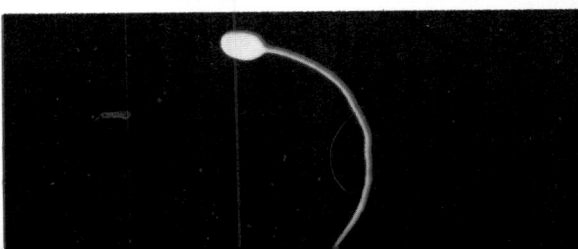

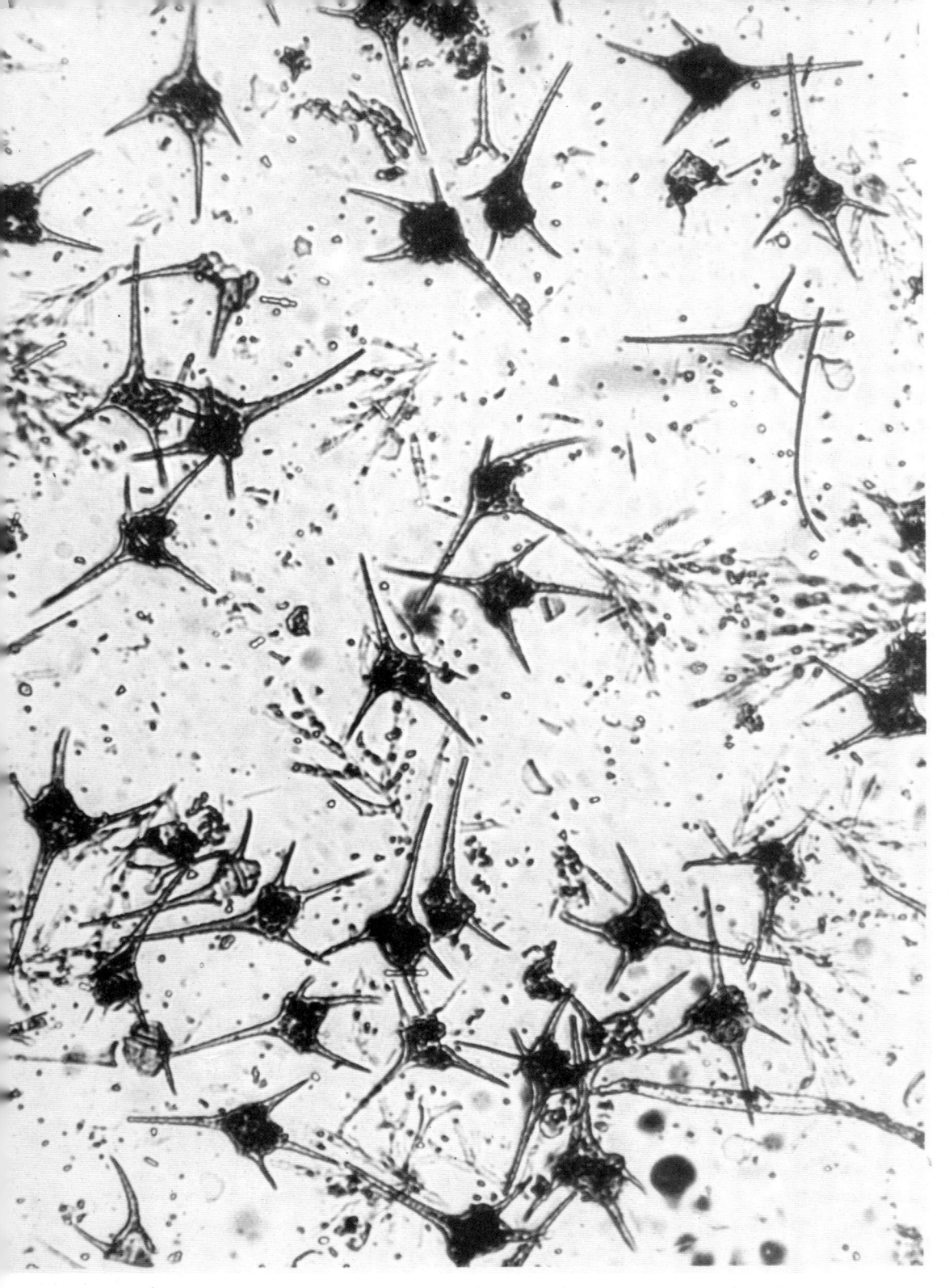

108. Planktonprobe, die eine Massenvermehrung von Hornalgen *(Ceratium hirundinella)* anzeigt

109. Froschbiß *(Hydrocharis morsus-ranae)*, dazwischen Wasserlinsen ("Entengrütze")

110. Schwimmendes Laichkraut *(Potamogeton natans)*, ein typischer Vertreter der Schwimmblatt-Gesellschaften

111. Am Weiherrand blüht die Gemeine Strandsimse *(Bolboschoenus maritimus)*

112. Laichschnüre der Kreuzkröte *(Bufo calamita)*

113. Weibchen des Grasfrosches *(Rana temporaria)* mit Laichballen

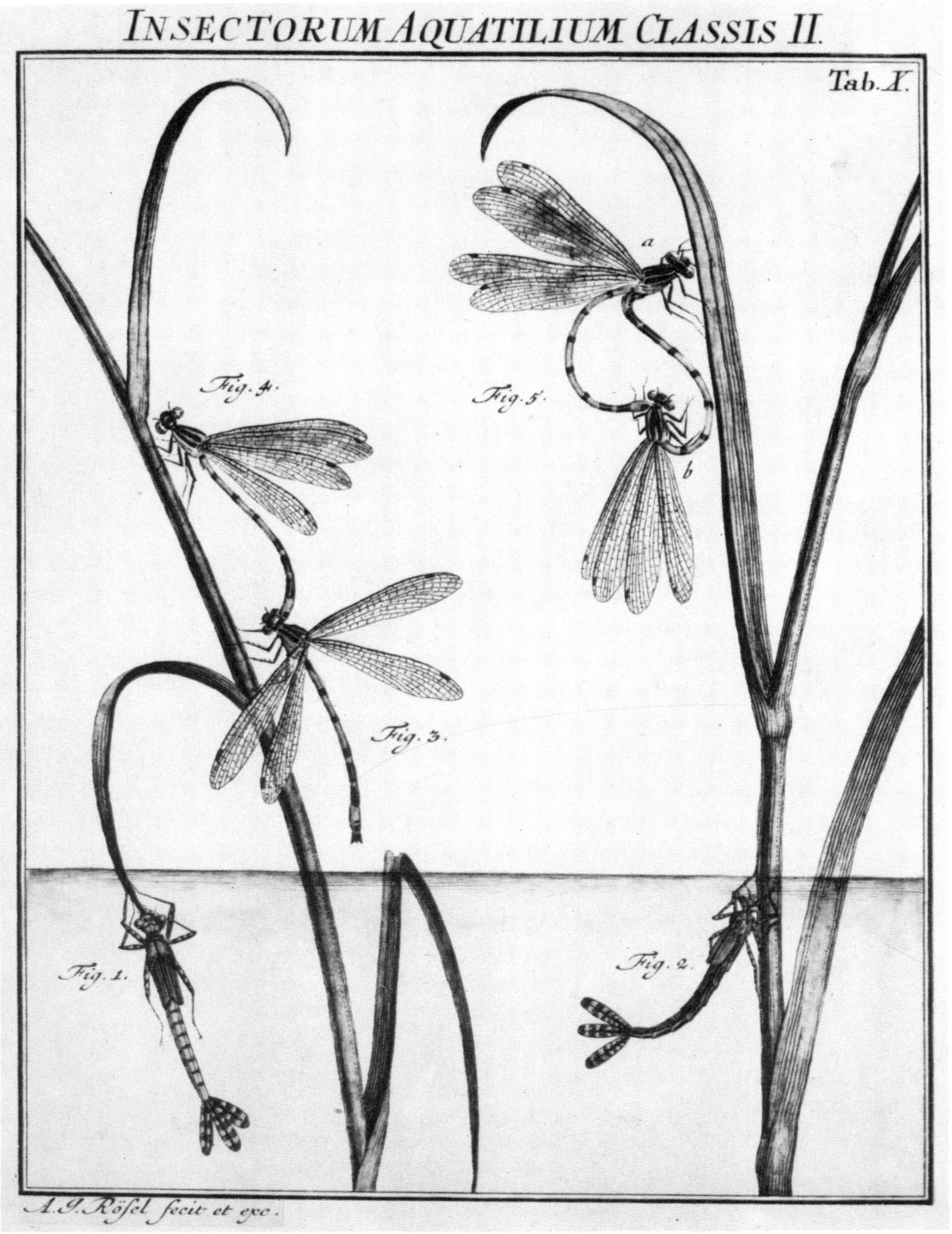

114. Libellenstudien. Illustration aus „Der monatlichen herausgegebenen Insecten-Belustigung", Nürnberg 1746 bis 1761, von August Johann Rösel von Rosenhof

als Wasser- wie auch als Landformen existieren. Ihre Plastizität kommt in den verschiedenen Blattformen, die in Anpassung an die gegebene Situation ausgebildet werden, zum Ausdruck. Diese Heterophyllie läßt sich recht gut beim Pfeilkraut (*Sagittaria sagittifolia*; Abb. 101) demonstrieren.

Eroberung des Lebensraumes, das bedeutet nicht nur Besiedlung des bereits vorhandenen, sondern auch das Besitzergreifen von neu entstandenen Gewässern. Erstaunlich, in welchem relativ kurzen Zeitraum die ersten Siedler auftreten. Am wenigsten überrascht wohl, wie schnell die durch Dauerstadien sprichwörtlich leicht verbreitbaren pflanzlichen Einzeller den neuen Wasserkörper in Besitz nehmen. Oft stellen sich auch höhere Wasser- und Sumpfpflanzen, die durch den Wind (Samen) und vor allem durch Tiere (s. S. 130) verbreitet werden, ziemlich rasch ein. Dabei zählen zu den Pioniersiedlern nicht immer nur „Allerweltspflanzen", sondern mitunter ausgesprochene Seltenheiten. So wurde z. B. in den letzten Jahren in den sandigen Uferbereichen von Gewässern der Lausitzer Bergbaufolgelandschaft (DDR) der Pillenfarn (*Pilularia globulifera*) nachgewiesen. Eine Kostbarkeit unter den mitteleuropäischen Pflanzen in „Biotopen aus zweiter Hand"!

Prachtvolle Seerosenbestände mit ihren großen, herrlichen Blüten gehören leider mehr und mehr der Vergangenheit an. Dort, wo diese Zierde unserer Gewässer noch beheimatet ist, erfreuen sich an ihr alljährlich besonders jene, die den einförmigen Betonfassaden der Städte für Stunden oder ein Wochenende entflohen sind. Ein Bruchteil der Natur in den Alltag, das eigene Heim zu entführen, dies ist das Ziel vieler Fotoamateure, von der Tapetenbranche inzwischen aufgegriffen und gewinnbringend umgesetzt. Im Lebensraum der Gewässer bedeutet das u. a. Jagd nach dem Motiv „Seerose". Das Ergebnis hat sicher jeder schon in vielen Varianten gesehen.

Leben am Seerosenblatt

Wer vermutet aber schon eine regelrechte Explosion des Lebens an den erst vor kurzem emporgeschossenen und so unscheinbar aussehenden Schwimmblättern der Seerosen? Ihre „Funktion" als Rast- und Ruheplatz fällt noch am meisten auf. Dafür sorgen vor allem Libellen und Wasserfrösche. Sie alle, „Leicht- und Schwergewichte", trägt das Blatt der Weißen Seerose (*Nymphaea alba*). Für manches vom Wind auf das Wasser getriebene Insekt dient es als rettende Insel. Mannigfaltige Fraßspuren weisen auf phytophage Insekten hin.

Häufig geht der Fraß auf Seerosen-Blattkäfer (*Galerucella nymphaea*) zurück, die sich gelegentlich in Seerosen-Zuchtteichen sehr unangenehm bemerkbar machen können. Ihre ganze Entwicklung vollzieht sich auf der Oberseite des Seerosenblattes. Allerdings waren zur erfolgreichen Existenz in diesem für Blattkäfer (Chrysomelidae) völlig atypischen Lebensraum einige besondere Anpassungen notwendig. So sind die Käfer unbenetzbar. Ein kurzzeitiges Überfluten oder Untertauchen schadet ihnen also nicht. Ihre dickschaligen Eier, die auf der Blattoberseite starken Temperaturschwankungen ausgesetzt sind, weisen eine beachtliche Hitze- und Austrocknungstoleranz auf. Besonders bemerkenswert ist die Fraßtechnik der Larven und Käfer. Sie vermeiden einen „Lochfraß" und fressen nur die obere Epidermis (Oberhaut) sowie die oberen Schichten des Schwammparenchyms an. Auf diese Weise behält das Blatt seine ursprüngliche Lage bei, während ein durchlöchertes Schwimmblatt absinken und damit den gesamten Larvenbestand vernichten würde. Die Puppen bleiben mit der Spitze des Hinterleibes auf der bei der letzten Larvenhäutung abgestreiften Haut sitzen. Dieser „Sockel" hebt sie über die Blattoberfläche empor und bietet ihnen einen besseren Schutz vor Benetzung.

Vom Blattgewebe der Seerosen ernähren sich auch die Larven verschiedener Zuckmücken (Chironomidae), die mit ihren winzigen Fraß- und Wohngängen die Schwimmblätter aushöhlen. Außerdem werden die Blätter von den aquatisch lebenden Larven des Seerosenzünslers (Nymphula nymphaeata), eines Wasserschmetterlings, zerfressen. Die „Stammbelegschaft" des Seerosenblattes ist zweifellos die Lebensgemeinschaft des Aufwuchses. Sie besteht aus unzähligen Organismen, die in einem dichten Belag der Blattunterseite anhaften, ohne dabei in das Gewebe einzudringen und Nährstoffe zu entziehen. Eine Welt voller Vielfalt und Wunder. Ehe wir uns näher mit ihr befassen, wollen wir noch einen Blick auf die Siedlungsfläche, das Seerosenblatt selbst, werfen.

Aus dem im Gewässergrund mit einem Kranz von Wurzelhaaren verankerten Wurzelstock (Rhizom) treiben Jahr für Jahr nach der Winterruhe neue Blätter zur Wasseroberfläche empor. Anfangs sind sie relativ zart und besitzen noch keine Spaltöffnungen (Stomata). Sobald die Wasserfläche erreicht ist, vollzieht sich jedoch ein deutlicher Wandel. Ihre Kutikula wird lederartig und wirkt vor allem auf der Blattoberseite stark wasserabweisend. Dazu gibt sie dem gesamten Blatt etwas mehr Stabilität. Jetzt bilden sich Spaltöffnungen aus, die bei Schwimmblättern immer auf der Oberseite liegen. Sie stehen mit zahllosen Lufträumen und -kanälen im Blattinneren in Verbindung. Ein solches aus großen Interzellularen (luftgefüllte Hohlräume zwischen den Wänden benachbarter Zellen) bestehendes, luftführendes Gewebe oder Aerenchym ist für viele Wasser- und Sumpfpflanzen (vgl. Abb. 104, 115) typisch. Es setzt sich von den Blättern bis in die Wurzeln fort, dient somit der Durchlüftung und sichert die Sauerstoffversorgung der Pflanze. Darüber hinaus verleiht es Blättern und Stielen Auftrieb.

Ein gewisses Analogon zu den Spaltöffnungen bilden die auf der Blattunterseite in der Epidermis liegenden Hydropoten. Auch diese Zellen, die in unterschiedlicher Ausbildung bei vielen Wasserpflanzen (vgl. Abb. 105) vorkommen, sind Pforten zwischen dem Pflanzenkörper und dem ihn umgebenden Milieu. Die Unterseite des Seerosenblattes ist geradezu mit Hydropoten übersät. Offenbar gewährleisten sie einen gesteigerten Nährstoffdurchtritt.

Wenden wir uns jetzt dem auf der Blattunterseite ausgebildeten Aufwuchs zu. Auf kleinstem Raum, in engster Nachbarschaft lebt hier eine unübersehbare Fülle pflanzlicher und tierischer Organismen. Aber schon auf den ersten Blick fällt auf, daß der an Steinen oder anderen langlebigen Substraten anhaftende Aufwuchs meist noch weitaus üppiger entwickelt ist. Es besteht wohl kaum ein Zweifel, daß dieser bereits makroskopisch so deutlich zutage tretende Unterschied auf den Einfluß der jeweiligen Unterlage zurückzuführen ist. Die eben emporgetriebenen und am Ende der Vegetationsperiode wieder absterbenden Seerosenblätter können naturgemäß keinen derart dichten Überzug wie ausdauernde Substrate aufweisen. Ihr vielfach leicht flockig aussehender Aufwuchs besteht daher aus schnellwüchsigen Formen mit einem kurzen Entwicklungszyklus. Woraus setzt sich diese Lebensgemeinschaft zusammen?

Die wesentlichen Vertreter sind Algen. Ihre dichten, sehr unterschiedlich aufgebauten Rasen haften fest am Substrat und trotzen dem Wellenschlag. Selbst im sturmdurchwogten Wasser, wenn sich die Schwimmblätter vorübergehend gegen den Wind stellen und teilweise übereinanderschieben, halten sie stand. Ein Blick durch das Mikroskop zeigt mannigfaltige Hafteinrichtungen. Da sitzen viele Grünalgenarten (Oedogonium-Arten) mit einer Basalscheibe an der Unterlage fest. Manche Kieselalgen sind mit kleinen (Achnanthes), andere mit langen Stielchen (Cymbella, Gomphonema) verankert. Auch Gallertknöpfchen (Cocconeis) und -schläuche (Cymbella) dienen zur Befestigung.

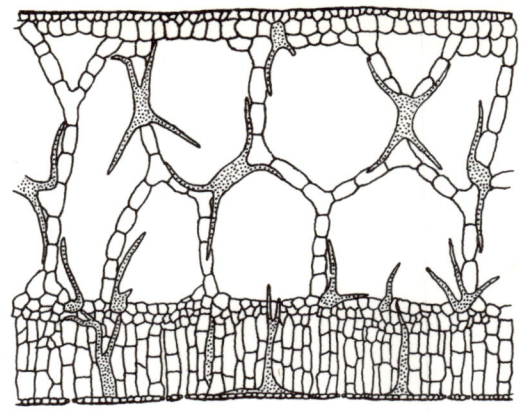

115.
Querschnitt durch
ein Schwimmblatt der
Weißen Seerose
(*Nymphaea alba*).
Aus Biebl und Germ
1967. Etwa $^3/_4$ des
Blattquerschnittes
nimmt das von großen
Interzellularen
(lufterfüllte
Zwischenräume)
durchsetzte
Aerenchym ein. In die
Interzellularen ragen
häufig strahlige
Grundgewebshaare
hinein

Der tierische Aufwuchs fesselt vor allem durch die Vielfalt seiner Formen und Bewegungen. Pausenlos strudelt ein Heer von Wimper- und Rädertierchen Nahrung heran. Neben reizvollen Glockentierarten, deren Stiel blitzschnell kontrahiert wird, um sich dann langsam wieder auszustrecken, kann man die zierlichen Gehäuse von Vasentierchen *(Vaginicola)* bewundern. Bei *Vaginicola subcrystallina* teilen sich sogar zwei Individuen in ein Gehäuse. Schon beim raschen Durchmustern der entnommenen Blattprobe wird offenbar, daß keinesfalls in allen Gehäusen Ziliaten wohnen. Im Gesichtsfeld des Mikroskops entdecken wir die teils durchsichtigen, teils undurchsichtigen, häufig gelblich oder bräunlich gefärbten Gallertgehäuse von Rädertieren. Bei der Gattung *Floscularia* sind die Gehäuse oftmals durch einen Kotballenbelag verstärkt. Die Reusenrädertiere *(Collotheca)* fallen durch ihre mächtig entwickelten Fangkörbe auf, in die massenhaft Algen und Urtiere hineingeschleudert werden. Der Riese unter ihnen, die Fransenkrone *(Stephanoceros fimbriatus)*, sitzt in einem tonnenförmigen, mit Detritus bedeckten Gehäuse und wird bis 1,5 mm lang. Am Rand des Blattstückes bietet sich auf einem relativ kleinen Ausschnitt ein neues faszinierendes Bild. Der krustenförmige Überzug ist eine aus Tausenden von Individuen bestehende Moostierkolonie. Auf ihr wimmelt es von Glocken-, Trompetentierchen *(Stentor*; Abb. 54), auch wenigborstige Würmer und eine Unzahl weiterer Formen halten sich hier auf. Sie gehören ebenso wie die im Algengewirr verankerten oder eingekeilten Schalenamöben (Abb. 171) und viele andere freibewegliche Tiere, Fadenwürmer, Zuckmücken-, Köcherfliegenlarven usw. zur Aufwuchsbiozönose.

Damit sind jedoch keineswegs alle Bewohner unserer „schwimmenden Insel" erfaßt. Zu den größeren, augenfälligen Vertretern gehören die als Lehr- und Versuchsobjekte bekannten Süßwasserpolypen. Für zahlreiche Wasserschnecken, Milben, Libellen, Köcherfliegen und Zuckmücken dient die Blattunterseite als Eiablageplatz. Es bedarf schon einiger Erfahrung, um die oft lebhaft gefärbten, zum Teil in Gallertmasse eingehüllten, in Reihen, Kreisen, Spiralen, Schnüren, Platten und einfachen Klumpen abgelegten Eier der richtigen Art zuzuordnen. Am einfachsten sind noch die mit zwei langen Atemröhren ausgestatteten Eier der Stabwanze *(Ranatra linearis)* zu erkennen. Über die durch das Seerosenblatt geschobenen Atemröhren erhalten die Eier den zur Entwicklung notwendigen Sauerstoff. Schließlich kann man hin und wieder an der Blattunterseite festgesponnene Köcherfliegen- und Zuckmückenpuppen entdecken.

Eine wahrhaft überraschende Ausbeute! Verblüffend der überwältigende Reichtum an pflanzlichen und tierischen Organismen auf so kleinem Raum. Wollte man das gesamte Material sachgerecht sichten, klassifizieren, präparieren, kurzum vollständig aufarbeiten, es würde Tage erfordern. Und doch ist es nur ein winziger Bruchteil dessen, was das Gewässer an Lebewesen birgt.

Eier in Hülle und Fülle

Mit Taucherbrille und Schnorchel im sommerlich warmen Weiher einen Schwarm junger Fische zu beobachten, gehört zu den beeindruckendsten Erlebnissen. Besonders farbenprächtig ist die Brut des Flußbarsches (*Perca fluviatilis*). Zu Hunderten, ja Tausenden spielen die Jungfische in einer großen Ansammlung vor der Kulisse eines grünen Pflanzenbestandes im freien Wasser. Ihre Körper glitzern und schillern in allen Regenbogenfarben. Eifrig schnappen sie nach den reichlich vorhandenen Wasserflöhen. Sie schwimmen gewissermaßen im Futter. Alles scheint problemlos und offenbart sich für den Augenblick als friedliche Unterwasseridylle. Was soll jedoch aus den vielen Nachkommen werden? Ein Barsch-Weibchen kann allein in einem Jahr 12 000 bis 300 000 Eier produzieren! Angesichts des bereits im Gewässer vorhandenen Barsch-Bestandes wirkt diese Zahl geradezu schwindelerregend. Eine sinnlose Verschwendung der Natur?

Wie wir der Tabelle 8 entnehmen können, weisen andere Fischarten ähnlich hohe Eizahlen auf. Auch verschiedene Amphibienarten stehen dem nicht wesentlich nach. Die hier getroffene Auswahl umfaßt durchweg Arten, die ihre Eier schutzlos in das Wasser abgeben und sie einfach ihrem weiteren Schicksal überlassen. In fast allen Fällen suchen und fressen Fische sogar ihre eigenen Eier und Jungen. Überall lauern Gefahren. Eier verpilzen und Parasiten befallen die Jungfische. Zahlreich sind auch die natürlichen Feinde. Selbst Süßwasserpolypen bemächtigen sich der frischgeschlüpften Jungen. Alle erdenklichen Umwelteinflüsse vermindern die Zahl mehr und mehr. Die verschwenderische Menge an Eiern ist notwendig, um den Bestand zu garantieren und – allgemein gesehen – den Erhalt der Art zu sichern. Die hohe Nachkommenzahl ist aber nur ein Weg, eine Spezies zu erhalten. Andere Tiere schützen Eier und Junge durch Brutpflege (S. 196). Es läßt sich sogar eine Abhängigkeit zwischen der Intensität der Sorge um die Nachkommen und der Zahl der Eier oder Jungen feststellen. So erklärt sich auch die verhältnismäßig geringe Eizahl des Dreistachligen Stichlings (*Gasterosteus aculeatus*). Diese brutpflegende Art laicht im Gegensatz zu den in der Tabelle aufgeführten Arten nur 80 bis 100 Eier ab.

Hohe Eizahlen weisen freilich nicht nur Fische und Amphibien auf. Eine beachtliche Übervermehrung kommt auch bei anderen Tiergruppen unserer Gewässer vor. Die Zuckmücke *Chironomus plumosus* legt z. B. in der Sekunde 6 bis 7 Eier. Ihre komplette Eischnur enthält insgesamt etwa 1 600 Eier, eine wahre Fließbandproduktion. Allerdings nimmt sich diese Eizahl im Vergleich zu anderen Wasserbewohnern noch recht spärlich aus. Flußmuscheln (Unionidae) haben z. B. 300 000 bis 400 000 Nachkommen. Doch selbst diese gigantische Zahl wird noch bei weitem übertroffen. Vergessen wir nicht, daß viele Tiere mehrfach im Jahr ablaichen. Nur so läßt sich die enorme Vermehrungszahl mancher Arten erklären. Beim Großen Wasserfloh (*Daphnia magna*) kann ein Weibchen in Abhängigkeit von der Temperatur und den Nahrungsbedingungen durch Parthenogenese (Jungfernzeugung) bei einem Wurf 50 bis 70 Junge abgeben. Das ist zunächst noch keine überwältigende Zahl. In seinem relativ kurzen Leben (Lebensdauer ist temperaturabhängig; bei 8 °C beträgt sie z. B. etwa 108 Tage) kann das Tier 12 Würfe erbringen. Damit kommt theoretisch

Tabelle 8: Eizahlen ausgewählter Fisch- und Amphibienarten

Art		Eizahl pro Weibchen
Hecht	*Esox lucius*	100 000 – 300 000
Karpfen	*Cyprinus carpio*	100 000 – 1 000 000
Karausche	*Carassius carassius*	200 000 – 300 000
Schleie	*Tinca tinca*	100 000 – 300 000
Rotfeder	*Scardinius erythrophthalmus*	bis 100 000
Schlammpeitzker	*Misgurnus fossilis*	100 000 – 150 000
Flußbarsch	*Perca fluviatilis*	12 000 – 300 000
Erdkröte	*Bufo bufo*	1 200 – 9 000
Pantherkröte	*Bufo regularis*	bis 20 000
Wechselkröte	*Bufo viridis*	10 000 – 12 000
Moorfrosch	*Rana arvalis*	1 000 – 2 000
Grasfrosch	*Rana temporaria*	2 800 – 4 000

schon eine Summe von über 500 Jungen zustande. Doch denken wir weiter. Nach 6 Lebenstagen kann sich jeder Nachkomme bereits selbst wieder vermehren. Angenommen, daß erneut alle Weibchen sind, nicht gefressen werden und sich weiterhin parthenogenetisch fortpflanzen ... Wieviel Nachkommen existieren dann beim Tod unseres Ausgangstieres? Der Taschenrechner muß helfen. Es sind nicht nur einige Millionen, sondern annähernd 200 Quintillionen (rund 2×10^{32})! Abgesehen davon, daß diese Zahl unter natürlichen Gegebenheiten nicht erreicht wird, demonstriert das Beispiel doch die gewaltige Potenz zur Entfaltung neuen Lebens.

Grandiose Ei- und Nachkommenzahlen einiger Arten verändern die zahlenmäßige Zusammensetzung einer Lebensgemeinschaft nicht unbeträchtlich. Wenn das Artgefüge auch grundsätzlich bestehen bleibt, so halten sich doch Zuwachs (Zuwanderung und Fortpflanzung) und Abnahme (Abwanderung und Tod) der Individuen nicht die Waage, und es kommt zeitweilig in Abhängigkeit von den Umweltbedingungen zu Massenentwicklungen (Populationswellen). Denken wir nur an die oft in organisch stark belasteten Dorfteichen zu beobachtenden gewaltigen roten Wasserflohwolken (bis 20 000 Individuen/l), die dem Aquarianer Futter in Hülle und Fülle bieten.

Vielfach lassen wir uns jedoch von den oben genannten Zahlen berauschen und kommen dadurch zu einer allzu einseitigen Wertung und Fehleinschätzungen. Freilich sind für den Menschen besonders die Arten von Interesse, die ihm in großer Zahl als Nahrungsgrundlage dienen. So konnten durch Züchtung die beträchtlichen Eizahlen des Karpfens *(Cyprimus carpio)* sogar noch gesteigert werden. Unterstützt durch hohen technischen Aufwand gelingt es auch weiterhin, die Stückzahlen in Tonnen-Ausbeute zu Buche zu schlagen. Bei dieser einseitigen, zweckgerichteten Sicht werden leicht die anderen, wirtschaftlich weniger interessanten Arten vergessen. Gravierende Veränderungen des Lebensraumes verringern ihre Populationsdichte und gefährden die Existenz dieser Arten. Sie sind es daher, die in ersten Linie die „Roten Listen' der vom Aussterben bedrohten Tiere füllen.

Angenehmes und Unangenehmes liegen oft eng beieinander. Erinnern wir uns mit Wilhelm Busch an ein ganz profanes Erlebnis, das jeder sicher aus eigener Anschauung kennt.

> „Fortuna lächelt, doch sie mag
> nur ungern voll beglücken;
> schenkt sie uns einen Sommertag,
> so schenkt sie uns auch Mücken."

Plötzlich ist sie da, die „Mückenwelle", mitten im Wonnemonat Mai. Aus Gras und Gebüsch steigen die kleinen Plagegeister auf. Ihr anhaltender, hellsingender Flugton klingt uns um die Ohren und verfolgt uns unablässig. Vorbei ist das geruhsame Wandern durch den Wald und der abendliche Spaziergang durch die Wiesen. Stechmückenschwärme verwehren die Erholung im Grünen, beeinträchtigen vielerorts die Feldarbeiten, beunruhigen das Großwild im Wald und das Weidevieh auf den Wiesen. An schwül-warmen Tagen sind sie besonders aktiv und zudringlich.

Daß für die Mückenentwicklung Wasser unerläßlich ist, weiß eigentlich schon jedes Schulkind. Weniger bekannt dürfte der genaue Entwicklungsablauf, ihr Werdegang vom Wasser- zum Lufttier sein. Dabei darf man auch nicht alle Mücken in einen Topf werfen. So unterscheidet sich z. B. der Jahreskreislauf der Gattung *Aedes* oder *Mansonia*, auf die in erster Linie solche Mückenplagen zurückgehen, deutlich von dem der „Hausmücke" (*Culex pipiens*), die zum Schulbeispiel der Stechmückenentwicklung (Abb. 116) wurde.

Brutstätten der Hausmücke sind Gräben, Tümpel, Teiche, weiterhin Gruben und Sammelbecken aller Art, in denen sich Regenwasser und Abwässer sammeln, auch die verschiedensten mit Regenwasser gefüllten Behälter des Wohlstandsmülls, vom ausgedienten Kanister bis zur Plastikdose. Hier werden die etwa 150 bis 300 Eier direkt auf dem Wasser abgesetzt. Sie ruhen auf einem Schwimmtrichter und sind zu einem kahnförmigen „Schiffchen" verbunden. Der Kopf des Embryos ist stets der Wasserfläche zugekehrt, so daß die Larve beim Sprengen der Eihülle, zu dem ihr ein spitzer Stirnhöcker („Eizahn") dient, sofort ins nasse Element eintaucht. Zum Luftschöpfen kommt sie jedoch durch Pendelbewegungen des Hinterleibs immer wieder an die Wasseroberfläche. Mit ihrem am Hinterende befindlichen Atemrohr hängt sie sich am Wasserhäutchen auf. Die vorwiegend aus Kleinlebewesen bestehende Nahrung wird teils eingestrudelt, teils regelrecht mit den Kiefern abgeweidet. Während der 2 bis 3 Wochen dauernden Larvenperiode werden 4 Wachstumsperioden durchlaufen, die jeweils mit einer Häutung gekoppelt sind.

Die ebenfalls frei bewegliche Puppe nimmt keine Nahrung mehr zu sich. Zum Tanken atmosphärischer Luft verfügt sie über ein Paar am Anfang des Brustabschnitts stehende „Atemhörnchen". War die Puppe zuerst noch durchsichtig, so wird sie nun zusehends dunkler. Jetzt ist es soweit! Das fertige Insekt schlüpft. An einer vorgebildeten Stelle des Brustabschnitts platzt die Puppenhaut, und die Stechmücke schiebt sich heraus. Der ganze Vorgang läuft unmittelbar an der Wasseroberfläche ab und nimmt nur etwa 3 bis 7 Minuten in Anspruch.

In nichts erinnert die alsbald davonfliegende Mücke an die im Wasser lebenden Entwicklungsstadien. Sie ist das Ergebnis eines äußerst komplizierten Gestalt-, Struktur- und Funktionswandels. Aus dem Wassertier wurde nach der Metamorphose, wie man das Durchlaufen von Larvenstadien, an die sich – wie hier beschrieben – noch ein Puppenstadium anschließen kann, bezeichnet, ein völlig andersartiges Lufttier. Seine Aufgabe ist es, für die Erhaltung der Art zu sorgen. Alle Wachstumsprozesse und Häutungen sind auf das Wasserleben beschränkt.

Im Vergleich zur primitiven Ernährungsweise der Larven ernähren sich die Mücken-Weibchen durch Blutsaugen bei Warmblütern und sogar Amphibien. Ein zweifellos auch stammesgeschichtliches Phänomen, denn Insekten traten in der Evolution bereits vor diesen „Blutspendern" auf. Vielleicht kamen die Weibchen ursprünglich ohne eigentliche Nahrung aus und nahmen, wie dies heute noch bei den Männchen der Fall ist, nur hin und wieder etwas Wasser oder Blütensäfte auf. Die Larvenperiode war dafür vielleicht länger, das Gelege kleiner, und es lag eventuell nur eine Generation im Jahr vor. Möglicherweise lebten die Weibchen auch räuberisch von anderen Insekten. Ohne die verschiedenen Ansichten weiter erörtern zu wollen, sei nochmals festgehalten, daß sich das Blutsaugen sekundär, d. h. erst allmählich im Laufe der Evolution entwickelte. Zur Belästigung durch das Blutsaugen kommt bei den Fieber- oder Malariamücken *(Anopheles)*, die nicht nur in den Tropen und Subtropen, sondern auch in der gemäßigten Zone verbreitet sind, vor allem die schon früher erwähnte Fähigkeit zur Malariaübertragung hinzu. Zur naheliegenden Frage, ob im jeweiligen Biotop *Anopheles* oder *Culex* vorkommt und wie man die Entwicklungsstadien beider Gattungen unterscheiden kann, gibt die Abb. 116 einfache Hinweise. Ergänzend sei vermerkt, daß Fiebermücken im Gegensatz zu *Culex* meist saubere Gewässer bevorzugen.

Wenn es nun trotz des örtlich oft häufigen Auftretens von *Anopheles*-Arten bei uns in Mitteleuropa keine „Malaria-Epidemien" gibt, so hat das recht verschiedene Ursachen, die hier nur grob angedeutet werden sollen. Voraussetzung für den Ablauf der Malaria ist in jedem Fall das Vorhandensein und Aufeinandertreffen von Träger, gesundem Menschen und Überträger. Bei der verhältnismäßig kleinen Zahl Malariakranker wird bereits deutlich, wie gering die Wahrscheinlichkeit einer Infektion ist. Hinzu kommt u. a., daß sich *Anopheles* im Laufe der Zeit wahrscheinlich hauptsächlich auf Rinder, aber auch andere Säuger und Vögel eingestellt hat. Weiterhin läuft die Entwicklung der Plasmodien innerhalb der Mücke über einen längeren Zeitraum ab, wobei je nach der Erregerart eine bestimmte Minimaltemperatur (für *Plasmodium malariae* z. B. 14 °C) nicht unterschritten werden darf. Vergessen wir auch nicht, daß viele Mücken selbst an der Infektion zugrundegehen.

Es würde den vorliegenden Rahmen sprengen, wollten wir versuchen, die außerordentlich vielschichtige und komplizierte Problematik des Übergangs vom Wasser- zum Luftleben über dieses Beispiel hinaus bei weiteren Wasserinsekten zu umreißen, wenn sich auch die interessanten Verhältnisse bei den Libellen oder Eintagsfliegen geradezu aufdrängen.

Den in dieser Hinsicht wahrhaft klassischen Fall unter den Wirbeltieren stellen die Amphibien dar. Ihr „Doppelleben", d. h. die Fähigkeit im Wasser und auf dem Land – eigentlich richtiger an der Luft – zu leben, spiegelt sich schon im Namen wider. Als „Paradepferd" dient meist der Frosch, obwohl sich die Umwandlungsprozesse gleichermaßen gut bei anderen Formen verfolgen lassen. Es mag sein, daß dafür sein vergleichsweise auffälliger Lebenszyklus einschließlich der unüberhörbaren akustischen Präsenz verantwortlich zeichnet. Das plötzliche Massenauftreten von Jungfröschen nach

Abschluß der Metamorphose im August/September gab früher mancherorts Anlaß zu Berichten über „Froschregen".

Sehen wir uns die Entwicklung am Beispiel des Grasfrosches *(Rana tempo- raria;* Abb. 117) an. Wenn nach etwa 3 bis 4 Wochen aus den großen Laich- ballen die blauschwarzen Kaulquappen, wie man die Larven allgemein be- zeichnet, schlüpfen, besitzen diese zur Atmung seitlich vom Kopf abstehende, büschelförmige äußere Kiemen und einen Ruderschwanz. Mit Hilfe eines Sekretes von kehlständigen Spinndrüsen (Haftorgan) heften sie sich an der Gallerte des Laichklumpens, an Wasserpflanzen oder Steinen fest. Anfangs wird noch keine Nahrung aufgenommen. Bald bilden sich aber in der Um- gebung des Mundes in Reihen stehende feine Hornzähnchen aus. Der Mund erhält durch Umwandlung des Epithels hornige Kiefer. In diesem Entwick- lungsstadium wächst von hinten her eine Hautfalte beiderseits über die Kie- menbögen, und die äußeren Kiemen werden zurückgebildet. In dem so ent- standenen Kiemenraum, der durch ein Atemloch (Spiraculum) nach außen mündet, entwickeln sich neue, innere Kiemen. Die noch gliedmaßenlosen Kaulquappen schwimmen durch Schlängelbewegungen des Körpers und Ruder- schwanzes geschickt im Wasser umher. Mit den Kiefern werden Algen und Wasserpflanzenteile abgeraspelt. Vom Boden holen sie sich das dort meist reichlich vorhandene zerfallene tierische und pflanzliche Material. Im Laufe der Metamorphose entwickeln sich zuerst rechts und links am Schwanzansatz die Hinterbeine. Die Vorderbeine sind zunächst noch unter der Kiemenhaut verborgen. Bald werden die Hornkiefer abgeworfen, der Mund erweitert sich und nimmt die breite Form des Froschmundes an. Es kommt zu Ver- änderungen der Ernährungsorgane, der Hautstruktur, die Kiemen bilden sich zurück, Vorderbeine treten hervor, es beginnt die Lungenatmung, und der Larvenschwanz wird eingeschmolzen.

Anfangs wirken die Beinbewegungen der noch mit einem kurzen Schwanz- stummel versehenen Jungfrösche unbeholfen, und es sieht recht lustig aus, wenn sie sich etwas schaukelnd im Wasser vorwärtsbewegen. Nach kurzer Zeit ist ihr Beinschlag jedoch kräftiger und gleichmäßiger geworden. Ein sonniger, regenwarmer Tag gibt oft den Anstoß zum Verlassen des Wassers. Am Gewässerrand wimmelt es dann von Jungfröschen, die mit kurzen Sätzen vor unseren Schritten flüchten.

Die Umwandlung von der gliedmaßenlosen, durch Kiemen atmenden Kaul- quappe zum vierbeinigen, schwanzlosen, lungenatmenden Frosch ist außer- ordentlich weitgehend und komplexer, als hier dargestellt werden kann. So kommt es z. B. entsprechend der engen Kopplung von Atmung und Blut- kreislauf beim Übergang von der Kiemen- zur Lungenatmung zwangsläufig zu Änderungen des Gefäßsystems .Auf Grund des notwendigen „Anschlusses" der neuen Atmungsorgane dürfte dies sicher einleuchten. Eine wichtige Rolle spielt nach dem Übergang zur Lungenatmung auch noch die Hautatmung. Beim Grasfrosch steht die Sauerstoffaufnahme durch Lungen und Haut etwa im Verhältnis 3:1. Wie schon von älteren Untersuchungen her bekannt ist, wird durch die Haut vor allem Kohlendioxid abgegeben. Außerdem existiert eine Mundhöhlenatmung, die man äußerlich gut an den Bewegungen des Mundhöhlenbodens erkennen kann. Durch sie wird eine Ventilation der gut durchbluteten Mundhöhlenschleimhaut bewirkt. Denken wir z. B. auch an die veränderte Bewegungs- und Ernährungsart und die andersartigen Verhaltens- weisen.

Diese interessante Entwicklung, die jedermann jährlich zu Haus im Aqua- rium am Einzeltier innerhalb weniger Wochen beobachten und verfolgen

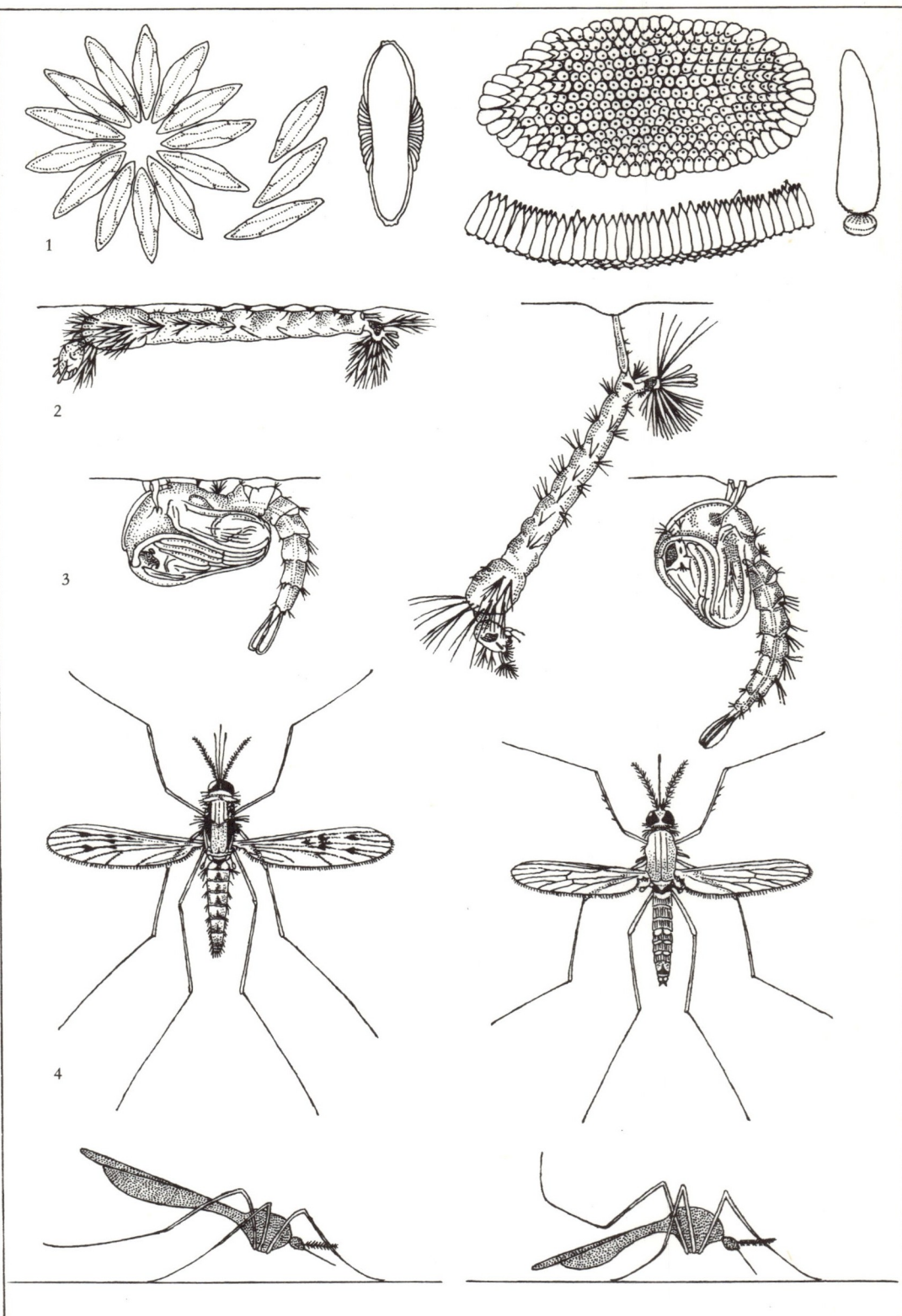

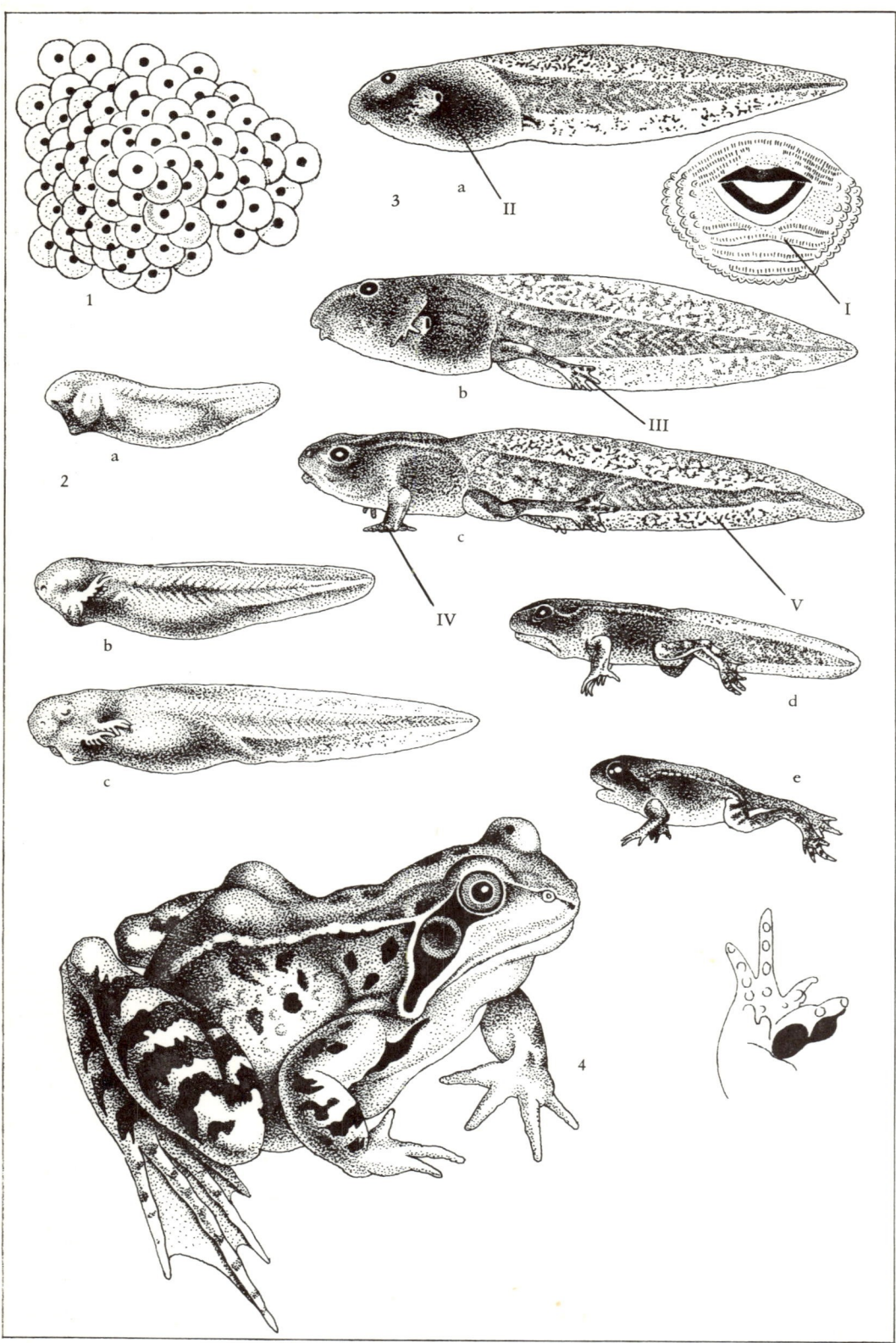

kann, ist ein stark zusammengedrängtes Spiegelbild der Evolution. Waren es doch die Vorfahren der heutigen Amphibien, die vor Jahrmillionen als erste Wirbeltiere zum Landleben übergingen.

Die für periodische Gewässer typischen extremen Lebensbedingungen erfordern eine Anpassung an diese Verhältnisse. Wichtigstes Charakteristikum dieser durch abiotische und biotische Umwelteinflüsse in großer Mannigfaltigkeit existierenden Biotope ist ihr periodisches Austrocknen und Durchfrieren. In Tümpeln fehlen daher viele Arten, die sonst in perennierenden Gewässern vorkommen.

Austrocknung, Wieder- und Neubesiedlung

Durch den regelmäßigen Wechsel von Bespannung und Trockenlegung kommt es bei ablaßbaren, fischereiwirtschaftlich genutzten Teichen, z. B. Streck- und Abwachsteichen, die im Winter meist kein Wasser führen, in der Hinsicht zu einer ähnlichen Situation. Darüber hinaus liegen aber hier, hauptsächlich durch teichwirtschaftliche Maßnahmen wie Bearbeiten des Teichbodens, Kalken, Düngen, Fischbesatz, Füttern usw. andere und von Teich zu Teich unterschiedliche Verhältnisse vor.

Auffälligste und bemerkenswerteste Tümpelbewohner sind ohne Zweifel die uns schon bekannten niederen Krebse der Gattungen *Branchipus, Siphonophanes (Chirocephalus), Lepidurus* (Abb. 125) und *Triops*. Nach dem Austrocknen des Tümpels können ihre hartschaligen Eier jahrelang im Schlamm überdauern. Aus ostafrikanischen Schlammproben schlüpften sogar noch nach 14jährigem Trockenliegen Nauplien. Untersuchungen zur Temperaturresistenz ergaben, daß die Eier des in Regentümpeln bei Karthoum (Sudan) lebenden *Triops granarius* eine Stunde lang 84 °C unbeschadet überstanden.

Während alle Arten der angeführten Gattungen im mitteleuropäischen Raum nur periodische Gewässer bewohnen, lebt der vor allem nahe dem nördlichen Polarkreis verbreitete *Lepidurus arcticus* auch in Seen. Seine Eier sind daher weder Austrocknung noch Frost ausgesetzt. Aus dieser Tatsache sowie äquivalenten Aquarienversuchen geht deutlich hervor, daß sich die lange Zeit vertretene Ansicht, die Eier der Anostraca und Notostraca müßten zur Weiterentwicklung unbedingt austrocknen und durchfrieren, nicht aufrechterhalten läßt.

Sind die Senken wieder mit Wasser gefüllt, dann dauert es nicht lange, und die Nauplien schlüpfen. Unter günstigen Bedingungen können sie sich bei *Branchipus* bereits nach 8, bei *Triops* etwa nach 14 Tagen bis zum fortpflanzungsfähigen Tier entwickeln.

Ihr plötzliches und außerdem meist massenhaftes Auftreten gab früher Anlaß zu abenteuerlichsten Vermutungen. So boten im August des Jahres 1821 Marktfrauen in Wien 4 bis 5 cm große Tiere von absonderlicher, noch nie gesehener Gestalt an, die mit einem ungewöhnlich schweren Regen vom Himmel gefallen sein sollten. Sie waren in riesigen Mengen in den Regentümpeln enthalten. Wie aus einem „belehrenden" Beitrag des damaligen Kustos am Naturalienkabinett hervorgeht, wurde dieser „Krebsregen" durch *Triops cancriformis* (Abb. 58) verursacht.

In den zur Regenzeit entstehenden Tümpeln der australischen Trockengebiete entwickelt sich kurzzeitig eine Generation von *Triops australiensis* nach der anderen. Das Massenangebot der Krebse zieht eine große Zahl von Weißwangen- (*Ardea novaehollandiae*), Silberreihern (*Casmerodius albus*), Schwarznackenkiebitzen (*Lobibyx novaehollandiae*) und anderen Vogelarten an, denen wiederum Greifvögel folgen, so daß schließlich an den Tümpeln

117.
Entwicklung des Grasfrosches (*Rana temporaria*). Modifiziert nach Kopsch 1952 und erweitert.
1 = Teil eines Laichballens;
2 = verschiedene früheste Entwicklungsstufen (Embryonalperiode);
3 = verschiedene Entwicklungsstufen der geschlüpften Larve;
I Lippenzähnchen;
II Atemloch (Spiraculum);
III Hinterbein;
IV Vorderbein;
V Larvenschwanz;
4 = erwachsener Grasfrosch; daneben linker Vorderfuß (Unterseite) eines Grasfrosch-Männchens mit Brunstschwielen

ganz spezielle Tiergemeinschaften leben, die sich mit dem Austrocknen dieser temporären Gewässer wieder auflösen.

Gelegentlich treten Kiefenfüße auch in periodisch bespannten Teichen auf, wo sie durch ihre starke Vermehrung für die Fischbrut zu einer beachtlichen Nahrungskonkurrenz werden können. Eine solche Situation verursachte *Triops cancriformis* in mehreren Brutstreckteichen des VEB Binnenfischerei Peitz (DDR). In zwei Teichen war hier die Krebsdichte auf 133 und 266 Stück/m² angestiegen.

Sicher werden sich viele fragen, warum habe ich diese Tiere noch nie beim „Tümpeln" gefunden? Man kann sie doch eigentlich kaum übersehen. Dies ist zweifellos richtig. Obwohl die Krebse am jeweiligen Fundort gewöhnlich in großer Zahl auftreten, sind sie dennoch in Mitteleuropa nur sporadisch verbreitet. Daher haben selbst viele Zoologen noch keinen lebenden *Triops* oder *Branchipus* zu Gesicht bekommen.

Wasserflöhe, viele Hüpferlinge und Rädertiere überstehen die Austrocknungsperiode durch Bildung vorwiegend dickschaliger Dauereier. Sie erhalten bei den meisten Wasserflöhen durch sattelförmige Schalenteile, sogenannte Ephippien, einen zusätzlichen Schutz. Mitunter kann auch die gesamte leere Rumpfschale (Carapaxexuvie) als Eiumhüllung dienen. Ihre Perfektion erreichen die Ephippien bei den Daphniiden, die in Tümpeln vor allem durch *Daphnia pulex, Daphnia magna* sowie *Moina*-Arten (z. B. *Moina brachiata, M. macrocopa*) vertreten sind.

Eine ganze Anzahl Rädertiere, Fadenwürmer, Muschelkrebse, Bärtierchen (Tardigrada) und einige in tropischen Regentümpeln lebende Zuckmückenlarven können fast völlig austrocknen und im trockenstarren Zustand wie „scheintot" ohne Schaden Monate, ja sogar Jahre überdauern. Dabei vermögen sie extreme Temperaturen zu ertragen, ihre Stoffwechselvorgänge laufen unterdessen auf äußerster „Sparflamme".

Bärtierchen, die man in Tümpeln hin und wieder an Algenfäden findet, bilden durch Wasserabgabe und Kontraktion sofort eiförmige, unbewegliche „Tönnchen". Der Sauerstoffverbrauch eines solchen Tönnchenstadiums entspricht z. B. bei *Macrobiotus hufelandii* im Vergleich zum aktiven Tier einem Verhältnis von 1:600. Tönnchen dieser Gattung bleiben bei 15 °C etwa 6 Jahre lebensfähig und ertragen nach Temperaturversuchen plus 60 °C 10 Stunden und minus 272 °C (flüssiges Helium) über 8 Stunden ohne Schaden.

Die Larven der afrikanischen Zuckmückenart *Polypedilum vanderplanki* können etwa 18 Monate in Trockenstarre liegen und dabei allen auftretenden extremen Temperaturschwankungen standhalten. Ihre Biotope sind kleine, nur zur Regenzeit gefüllte Felstümpel, die während der Trockenperiode keinerlei Schutz bieten und den Bewohnern beste Anpassungen abverlangen. Ein Überdauern in tieferen, feuchten Schichten des Tümpelbodens, wie wir es von den anderen Tümpelformen her kennen, scheidet hier wegen des felsigen Untergrundes und der fehlenden oder nur dünnen Bodenschicht aus.

Weiter in den schlammigen Gewässerboden zurückgezogen können einige Strudelwürmer und Ruderfüßer in einer schützenden Schleimhülle die Austrocknung überstehen. Im Bodenschlamm wurden auch die Larven der Gefleckten Smaragdlibelle (*Somatochlora flavomaculata*) und des Plattbauches (*Libellula depressa*), gelegentlich Käfer (z. B. der Schwimmkäfer *Agabus bipustulatus*) und Weichtiere (Erbsenmuscheln, Schlammschnecken u. a.) gefunden.

Schließlich ist jedem das Phänomen der Zystenbildung bei pflanzlichen und tierischen Einzellern bekannt. Schlammproben liefern eine Fülle dieser kapselartigen, allseitig geschlossenen Hüllen, in denen die Organismen monate- und auch jahrelang der Trockenheit widerstehen können.

Wie uns ein Blick auf trockenliegende Tümpel verrät, fällt dennoch jährlich eine Unmenge von Tieren der Austrocknung zum Opfer. In besonders trockenen Jahren steigt ihre Quote schnell an. Zwischen eingetrockneten Algenwatten, die oft Steine, herabgefallene Äste und die diversen ausrangierten Erzeugnisse unserer Zivilisation mit einem gelblichgrünen Gewand überziehen, liegen leere Schneckengehäuse, weit klaffende Schalen von Erbsenmuscheln und tote Insektenlarven. Häufig konzentrieren sich die Überreste der Mücken-, Köcherfliegenlarven und anderer Wassertiere an Stellen des Gewässerbodens, wo das Wasser am längsten stand. In den Flußniederungen entdeckt man auf dem Boden der Überschwemmungstümpel hin und wieder von der Sonne ausgetrocknete Fische.

Wenn Tümpel und Teiche wieder gefüllt sind, erwachen die im und auf dem Gewässerboden überdauernden Organismen zu neuer Aktivität. Fischteiche erhalten bei der neuerlichen Bespannung über das Zuflußwasser weiteren Artenzustrom. Darüber hinaus erfolgt die Wiederbesiedlung durch aktive und passive Ausbreitung einer Vielzahl von Organismen auf dem Landweg und durch die Luft. In gleicher Weise werden erstaunlich schnell neu entstandene Gewässer, wie Garten-, Parkteiche, Sand-, Kiesgruben-, Steinbruchtümpel und andere sekundäre Feuchtbiotope, besiedelt.

Aktiv über Land wandern vor allem Amphibien zu. Bei günstiger Witterung verlassen die ersten Teichmolche *(Triturus vulgaris)* schon Ende Februar ihre Winterquartiere und suchen die Laichgewässer auf. Kommt es zu plötzlichen Kälteeinbrüchen, dann können sie diese zeitweilig wieder verlassen. In den auf „ausgefahrenen" Waldwegen häufig anzutreffenden Tümpeln, die durch die breiten Räder der schweren Langholzwagen im lehmigen und tonigen Boden entstanden sind (vgl. Abb. 122), laichen beispielsweise mancherorts Teich- *(Triturus vulgaris)*, Berg- *(T. alpestris)*, Fadenmolche *(T. helveticus)*, Erdkröten *(Bufo bufo)*, hin und wieder auch Kreuzkröten *(Bufo calamita)*. Gelegentlich wurden hier Geburtshelferkröten *(Alytes obstetricans)*, Grasfrösche *(Rana temporaria)* und sogar Gelbbauchunken *(Bombina variegata)* gefunden. Nach einer Erfassung des Amphibienbestandes im südwestfälischen Bergland entfiel mehr als ein Drittel der ermittelten Laichplätze auf diese Biotope.

Das eindrucksvollste Beispiel unter den zuwandernden Säugern ist wohl die Bisamratte *(Ondatra zibethica)*, deren rasche Ausbreitung über den europäischen Kontinent seit ihrer Aussetzung in Böhmen (1905 südlich von Prag) und an weiteren Orten Europas tiergeographisch nur wenige Parallelen findet.

Wichtigste Ausgangsbasis für die Wieder- und Neubesiedlung sind die Gewässer der näheren und weiteren Umgebung. Von ihnen fliegen Wasserwanzen, -käfer und weitere Wasserinsekten zu. Daneben werden flugfähige Insekten ähnlich wie die verschiedensten Dauerstadien durch Luftströmungen passiv über zum Teil beträchtliche Entfernungen hinweg verbreitet. So häufen sich mitunter auf alpinen Schneefeldern und Gletschern zahllose angewehte Insekten. Damit dürfte zugleich die Frage nach der Herkunft der oft relativ reichen Insektenwelt offenliegender Bergseen beantwortet sein. Besonders instruktiv ist auch ein Blick auf die Zusammensetzung der in verschiedener Höhe durchgeführten Flugzeug-Netzfänge („Aeroplankton"-Erfassung). So enthielten Fänge in Nordamerika eine Vielzahl Wasserinsekten, überwiegend Zuckmücken, außerdem Gnitzen (Ceratopogonidae), Stechmücken (Culicidae),

118.
Dauerformen. Überwiegend entnommen aus Wesenberg-Lund 1939.
1 = Zyste vom Grünen Augentier (*Euglena viridis*);
2 = Gemmula des Süßwasserschwamms *Ephydatia*; daneben ein hier eingelagertes typisches Skelettelement (Amphidisk);
3 = Statoblast des Moostierchens *Plumatella* („Flottoblast"; quer);
4 = Statoblast des Moostierchens *Cristatella* („Flottoblast");
5 = trockene Dauerform des Bärtierchens *Macrobiotus hufelandii*;
6 = Ephippium vom Weiher-Rüsselkrebs (*Bosmina longirostris*);
7 = Ephippium vom Großen Wasserfloh (*Daphnia magna*);
8 = Ephippium vom Gemeinen Wasserfloh (*Daphnia pulex*)

Wassertreter (Halipidae), Schwimmkäfer (Dytiscidae), Eintagsfliegen, Libellen sowie Vertreter anderer Gruppen. Weitaus bedeutungsvoller als gewöhnlich dargestellt, dürfte wohl die passive Verbreitung von Wasserorganismen durch Tiere, hauptsächlich Wasserinsekten und Vögel, mit Abstrichen auch durch Amphibien sein. Bei Waldtümpeln in der Nähe von Bonn wurden die meisten Dauerformen wahrscheinlich durch Wasserinsekten und Amphibien übertragen (Kramer 1964). Auf Grund ihrer geschützten Lage spielt hier die Verdriftung durch den Wind, wie die Auswertung der zur Ermittlung des „Anfluges" aufgestellten Kulturlösungen ergab, nur eine geringe Rolle. Im offenen, windexponierten Gelände ergeben sich natürlich andere Relationen.

Viele Wassermilbenarten parasitieren als Larven an fliegenden Insekten, *Arrenurus*-Arten (vgl. Abb. 131) z. B. vorwiegend an Libellen und Mücken, durch die sie von einem Gewässer zum anderen verschleppt werden. Wasserwanzen und Wasserkäfer verbreiten, abgesehen von Ephippien und anderen Dauerformen, über kurze Strecken sicher auch einen Teil ihrer seßhaften Aufsiedler (Ziliaten, Rädertiere usw.) unbeschadet weiter. Gelegentlich transportieren sie sogar größere Brocken, wie der Fund einer an einem Gelbrand (*Dytiscus marginalis*) festgehefteten Kugelmuschel beweist.

Bereits Ch. Darwin deutet in seinem Werk „On the Origin of Species by means of Natural Selection, or the Preservation of Favoured Races in the Struggle for Life" (1859) daraufhin, daß an Enten, die aus einem mit Wasserlinsen bedeckten Teich auffliegen, häufig einige der kleinen Schwimmpflanzen hängenbleiben. Eine Beobachtung, die wohl viele von uns schon einmal am Dorfteich oder Wiesengraben gemacht haben. Förderlich für diese Verbreitungsart wirkt dabei der Umstand, daß die „Entengrütze", wie der Volksmund die Wasserlinsen nennt, für Enten und andere Wasservögel eine beliebte Nahrung bildet. Schwimmfrüchte und sogar kleine Sproßstücke können in gleicher Weise von Enten auf die verschiedensten Gewässer übertragen werden.

Charles Darwin war es auch, der zuerst die Verschleppung von pflanzlichen und tierischen Organismen in dem an Füßen und Federn haftenden Gewässerschlamm erkannte und nachwies. In der Folgezeit wurde dann eine ganze Reihe interessanter Beobachtungen und Untersuchungen zu dieser Problematik publiziert. Ein recht bekanntes Experiment von Darwin sei hier noch erwähnt. Zur Klärung der Frage, ob Vögel junge Schnecken verschleppen können, hängte er einen Entenfuß in ein mit frisch geschlüpften Süßwasserschnecken besetztes Aquarium. Die Schnecken setzten sich bald am Fuß fest und lebten daran in feuchter Luft 12 bis 20 Stunden. Eine Zeitspanne, die einen beachtlichen Verbreitungsradius ermöglicht. Denken wir daran, daß z. B. Stockenten (*Anas platyrhynchos*) auf dem Zug täglich Entfernungen von fast 500 km zurücklegen.

Nicht weniger bedeutsam ist die passive Verbreitung über den Verdauungstrakt. Dabei entfällt zwar die Gefahr der Austrocknung, bei Laichkrautsamen wurde sogar eine keimfördernde Wirkung festgestellt, andererseits kommt es aber zu einer mechanischen (Muskelmagen!), chemischen und thermischen Einwirkung auf die passierenden Formen. Amerikanische Untersuchungen bestätigen die erfolgreiche Darmpassage für eine repräsentative Auswahl von Süßwasseralgen bei verschiedenen Enten-, Rallen- und Limikolenarten. Hinsichtlich der Verweildauer im Magen-Darmtrakt gibt z. B. K. L. Atkinson bei der Stockente für Schwebesternchen (*Asterionella formosa*), Kamm- (*Fragilaria crotonensis*), Faden- (*Melosira*) und Moorkieselalgen (*Tabellaria flocculosa*) eine Zeit von 1 bis 22 Stunden an. Auch für Sporen, Samen und Früchte von Wasser- und Sumpfpflanzen liegen Angaben vor.

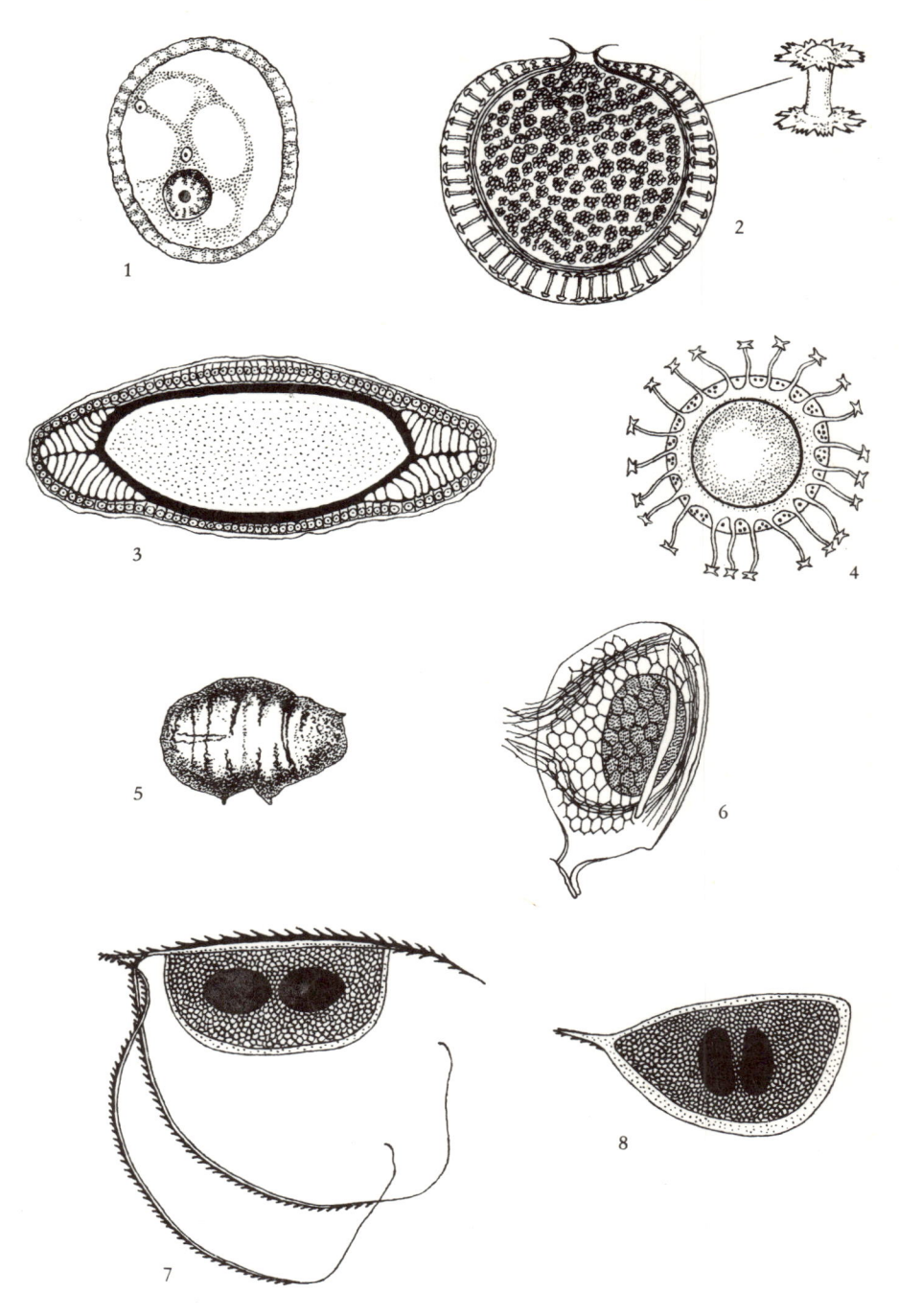

Über den Darmdurchgang tierischer Mikroorganismen und Dauerstadien existieren dagegen nur wenige experimentelle Untersuchungen. Sie zeigen vor allem, daß Ephippien bzw. Dauereier von Kleinkrebsen (*Triops cancriformis, Daphnia magna, Cypris pubera* u. a.) nach ihrer Abgabe über den Kot weiter lebensfähig sind. Wie aus Versuchen von A. Löffler hervorgeht, kann die Verlustrate hierbei ganz enorm sein. So wurden von einem Stockentenerpel nur 25 % der gefütterten *Cypris*-Eier, 10 % der *Triops*-Eier und mitunter 1 % der *Daphnia*-Ephippien unversehrt wieder ausgestoßen.

Vergessen wir schließlich nicht, uns selbst innerhalb dieses komplizierten und hier nur grob umrissenen Problemkreises einzuordnen, von dessen „Funktionieren" sich jeder an einem beliebigen temporären oder neu geschaffenen Gewässer, sei es nun ein Gartenteich oder ein aufgelassenes Tagebaurestloch, überzeugen kann. Unbewußt und bewußt ist auch der Mensch seit jeher an der Ausbreitung von Wasserorganismen beteiligt.

Wassertiere im Winter

Wer kennt nicht den Reiz und Zauber einer Wanderung durch die winterliche Landschaft. Losgelöst vom Lärm des Alltags wirkt hier die Ruhe besonders erholsam. Nur selten wird sie einmal von Vogelstimmen, sei es vom Ruf einer Krähe oder von dem im Weidengebüsch am Teichufer ungeachtet der Kälte singenden Zaunkönig („Schneekönig"; *Troglodytes troglodytes*) unterbrochen. Die Gewässer, sonst Konzentrationspunkte reichhaltigen, vielfältigen Lebens, mannigfaltig optisch und akustisch in Erscheinung tretend, sind von einer Eis- und Schneedecke überzogen und somit ganz der Farbmonotonie des Landschaftsbildes angepaßt.

Wie überwintern die zahllosen Wassertiere? Die meisten Vögel sind nach dem Süden gezogen, eine Binsenweisheit. Was tun aber z. B. die Kleinlebewesen, Schwämme, die verschiedensten Wasserinsekten und Amphibien?

Vor Beginn der kalten Jahreszeit suchen viele Schwimmwanzen, Rückenschwimmer, Ruderwanzen, Schwimm-, Wasserkäfer und andere flugfähige Wasserinsekten pflanzenreiche Teiche und Weiher auf, in denen auch im Winter günstige Sauerstoffverhältnisse gegeben sind. Solange noch Licht durch die Eisdecke dringt, läuft die Kohlensäureassimilation der Unterwasserpflanzen weiter. Atemluft ist daher keine Mangelware. Als Tankstellen dienen die zahlreichen sich unter der Eisdecke ansammelnden Sauerstoffblasen. In strengen Wintern können sich diese Verhältnisse durch den langfristigen Abschluß von der atmosphärischen Luft jedoch derart verschlechtern, daß es zu hohen Verlusten unter den hier überwinternden Insekten und übrigen Wassertieren kommt. Trotz einer solchen Extremsituation treten aber nicht in allen Gewässern derart ungünstige Lebensbedingungen auf. So sind Teiche mit ständigem Wasserdurchfluß in dieser Hinsicht weniger gefährdet.

Interessanterweise überwintern hin und wieder einander nahestehende Arten völlig unterschiedlich. Betrachten wir unter diesem Aspekt nur einmal die zu den bekanntesten und verbreitetsten Insekten stehender Gewässer zählenden Rückenschwimmer. Obwohl die einzelnen Arten der Gattung *Notonecta* in ihrer Lebensweise weitgehend übereinstimmen, liegen doch hinsichtlich der Eiablagezeit und weiterer Entwicklung unterschiedliche Verhältnisse vor, die sich dann zwangsläufig auch bei der Überwinterungsweise widerspiegeln. Die häufigste Art, der Gemeine Rückenschwimmer (*Notonecta glauca*), ebenso *N. obliqua* und *N. viridis* überwintern als Vollinsekt (Imago), *N. maculata* als Imago und Ei, *N. lutea* schließlich nur im Eistadium in Stengeln von Wasserpflanzen.

119. Beim Weidegang lockt der Tümpel zu einer kurzen Rast

120. Auwaldtümpel im Winter

121. Auwaldtümpel nach der Schneeschmelze

122.
Zu wenig
Beachtung wird
den durch schwere
Forstfahrzeuge
entstandenen,
wassergefüllten
Wagenspuren
geschenkt.
Vielerorts sind sie
die einzigen
Amphibienlaichplätze
und so Garanten
für den Fortbestand
der Amphibienfauna
des Gebietes

123. Die Weiden am Wiesentümpel sind im zeitigen Frühjahr wichtige Pollenspender für die Bienen

124. Das Gewässer ist ausgetrocknet, der Boden regelrecht aufgerissen. Ein für den Hitzesommer 1976 typisches Bild

Zwei typische Vertreter temporärer Gewässer:

125. Das breite grünlichbraune Rückenschild verbirgt den größten Teil des Körpers vom Schuppenschwanz *(Lepidurus apus)*. Daher scheinen Füße auf den ersten Blick zu fehlen (apus = fußlos)

126.
Im Gegensatz zu
Triops cancriformis
und *Lepidurus apus*
treten im
mitteleuropäischen
Raum bei
Siphonophanes
grubei beide
Geschlechter meist
zur gleichen Zeit
und annähernd in
gleicher Anzahl auf.
Weibchen (unten)
mit Bruttasche am
Hinterleibsanfang

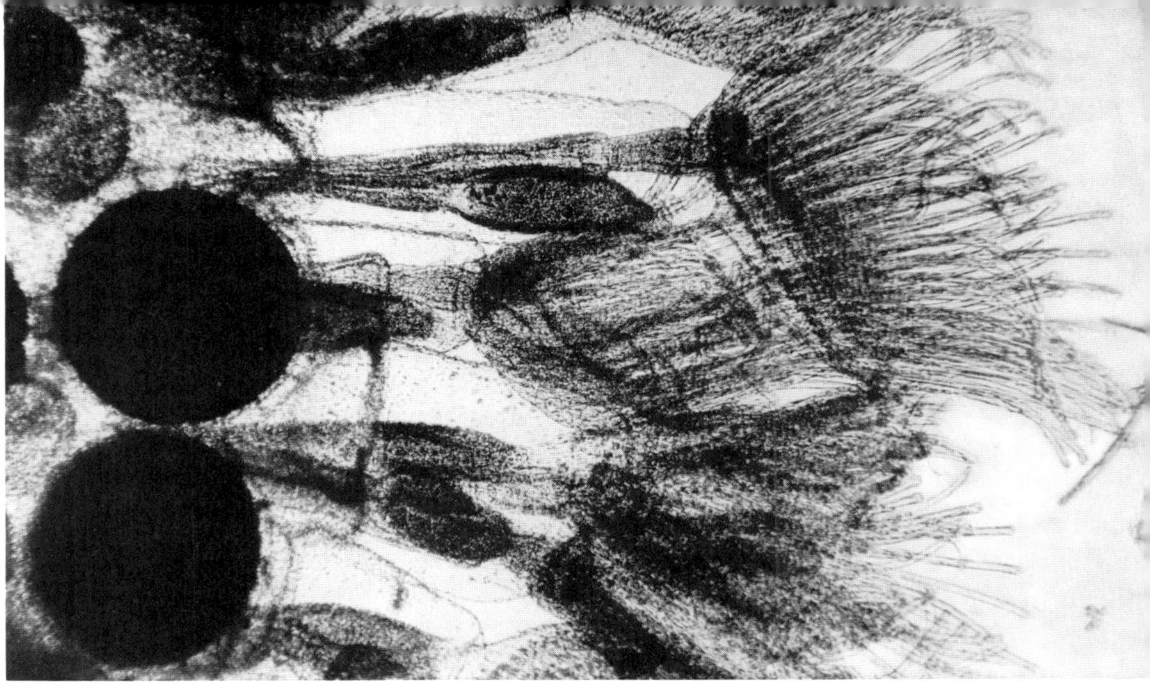

127. Moostierchen *(Cristatella mucedo)* mit ihren charakteristischen Dauerformen, den Statoblasten

128. Winterliche Teichlandschaft

129. Feldsteinhaufen. Regelmäßiges Winterquartier von Teichmolchen *(Triturus vulgaris)* und Rotbauchunken *(Bombina bombina)*

130. Mutungsstollen im Harz knietief mit Sickerwasser gefüllt. Jährlich überwintern hier am Stollenmund bis 15 m tief in den Stollen hinein Grasfrösche *(Rana temporaria)*

Mücken der Gattung *Aedes* legen ihre Eier im Gegensatz zu anderen Stechmückengattungen (z. B. *Culex, Anopheles*) stets außerhalb des Wassers ab. Da sich Stechmücken aber nur im Wasser entwickeln können, suchen die Weibchen mit erstaunlicher Sicherheit solche Stellen zur Eiablage auf, die später Wasser führen. Im Auwald sind es beispielsweise trockenliegende Tümpel und Gräben. Hier liegen dann die widerstandsfähigen Eier zwischen Laub oder im Gras den ganzen Herbst und Winter über, bis die Senken wieder Wasser führen. Sobald die zum Schlüpfen erforderliche Mindesttemperatur erreicht ist, tritt kurz danach in den Waldtümpeln die junge Mückenbrut auf.

Außerhalb des Wassers und im Eistadium überwintern auch unsere Binsenjungfern (*Lestes*-Arten), jene kleinen, metallisch grünen oder kupferfarbenen Libellen, die im Hochsommer überall an den Teichen vorkommen. Ihre länglich-ovalen Eier überdauern die kalte Jahreszeit in den „Eilogen" in Binsen, Seggen sowie anderen Wasser- und Sumpfpflanzen. Die Weibchen der Großen Binsenjungfer *(Lestes viridis)* bohren sie, im Gegensatz zu den übrigen *Lestes*-Arten, fast immer in die Zweige am Ufer stehender Sträucher und Bäume, vor allem von Weiden und Erlen, ein. Eigelege dieser Art überstanden im extrem kalten Winter 1928/29 sogar Kältegrade von minus 32 °C ohne Schaden.

Von den heimischen Libellenarten überwintern lediglich zwei, die Gemeine- *(Sympecma fusca)* und Sibirische Winterlibelle *(S. paedisca)*, als Vollinsekt im Zustand der Kältestarre irgendwo im Freien an einem geschützten Ort. Die anderen Formen sind spätestens den ersten Nachtfrösten zum Opfer gefallen. Unser Wissen über die Art und Weise der Überwinterung beider Arten, die wie die Binsenjungfern zur Familie der Teichjungfern (Lestidae) zählen, ist zweifellos unzureichend und geht hauptsächlich auf Beobachtungen in Gefangenschaft gehaltener Libellen zurück. Diese überwintern nicht in dem zum Verkriechen angebotenen Bodensubstrat aus Gras, Moos, Rindenstücken und Laub, sondern frei im Geäst hängend. Körper und Zweig bilden dabei einen Winkel von ungefähr 30°. Sie ertrugen im Versuch bis minus 17 °C.

Die meisten Libellenarten überwintern aber im Larvenstadium auf dem Gewässerboden. Hier finden wir auch Larven von Eintagsfliegen, verschiedenen Wasserkäfern, Köcherfliegen, „Wasserschmetterlingen" (s. S. 186), Zuckmücken und anderen Wasserinsekten. Egel, viele Schlamm- und Sumpfdeckelschnecken haben sich in den Schlamm eingegraben.

Es wäre allerdings ein Trugschluß anzunehmen, daß sich alle Wasserorganismen in einem weitgehenden Ruhe- oder lethargischen Zustand befinden würden. Zwischen den die Pflanzenreste überziehenden Kieselalgenrasen leben riesige Mengen von Einzellern. Neben Tausenden von Wurzelfüßern (Rhizopoda), vor allem durch Schalenamöben (Testacea), außerdem gehäuselose Nacktamöben (Amoebina) und Sonnentierchen (Heliozoa) vertreten, sind reichlich Wimpertierchen anzutreffen. Das nährstoffreiche Milieu bietet Pantoffel- *(Paramecium)*, Waffentierchen *(Stylonychia)*, den massenhaft auf faulenden Blättern vorkommenden Sumpfwürmern *(Spirostomum)*, farbenprächtigen Juwelentierchen *(Nassula ornata)*, deren Nahrungsvakuolen je nach Verdauungsgrad ihres Inhalts blaugrün, orangegelb, gelb, braun oder violett aussehen, sowie anderen Infusorien günstige Lebensbedingungen. Auch manche Ruderfüßer pflanzen sich ungeachtet der winterlichen Verhältnisse fort. Eiertragende Weibchen sind bei Netzfängen durchaus keine Seltenheit.

Andererseits treten viele Formen bereits seit dem Herbst nicht mehr oder nur noch selten auf. Es fehlt die überwiegende Mehrzahl der Wasserflöhe, die wie viele Rädertiere Kälte und Frost im Dauereistadium überstehen. Oft sammeln sich Massen von Daphnien-Ephippien in Ufernähe an. Diese an der Wasseroberfläche treibenden Dauerformen (vgl. Abb. 118) frieren im Eis ein, ohne daß dadurch ihre Lebensfähigkeit beeinträchtigt würde. Nach dem Auftauen schlüpfen aus ihnen im Frühjahr die anfangs ovalen, den Elterntieren aber sehr ähnlichen Jungen, die schnell geschlechtsreif werden und durch die enorme Reproduktionsrate bald wieder eine unübersehbare Fülle von Wasserflohformen und -rassen in den Gewässern schaffen.

Völlig verschwunden sind Süßwasserschwämme und Moostierchen. Ihre Dauerformen (Abb. 118), die sogenannten Gemmulae und Statoblasten (Abb. 127), dienen der Erhaltung aller Arten in der Winterperiode und außerdem, wie bei den Ephippien, auch ihrer Verbreitung. Die etwa 0,5 mm großen runden Gemmulae werden – gleich den Statoblasten der Moostierchen – in Mitteleuropa im Spätherbst gebildet, bei tropischen Formen vor Beginn der Trockenzeit. Im Inneren der festen und fast immer Skelettnadeln enthaltenden Sponginkapsel liegen undifferenzierte bewegliche Zellen (Archaeozyten), deren Plasma reichlich Reservestoffe enthält. Sie verlassen im Frühjahr durch einen Spalt die gelblich-bräunliche Kapsel und bauen einen neuen Schwammkörper auf.

Mit Anbruch der kalten Jahreszeit kommen besonders am Gewässerrand die linsenförmigen, chitinigen Statoblasten der Moostierchen vor. Unter der Lupe ist ein luftgefüllter Schwimmring zu erkennen, der vielfach Hakenfortsätze trägt. Neben diesen schwimmfähigen Statoblasten („Flottoblasten") bilden manche Arten noch am Substrat festklebende Dauerstadien („Sessoblasten") aus.

Wenn die Eisdecke klar und durchsichtig ist, kann man die zwischen den Wasserpflanzen und in Bodennähe stehenden Fische beobachten. Trotz ihrer stark verminderten Stoffwechseltätigkeit und Aktivität nehmen sie selbst bei niedrigsten Temperaturen noch in geringem Maß Nahrung auf. Untersuchungen des Magen-Darmkanals zeigten, daß z. B. ein- und zweisömmrige Karpfen bei 3 bis 4 °C verschiedenste Insektenlarven, kleine Krebstiere und verrottete Pflanzen gefressen hatten. Eine nicht gerade alltägliche Nahrung wurde bei der Sektion von Bachforellen (Salmo trutta fario) nachgewiesen, die aus einem kleinen, völlig zugefrorenen Gebirgsteich stammten. Mehrere ältere Forellen hatten ausgewachsene Grasfrösche (Rana temporaria) verzehrt. Durch diese ungewöhnliche Beute war ihr Darmtrakt maximal gedehnt, zum Teil reichten die Hinterextremitäten der Frösche noch in den Rachenraum hinein.

Die nach der Laichperiode an Land und oftmals weitab vom Gewässer lebenden Grasfrösche suchen zur Überwinterung in der Regel wieder das Wasser auf. Außer Teichen, Weihern, Gräben usw. dienen auch wasserreiche Höhlen, Stollen (Abb. 130) und Brunnenkammern als Winterquartier. Wie aus Freilandbeobachtungen und Mageninhaltsuntersuchungen hervorgeht, verhalten sich die Frösche während der Winterruhe ebenfalls nicht völlig passiv. Große Ansammlungen überwinternder Grasfrösche, die gelegentlich von Schlittschuhläufern unter dem Spiegeleis der Teiche festgestellt wurden, dürften jedoch der Vergangenheit angehören. Leider wird vielerorts ein erschreckender Rückgang dieser Art verzeichnet. Die Ursachen dafür sind sehr vielschichtig. Neben der Zerstörung geeigneter Lebensräume sei nur an die schädigende Wirkung der in der Landwirtschaft angewandten Biozide erinnert, denen die Frösche vor allem während ihres Landaufenthaltes sowohl direkt als auch über die Nahrungskette zunehmend ausgesetzt sind.

Auf dem Gewässerboden, oft im Schlamm eingegraben, überwintern auch die meisten Wasserfrösche, während unsere Molche, die schon im Laufe des

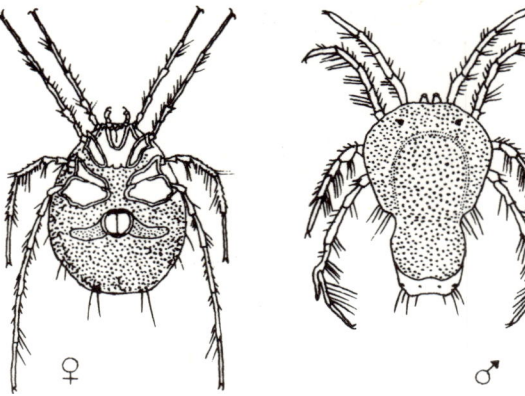

131.
Wassermilbe
Arrenurus globator.
Aus Engelhardt 1962

♀ ♂

Sommers das Wasser verlassen, in der Regel geeignete Verstecke an Land aufsuchen. So wurden z. B. einzelne Teich- *(Triturus vulgaris)* und Kammolche *(T. cristatus)* unter der Uferbefestigung von Teichdämmen gefunden. Kleinere Gruppen überwinterten in Erdhöhlen, unter Baumwurzeln, in modernden Baumstümpfen. Als regelrechtes Massenwinterquartier entpuppte sich ein verlassener Bau der Blutroten Raubameise *(Raptiformica sanguinea)*, der 200 Teich- und 60 Kammolche enthielt. Bemerkenswert ist auch ein Jahr für Jahr als Winterquartier dienender, etwa 1,50 m breiter und 1 m hoher Feldsteinhaufen (Abb. 129). Er liegt am Rand einer ehemaligen Sandgrube, die zwei Tümpel aufweist. Bei der Entdeckung dieses Überwinterungsortes wurden dort außer zahlreichen jungen Teichmolchen 15 adulte Exemplare, 10 Rotbauchunken *(Bombina bombina)*, 2 Knoblauchkröten *(Pelobates fuscus)* und 1 Kammmolch gefunden. Alle hatten die Augen geschlossen, waren starr und begannen sich erst, bedingt durch die Störung, träge zu bewegen. Je nach Witterung, Lage und Beschaffenheit des Winterquartiers liegen in der Hinsicht unterschiedliche Verhältnisse vor.

Gerade über diesen Abschnitt im Lebenszyklus der Wassertiere sind wir keineswegs so informiert, wie man es eigentlich erwarten sollte. Nicht nur die Physiologie, sondern auch die Ökologie der Überwinterung bietet eine Vielzahl ungelöster Probleme und damit Ansatzpunkte für jeden fachlich Interessierten, zur Klärung von Detailfragen beizutragen.

Kompliziertheit des Lebens

In der Uratmosphäre unserer Erde gab es den lebenswichtigen Sauerstoff noch nicht. Seine Bildung erfolgte zwar zuerst durch die Photodissoziation des Wassers, als Hauptquelle für die Produktion freien Sauerstoffs muß jedoch der Prozeß der Photosynthese angesehen werden. Anfangs waren es einfachste, später auch höhere Pflanzen, die die Fähigkeit zur Photosynthese entwickelten und somit Sauerstoff freisetzten. Der gegenläufige Prozeß ist der Sauerstoffverbrauch durch die Atmung der Organismen. Außerdem führen Abbauprozesse und chemische Verwitterung laufend zu Verlusten des freien Sauerstoffs. Bei der Atmung wird die im assimilatorisch erzeugten Material gebundene chemische Energie mit Kohlendioxid und Wasser als Nebenprodukten freigelegt.

Den photosynthetisch aktiven Organismen kommt demnach in der Natur eine doppelte Bedeutung zu. Sie produzieren erstens energiereiche organische Verbindungen und zweitens Sauerstoff, ohne den das Tierreich nicht existenzfähig wäre.

Wie unterschiedlich die Sauerstoffverhältnisse im Gewässer sein können, hatten wir schon erfahren. Die Löslichkeit eines Gases im Wasser hängt neben dem Druck vor allem von der Temperatur ab. So verringert sich mit steigender Temperatur die Sauerstofflöslichkeit. Bei normalem Druck ergeben sich beispielsweise folgende Werte (nach Schwoerbel 1977): $0\,°C = 69,5$ mg/l; $10\,°C = 53,7$ mg/l; $20\,°C = 43,3$ mg/l; $30\,°C = 35,9$ mg/l. Stehende Flachgewässer mit ihren durch die geringe Wassertiefe bedingten spezifischen Temperaturverhältnissen (s. S. 39) unterliegen damit naturgemäß besonders starken Schwankungen des Sauerstoffgehaltes. In Tümpeln wirkt sich diese Situation am krassesten aus. Da mit der Temperaturerhöhung und dem abnehmenden Sauerstoffgehalt aber gleichzeitig infolge des steigenden Energiebedarfs der Sauerstoffverbrauch der Tiere zunimmt, gestaltet sich für die Organismen die Lage noch ungünstiger.

Die energieliefernde Grundreaktion im Körper, die auf die „Verbrennung der Nahrung" durch Sauerstoff hinausläuft, ist letztlich die Knallgasreaktion. Bei ihr reagieren Sauer- und Wasserstoff zu Wasser ($2\,H_2 + O_2 \longrightarrow 2\,H_2O$). Pro Mol gebildeten Wassers werden 238 kJ (57 kcal) Energie frei. Allerdings verläuft diese Reaktion unter Vermittlung zahlreicher Enzyme des Zwischenstoffwechsels in vielen Teilreaktionen. Die so funktionierende „Atmungskette" als stufenweise Freisetzung der Energie ist eine einzigartige Leistung der Organismen. Ihr komplizierter Ablauf konnte von den Biochemikern erst in den letzten Jahren genauer erforscht werden. Treffend vergleicht man die Atmungskette mit einer Kaskade von Wasserkraftwerken an einem reißenden Strom. Ungezügelt würde sich diese Energie zerstörend auswirken.

Wenn wir nun der Frage nachgehen, wie die im Wasser lebenden Organismen das „Problem Sauerstoff" lösen, dann offenbart sich uns die ganze Breite der Atemmechanismen und diesbezüglichen Verhaltensweisen (vgl. Abb. 132).

Gerade die Wassertiere bieten eine fast unerschöpfliche Fülle von Möglichkeiten, biologische Struktur-Funktions-Verhältnisse zu verdeutlichen. Ein reiches Feld für einfache, komplizierte und zu schöpferischer Arbeit anregende Schüleraufgaben.

Beschränken wir uns auf einige Beispiele, die aber dennoch die Kompliziertheit dieser lebenswichtigen Problematik augenfällig skizzieren. Die kleinsten, namentlich die einzelligen Organismen verfügen über kein den höheren Wassertieren vergleichbares Rüstzeug zur Gewährleistung der Atmung. Der Sauerstoff gelangt hier auf direktem Weg (Diffusion) an die Zelle. Eine bessere Situation liegt bereits vor, wenn durch aktive Bewegung ein Ortswechsel möglich ist und sauerstoffreichere Wasserschichten aufgesucht werden können. Auch eine selbst erzeugte Wasserbewegung, die oft schon durch Ortsbewegungen zustandekommt, in erster Linie aber auf spezifische Ventilationseinrichtungen (Geißeln, Zilien, besondere Extremitätenanhänge usw.) zurückgeht, sichert eine günstigere Sauerstoffversorgung. Bewegung und Atmung sind besonders bei den niedersten Organismen meist eng miteinander verknüpft. Außerdem steht die Bewegung auch noch mit der Nahrungsaufnahme in Verbindung.

Im Laufe der Entwicklungsgeschichte erwies sich die für kleine Formen mit einer relativ großen Oberfläche durchaus genügende Hautatmung als nicht mehr ausreichend. Der intensivere Stoffwechsel, das durch die Größenzunahme veränderte Verhältnis Körpermasse/Oberfläche oder die einer Gasdiffusion durch die Körperoberfläche entgegenwirkende Ausbildung fester Schutzeinrichtungen (Chitinpanzer, Kalkschalen u. a.) erforderten neue Einrichtungen zur Lösung dieses Problems. Erst die besondere Differenzierung bestimmter Körperstellen für den Gasaustausch („Dünnwerden", verstärkte Durchblutung usw.) und der Transport über zirkulierende Körperflüssigkeiten ermöglichten den entwicklungsgeschichtlichen Fortschritt. Trotz der Herausbildung von Atmungsorganen blieb die ursprüngliche Hautatmung bis hinauf zu den hochentwickelten Organismen, einschließlich des Menschen, erhalten. Am größten ist ihre Bedeutung noch bei den Amphibien. So ersticken z. B. Frösche nach experimenteller Ausschaltung der Lungen zunächst nicht, bei geringem O_2-Bedarf (Kälte, Winterruhe) kann ausschließlich die Hautatmung ablaufen; manchen Schwanzlurchen fehlen Kiemen und Lungen, sie verfügen nur über eine Haut- und Mundhöhlenatmung.

Bereits bei verschiedenen Klassen der Wirbellosen finden wir mehr oder weniger gut ausgebildete Leitungsbahnen für Körperflüssigkeiten, die den Gastransport im Körper bewerkstelligen.

Als weitere Marksteine in der Entwicklung müssen das Auftreten geschlossener Kreisläufe und die Veränderung von Zellen, die sich für den O_2- und CO_2-Transport differenzierten, genannt werden.

Wir wollen hier bewußt auf eine Darstellung der sicher allseits bekannten Kiemen- und Lungenatmung der im und am Gewässer lebenden Wirbeltiere verzichten. Werfen wir dafür einen Blick auf den artenreichsten Stamm des Tierreichs, die Gliederfüßer (Arthropoda). Wie bewältigen die aquatilen Vertreter dieses Stammes, besonders die Wasserinsekten, den Gasaustausch? Eine ganze Reihe von ihnen nimmt den im Wasser gelösten Sauerstoff auf. Dies gilt vor allem für die durch Kiemen atmenden Krebse (Crustacea) und eine große Zahl Insektenlarven, die über mehr oder weniger auffällige „Tracheenkiemen" (Pseudobranchien) verfügen. Viele Insektenlarven decken ihren Sauerstoffbedarf in den ersten Jugendstadien durch Hautatmung. Manche behalten diese Atmungsform auch in späteren Stadien bei. Reine Hautatmer sind z. B. die uns schon bekannten glasartig durchsichtigen Larven der Büschelmücke (*Chaobo*-

132.
Atmung verschiedener
mehrzelliger Tiere
eines Flachgewässers.
Umgezeichnet und
kombiniert aus ver-
schiedenen Quellen.
Bei den Insekten
gibt es Arten, die zur
Atmung an die
Wasseroberfläche
kommen müssen
(z. B. *Dytiscus-*,
Eristalis-Larven),
solche mit abdomi-
nalen Tracheenkiemen
(*Ephemera*-Larven)
und schließlich
Formen mit Blut-
kiemen *(Chironomus)*.
Meist liegt neben
dem vorherrschenden
Atmungstyp auch
noch Oberflächen-
Atmung (z. B.
Haut-Atmung bei
Amphibien) vor

rus, Abb. 142). Vom Tracheensystem sind hier nur noch zwei luftgefüllte Tragblasenpaare übriggeblieben. Mit ihrer Hilfe schweben die Larven waagerecht
im Wasser. Durch Änderung des Luftinhaltes kann ein Sinken oder Steigen
bewirkt werden. Eine Funktion, die an die Schwimmblase der Fische erinnert.

Tracheenkiemen können in Form einfacher Fäden, als Büschel oder Blättchen
ausgebildet und gelegentlich sogar bei Puppen von Wasserinsekten vorhanden
sein. Es sind dünnwandige, reich mit Tracheen durchzogene Fortsätze, in denen
ein gewisser Unterdruck herrscht, so daß Sauerstoff aus dem umgebenden Wasser leicht in sie hineindiffundiert. Während die Tracheenkiemen bei den Larven
der Köcherfliegen (Trichoptera) durch den kunstvoll gebauten Köcher (s.
S. 206) geschützt und unseren Augen verborgen sind, lassen sie sich bei den
Larven der Eintagsfliegen (Ephemerida; vgl. Abb. 132) besonders gut beobachten. Rasche Bewegungen der Kiemenblättchen können ständig für eine Zufuhr
frischen Atemwassers sorgen. Eine wahrlich nicht alltägliche Atmungsform
weisen Libellenlarven auf. In ihrem Enddarm befinden sich „Darmtracheen-
kiemen", die das notwendige Atemwasser über den After erhalten. Durch regelmäßige Bewegungen der Enddarmmuskulatur (mitunter auch der Hinter-
leibsmuskulatur) wird es zu- und abgeführt, wobei die Atemfrequenz entsprechend dem Sauerstoffgehalt des Wassers regulierbar ist. Bei den Larven der
Großlibellen (Anisoptera) kommt zur Verdauungs- und Atmungsfunktion des
Enddarms noch eine weitere Aufgabe hinzu. Er steht im Dienst der Fortbewegung! Das Atemwasser wird ruckartig und kräftig ausgestoßen. Dadurch bewegt sich die Larve nach dem Rückstoßprinzip vorwärts.

Sehr viele Wasserbewohner hängen völlig von der Aufnahme atmosphärischer Luft ab und müssen daher zeitweilig an die Wasseroberfläche kommen.
Ihre gesamte Körperoberfläche oder wenigstens bestimmte Bereiche sind unbenetzbar (hydrophob), so daß beim Luftholen die Verbindung zur Atmosphäre
reibungslos funktioniert. Weit mehr als die Wasserspinne *(Argyroneta aquatica)*
oder Insektenlarven fallen Wasserwanzen und -käfer auf, wenn sie an der
Wasseroberfläche Luft schöpfen. Der Gelbrand *(Dytiscus marginalis)* nimmt
dabei eine Schräglage ein und durchstößt mit der Hinterleibsspitze (Abb. 134)
das Oberflächenhäutchen. Über die beiden letzten Stigmenpaare (Atemöffnungen) des Hinterleibs wird das Tracheensystem durchlüftet, und der Raum
zwischen Flügeldecken und Hinterleib füllt sich mit Luft. Der so angelegte
Luftvorrat wirkt in einzigartiger Weise als „physikalische Kieme", über die ein
Gasaustausch mit dem Wasser erfolgt. Dadurch ist der Käfer weitaus längere
Zeit unter Wasser funktionsfähig. Ein unter anderem für die Überwinterung
lebenswichtiger Aspekt. Im einzelnen wird dieser durch Diffusion bedingte
Vorgang noch am Beispiel der Wasserspinne erläutert.

Beim Großen Schwarzen Kolbenwasserkäfer *(Hydrous piceus)* stoßen wir
auf eine andere Atemtechnik. Die Luftaufnahme erfolgt hier mit Hilfe der
dafür spezialisierten Antennen. Sie ergeben in einer bestimmten Haltung eine
Art Halbrinne, in der die Luft über eine beiderseits des Kopfes durch Haar-
säume gebildete Rinne auf die Rücken-, vor allem aber die Bauchseite (Abb.
135) geleitet wird. Wiederum anders atmen Wasserskorpione *(Nepa cinerea*,
Abb. 133) und Stabwanzen *(Ranatra linearis)*. Sie nehmen mit einer oft körper-
langen, vom Hinterleibsende ausgehenden Atemröhre Luft auf. So verfahren
auch die in Afrika, Indien und Amerika verbreiteten Riesenwasserwanzen
(Belostomatidae). Vom Grundprinzip her gleichartig, aber weitaus komplizierter gebaut ist das lange Atemrohr der *Eristalis*-Larven, das ihnen den Namen
„Rattenschwanzlarve" einbrachte. Dieser aus drei Teilen bestehende und wie
ein Fernrohr ausziehbare „Schnorchel" kann je nach dem aktuellen Wasserstand

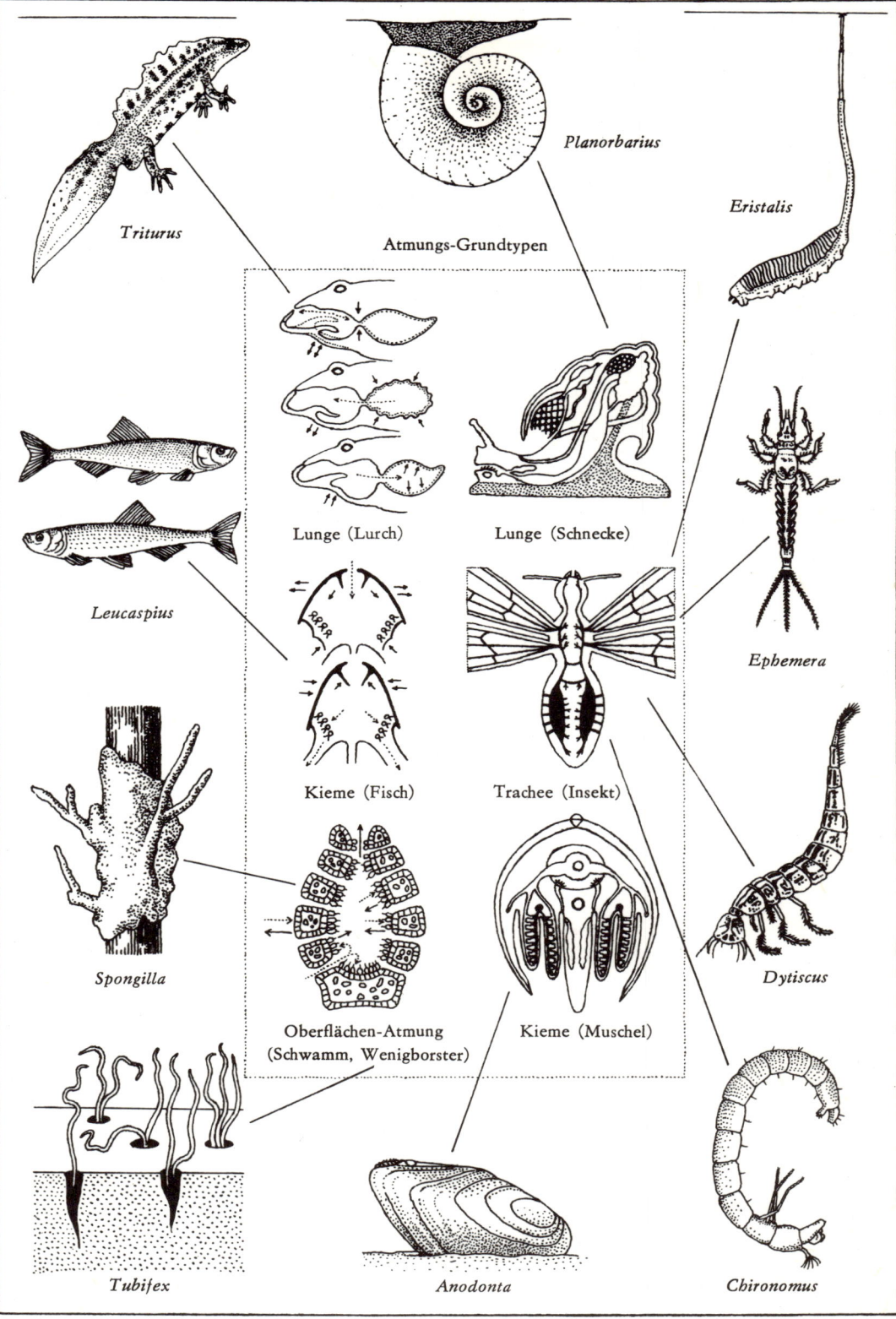

Triturus

Planorbarius

Atmungs-Grundtypen

Eristalis

Lunge (Lurch)

Lunge (Schnecke)

Leucaspius

Kieme (Fisch)

Ephemera

Trachee (Insekt)

Spongilla

Oberflächen-Atmung
(Schwamm, Wenigborster)

Kieme (Muschel)

Dytiscus

Tubifex

Anodonta

Chironomus

verkürzt oder bis zu seiner Maximallänge von etwa 10 cm ausgefahren werden.

Noch ungewöhnlicher ist die Atemform der Schilfkäfer-Larven *(Donacia)*. Sie besitzen am Körperende zwei kräftige Analdornen. Mit ihnen bohren sie Stengel oder Wurzeln von Wasserpflanzen an und pumpen über die an der Basis der Dornen befindlichen Stigmen Luft aus den luftgefüllten Bahnen der Pflanze in das Tracheensystem. Auch die Puppen decken ihren Sauerstoffbedarf als „Luftdiebe" aus dem Interzellularsystem der Nährpflanze. Über zwei Löcher im Kokon diffundiert stets Sauerstoff aus der Pflanze in ihn hinein.

Die Reihe der Atmungsmöglichkeiten ließe sich beliebig fortsetzen. Es ist eigentlich überflüssig zu betonen, daß auch bei den Weichtieren (Mollusca), dem zweitgrößten Stamm des Tierreiches, viele interessante Lösungswege des Atmungsproblems existieren. Einen ersten Eindruck vermitteln schon die in Teich und Weiher häufigen und auffallenden Kiemen- *(Viviparus viviparus, V. contectus* usw.) und Lungenschnecken (z. B. *Lymnaea stagnalis, Planorbarius corneus;* Abb. 28). Reizvoller als eine breitgefächerte, auf weitere Taxa ausgedehnte Betrachtung erscheint ein Blick ins Detail. Die Kompliziertheit des Sauerstoffproblems an einem ausgewählten Wassertier näher zu betrachten, dies ist das Ziel der anschließenden Ausführungen.

Das Urmodell der Taucherglocke

Spinnen, eine Tiergruppe, der viele aus Unkenntnis sprichwörtlich „spinnefeind" sind, von der Hausfrau meist mit Schrecken entdeckt, verfolgt und oft falsch dargestellt, zeichnen sich, wie nicht zuletzt „Sterns Stunde" Millionen Fernsehzuschauern eindrucksvoll demonstrierte, durch eine Vielzahl bemerkenswerter Leistungen und Verhaltensweisen aus.

Einmalig für Spinnen ist die Lebensweise der Wasserspinne, *Argyroneta aquatica*, die sich als einzige der etwa 30 000 Webespinnenarten (Araneae) zeitlebens unter Wasser aufhält. Eine echte Spinne als Aquanaut! Stimulanz und Anlaß genug für Beobachtungen und Untersuchungen. So überrascht es nicht, daß bereits aus dem Jahre 1749 eine kleine Abhandlung über ihre Lebensweise vorliegt (Abb. 137). Ihr Autor, der Abbé De Lignac, erkannte die silberglänzende Schicht, die den Körper umgibt und auch für den wissenschaftlichen Namen Pate stand *(Argyroneta* = Silbergesponnen), zurecht als eine Lufthülle. Erst durch diese am Körper unter Wasser gerissene atmosphärische Luft ist der Spinne, wie wir sehen werden, das Leben als Unterwasserlufttier möglich.

Wie wird nun die Lufthülle im Haarkleid der Spinne festgehalten? Diese Kernfrage stand lange im Brennpunkt des wissenschaftlichen Meinungsstreites. Anfangs nahm man an, eine von der Spinne ausgeschwitzte Fett- oder Firnisschicht bindet die Lufthülle an den Körper. Nachdem sich zeigte, daß ein mit Äther entfetteter Hinterleib trotzdem die Luft hält, wurde versucht, dieses Phänomen anderweitig zu erklären. Es entstand die Gespinsthypothese. Danach sollte die Lufthülle durch ein feines Gespinst festgehalten werden. Unter dem Binokular ergaben sich jedoch dafür selbst bei starker Vergrößerung keine Anhaltspunkte. Schließlich erkannte man, daß allein das dichte, spezifisch differenzierte Haarkleid aus rein physikalisch-mechanischen Gründen für das Haften der Lufthülle verantwortlich ist. Bei näherer Betrachtung lassen sich deutlich zwei jeweils gefiederte Haartypen (vgl. Abb. 138) unterscheiden, kürzere Haare, die klar überwiegen und etwa zwei Drittel der Körperbehaarung stellen, und längere, weniger gefiederte „Pfeilerhaare". Im Labyrinth der zahllosen Räume des kürzeren „Unterpelzes" wird die Luft durch Adhäsion festgehalten. Die größeren Haare haben eine andere Funktion. Sie stützen die Wasserhaut

133. Mit Hilfe seines langen, zweiteiligen Atemrohres holt der Wasserskorpion *(Nepa cinerea)* an der Wasseroberfläche Luft

134.
Gelbrand
(*Dytiscus
margi-
nalis*)
beim
Luft-
holen

135. Beim imposanten Großen Schwarzen Kolbenwasserkäfer *(Hydrous piceus)* hebt sich der Luftvorrat auf der Bauchseite durch seinen silbrigen Glanz besonders kontrastreich ab

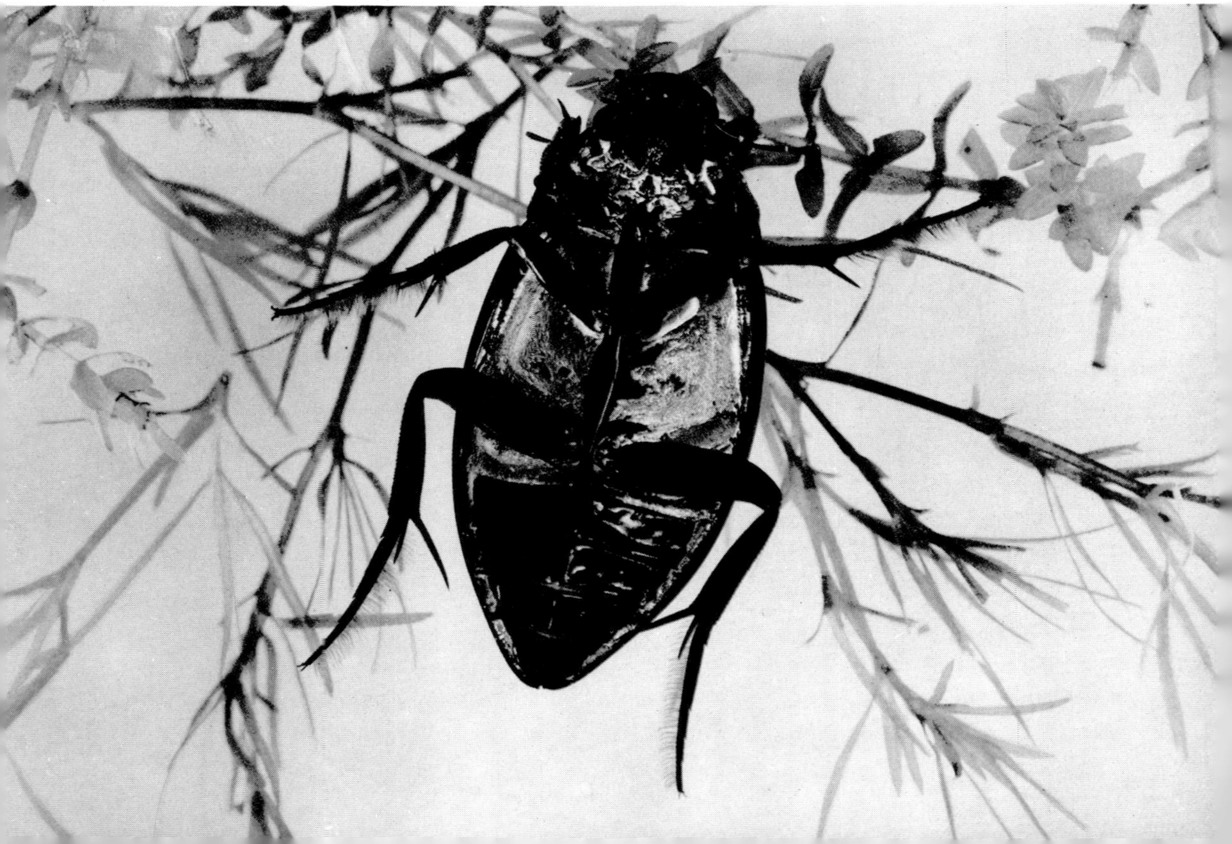

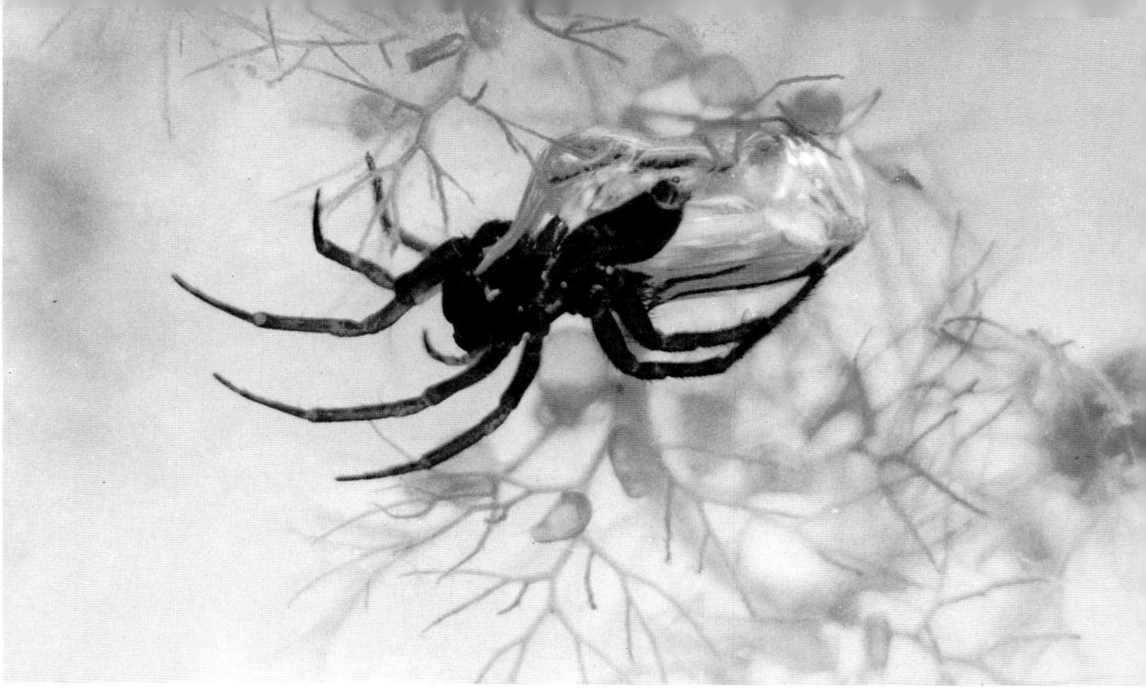

136. Eine Spinne, die im Wasser lebt! *Argyroneta aquatica* (Wasserspinne) mit ihrer Taucherglocke, die das Aquanauten-Dasein ermöglicht

137. Die erste Schrift über die Wasserspinne von Joseph-Albert le Large de Lignac, aus dem Jahr 1749

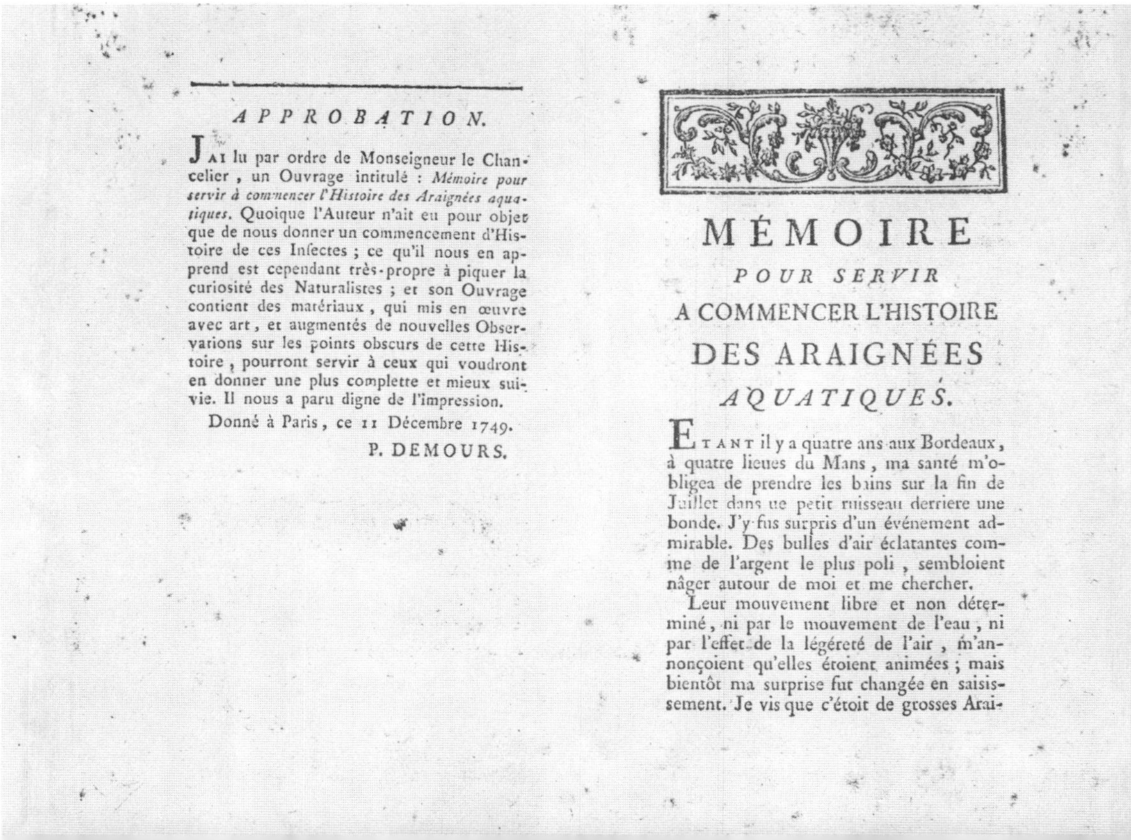

APPROBATION.

J AI lu par ordre de Monseigneur le Chancelier, un Ouvrage intitulé : *Mémoire pour servir à commencer l'Histoire des Araignées aquatiques.* Quoique l'Auteur n'ait eu pour objet que de nous donner un commencement d'Histoire de ces Insectes ; ce qu'il nous en apprend est cependant très-propre à piquer la curiosité des Naturalistes ; et son Ouvrage contient des matériaux, qui mis en œuvre avec art, et augmentés de nouvelles Observations sur les points obscurs de cette Histoire, pourront servir à ceux qui voudront en donner une plus complete et mieux suivie. Il nous a paru digne de l'impression.

Donné à Paris, ce 11 Décembre 1749.

P. DEMOURS.

MÉMOIRE
POUR SERVIR
A COMMENCER L'HISTOIRE
DES ARAIGNÉES
AQUATIQUES.

E TANT il y a quatre ans aux Bordeaux, à quatre lieues du Mans, ma santé m'obligea de prendre les bains sur la fin de Juillet dans ue petit ruisseau derrière une bonde. J'y fus surpris d'un événement admirable. Des bulles d'air éclatantes comme de l'argent le plus poli, sembloient nâger autour de moi et me chercher.

Leur mouvement libre et non déterminé, ni par le mouvement de l'eau, ni par l'effet de la légéreté de l'air, m'annonçoient qu'elles étoient animées ; mais bientôt ma surprise fut changée en saisissement. Je vis que c'étoit de grosses Arai-

138. Rasterelektronenmikroskopische Aufnahme eines Details der Rückenhaut von *Argyroneta aquatica*. In der starken Vergrößerung (etwa 6 600 x) stehen die Körper- und Pfeilerhaare weit auseinander

139. Kein ungewöhnlicher Vorgang in der Natur, ein Wirbeltier (Molch) wird von einem Wirbellosen (Gelbrand) gefressen

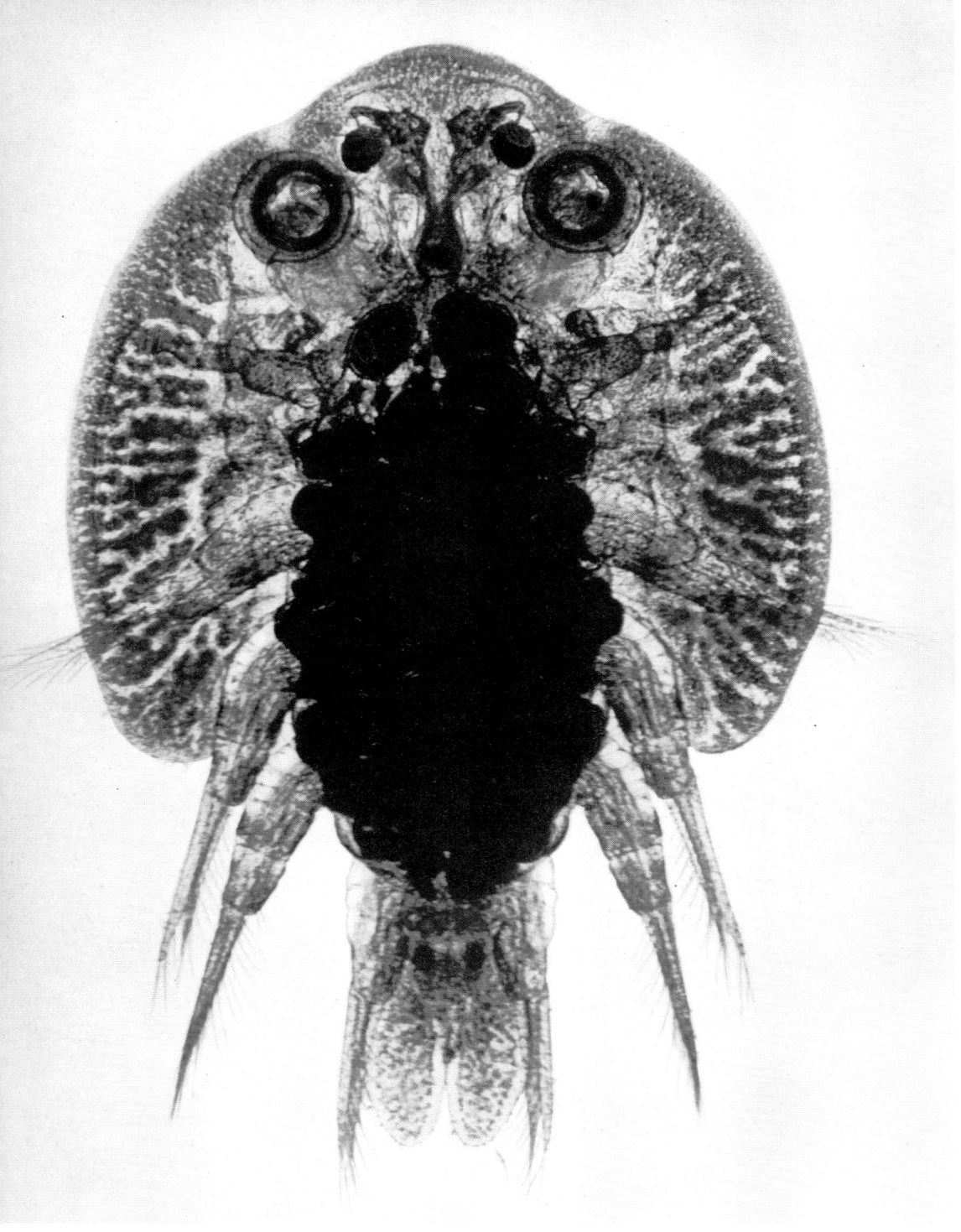

140. Weit verbreiteter temporärer Fischparasit, die Karpfenlaus *(Argulus foliaceus)*, ein bis 8,5 mm langer „niederer"
Krebs

141. Ein seltener Fund, die Süßwassermeduse *Craspedacusta sowerbyi*

142. Die Larve der Büschelmücke *(Chaoborus)* kommt nahezu in jedem Tümpel, aber auch im Zooplankton der
Seen vor

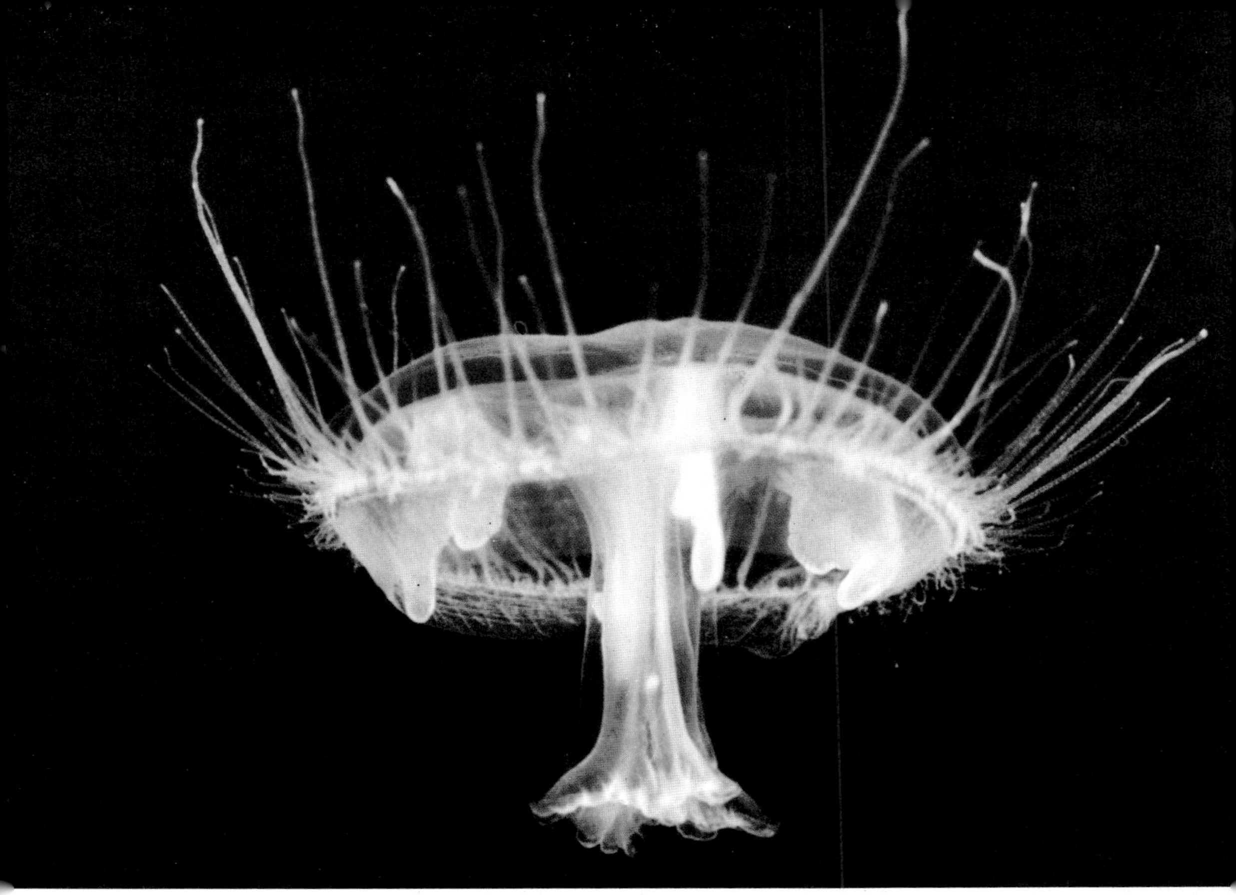

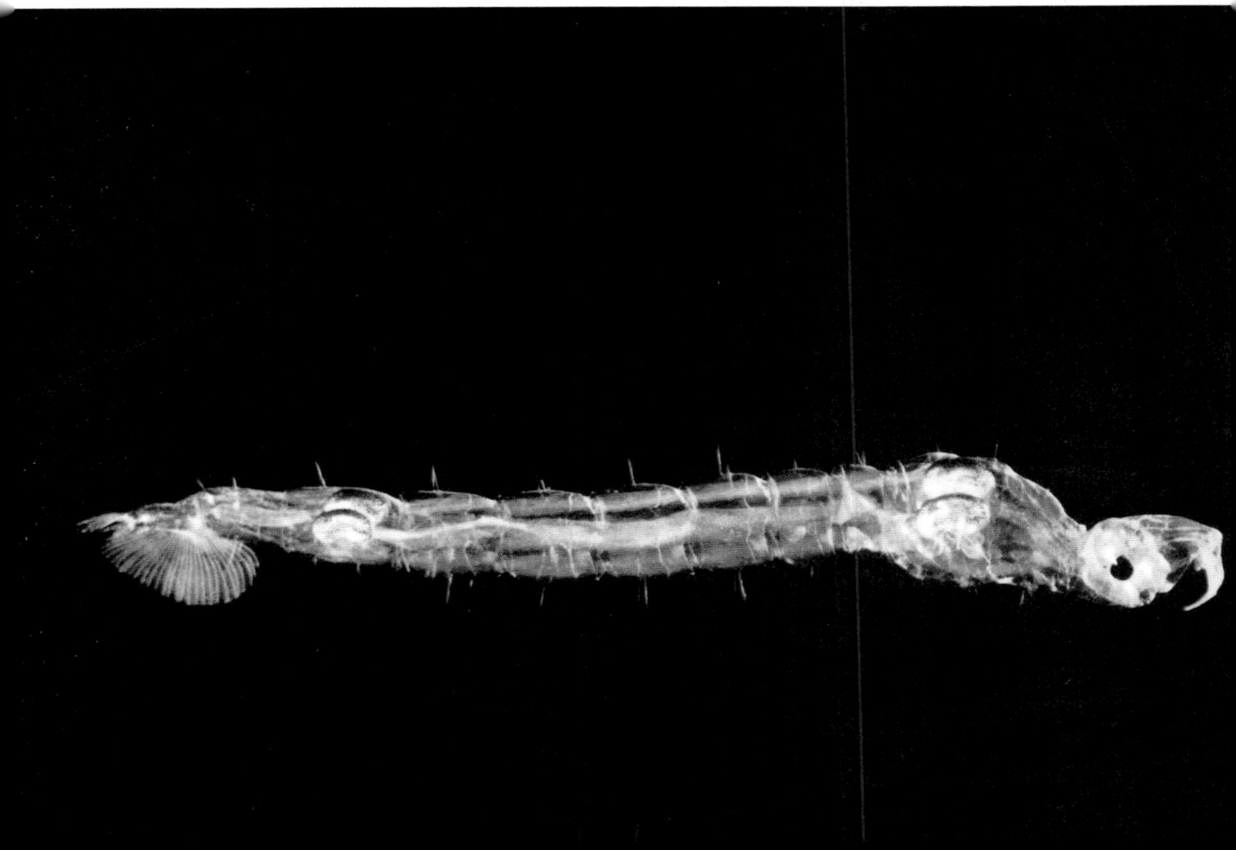

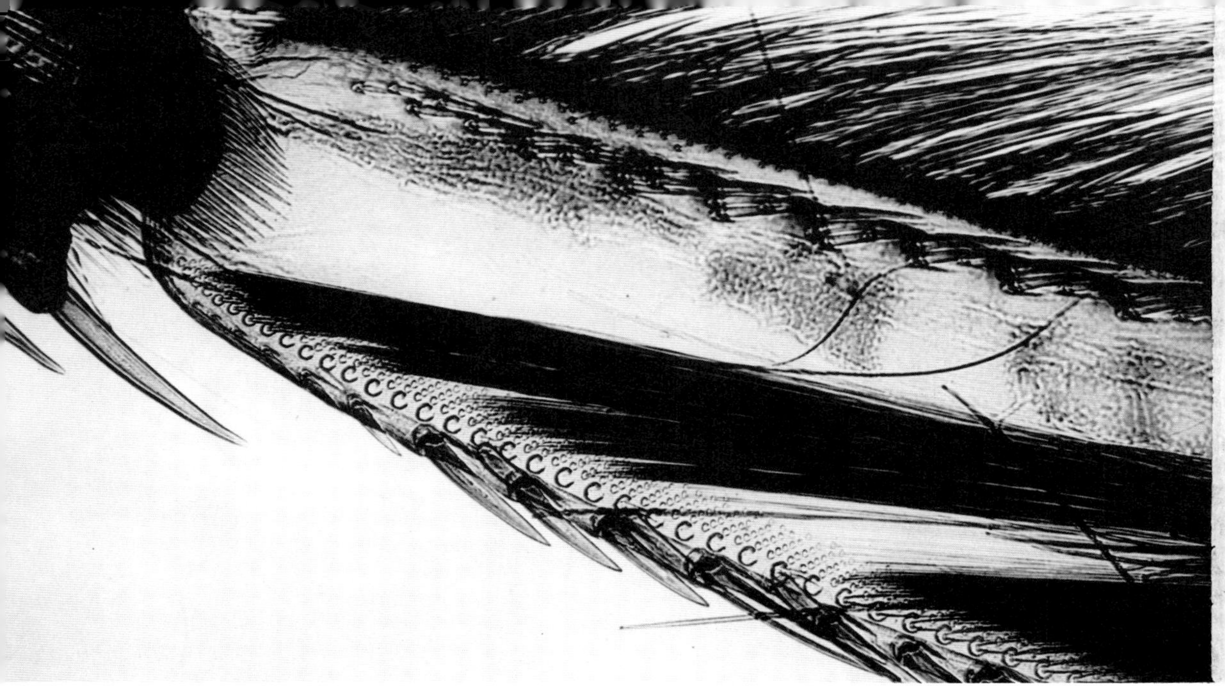

143. Anordnung der Schwimmhaare auf dem Bein der Ruderwanze *Corixa punctata*. Mikrofoto

144. Kaum beachtet und nur selten fotografiert, die Wasserspitzmaus *(Neomys fodiens)*. Sie ist ein gewandter Schwimmer und Taucher

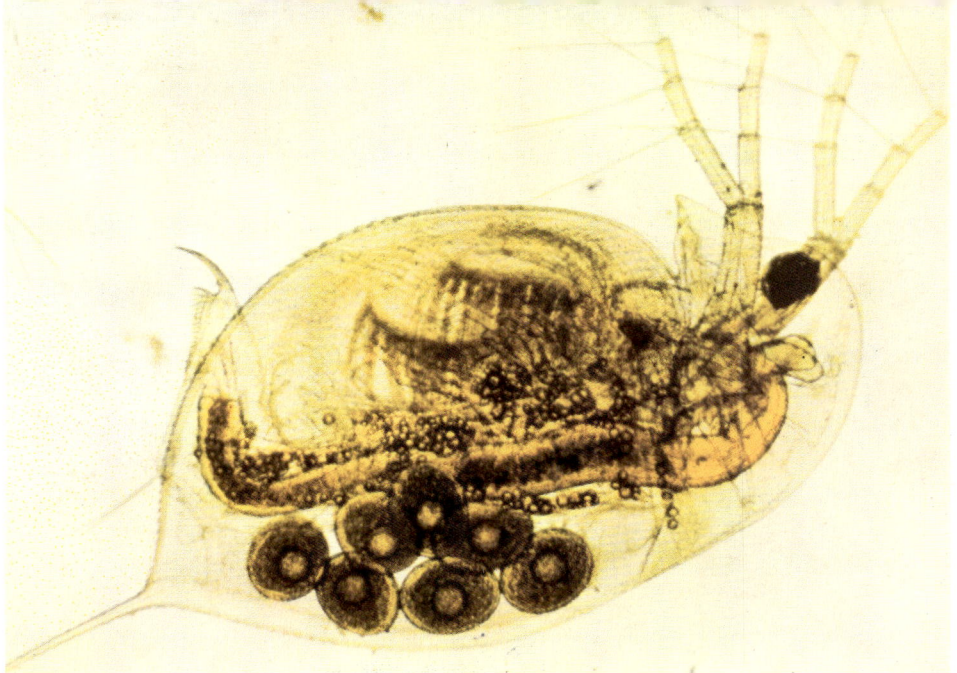

145. Weibchen der weitgehend durchsichtigen Wasserflohart *Daphnia hyalina* mit Sommer- oder Subitaneiern im dorsalen Brutraum. Nat. Gr. 1 bis 3 mm

146. Der Medizinische Blutegel *(Hirudo medicinalis)* ist verbreiteter, als vielfach angenommen wird. Sein dunkelgrüner Rücken weist 6 rotgelbe oder braune Streifen auf, die oft von schwarzen Flecken unterbrochen werden. Die Färbung variiert allerdings sehr

147. Die Wasserschlaucharten *(Utricularia)* gehören zu den fleischfressenden Wasserpflanzen. Im Juni/August schicken diese submersen Pflanzen ihre langstieligen Blütenstände über den Wasserspiegel

148. Der komplizierte Fangvorgang wird ausgelöst, wenn z. B. ein Muschelkrebs oder Wasserfloh gegen die auf der Fangblasenklappe stehenden Haare stößt

149. In der Uferzone wächst der Ästige Igelkolben *(Sparganium erectum)*. Der Gattungsname geht auf die igel-
ähnlichen Fruchtstände zurück

150. Männchen der Geburtshelferkröte *(Alytes obstetricans)*. Aus den um die Schenkel der Hinterbeine geschlunge-
nen Laichschnüren sind die meisten Larven bereits geschlüpft

151. Eigenartig mutet der „Unkenreflex" an. Die bedrohte Gelbbauchunke *(Bombina variegata)* biegt dabei ihren
Kopf nach oben, Hinter- und Vorderbeine werden über den gekrümmten Rücken emporgestreckt. Dadurch
treten die hellen Bauchseiten und gelben Hand- und Fußflächen deutlich hervor. In manchen Fällen wirft sie
sich in dieser Abwehrstellung auf den Rücken

wie Pfeiler vom Körper ab. Da diese Grenzschicht gleichsam nadelkissenartig von vielen Pfeilerhaaren getragen wird, kann sie dem Wasserdruck standhalten. An den „Pfeilerspitzen" beult sich durch den Druck die Wasserhaut lediglich leicht aus. Wie schon ältere Untersuchungen richtig vermerkten, ist die Lufthülle demnach nicht glatt, sondern an sehr vielen Stellen etwas gebuckelt.

Erwähnt sei noch, daß die Pfeilerhaare im Gegensatz zum ersten Haartyp recht unterschiedlich lang sind. Wie man bereits mit der Lupe sehen kann, stehen die längsten Haare auf der Bauchseite, vor allem im Bereich der Atemöffnungen. Damit wird zugleich verständlich, warum die Lufthülle dort am stärksten ausgebildet ist. Dieses mächtige bauchseitige Luftkissen bedingt auch die charakteristische Rückenlage der Spinne beim Schwimmen. Der daraus entstehende Auftrieb läßt der Spinne hinsichtlich der Schwimmstellung praktisch keine andere Wahl. Nur in der Rückenlage kann sie durch einen nach rückwärts und oben gerichteten Beinschlag Auftrieb und Wasserwiderstand erfolgreich entgegenwirken. Allerdings ist das Schwimmvermögen, offenbar wegen der unzureichenden Anpassung der Extremitäten an das Schwimmen, nicht besonders gut entwickelt.

In jüngster Zeit wurde die Haut von *Argyroneta* auch mit dem Elektronenmikroskop untersucht. Dabei gelang es, eine starke Lamellierung der Haut nachzuweisen, die in so ausgeprägter Form bei anderen Spinnenarten noch nicht beobachtet worden war. E. Kullmann und H. Stern vermuten diesbezüglich, daß die Lamellierung möglicherweise „eine bisher nicht beachtete Rolle in der Lufthaltetechnik von *Argyroneta aquatica* spielen könne". Zweifellos ein Aspekt, der die Diskussion zu diesem Problem erneut entfachen dürfte.

Wäre die Wasserspinne nun einzig und allein auf die in ihrem Haarkleid festgehaltene Luft angewiesen, dann müßte sie zum Tanken der notwendigen Atemluft häufig zur Wasseroberfläche emporsteigen. Solche Verhältnisse sind uns ja von verschiedenen Wasserinsekten, z. B. von Gelbrand (*Dytiscus marginalis*), Kolbenwasserkäfer (*Hydrous*) und Rückenschwimmer (*Notonecta*), gut bekannt, die einen bestimmten Luftvorrat bei sich führen und aus diesem entsprechend Luft schöpfen. Andererseits können sich auch andere Spinnenarten – wenngleich nur zeitweilig – unter Wasser aufhalten. Am populärsten sind vielleicht hier die zu den Wolfsspinnen (Lycosidae) zählenden Wasserjäger (*Pirata*). Man kann sie auf der Wasseroberfläche der stehenden Gewässer bei der Jagd nach kleinen Insekten beobachten. Bei Gefahr tauchen sie dann oft unter Wasser.

Alle diese Arten übertrifft die Wasserspinne dadurch, daß sie unter Wasser Luftglocken (Luftreservoire; vgl. Abb. 136) anlegt. Sicher sind es ebensolche Wunderwerke, wie die zwischen Halmen, Zweigen oder Ästen ausgespannten Radnetze der Kreuzspinnen (Araneidae). Erst die Luftglocke schafft die Voraussetzung zum dauernden Wasseraufenthalt. Sie gewährleistet nicht nur die Sauerstoffversorgung, sondern bietet gleichzeitig die Grundlage dafür, daß Ernährung, Häutung, Paarung und Eiablage an der Luft erfolgen können, obgleich *Argyroneta* im Wasser lebt. Damit erklärt sich auch die geringe morphologische Abweichung von den an Land lebenden Spinnenarten. Die Luftglocke der Wasserspinne, das Urmodell der Taucherglocke! Für die jüngere Generation vermutlich ein wenig geläufiger Begriff. Beim Filmfreund weckt er vielleicht Erinnerungen an die schwierige Arbeit im „Caisson", einem Senkkasten ohne Boden, aus dem das Wasser durch Preßluft herausgedrückt wird und der so als Unterwasserarbeitsraum dient.

Verfolgen wir einmal den Bau einer solchen Luftglocke. Ihren Werdegang kann man im Aquarium gut beobachten. Im dichten Pflanzengewirr entsteht zunächst ein lockeres, ziemlich waagerechtes oder gering gewölbtes Gewebe, die Dachkonstruktion. Wenn diese fertig ist, steigt die Spinne empor, um Luft zu holen. Hat sie die Wasseroberfläche erreicht und mit den Spitzen ihrer Vorderbeine getastet, wird durch eine Körperdrehung um 180° der Hinterleib nach oben gestreckt und eine charakteristische Beinhaltung eingenommen. Das Hinterleibsende ragt dabei aus dem Wasser heraus. Natürlich muß zur Erneuerung der Lufthülle die Wasser-Luftgrenze zerrissen werden, ein Vorgang, der wegen der zu überwindenden Oberflächenspannung durchaus nicht immer auf Anhieb glückt. Am besten gelingt dies zwischen den Spinnwarzen, da die Lamelle dort relativ großflächig und durch entsprechende Spreizbewegungen der Warzen dünn und somit leichter zerreißbar gestaltet werden kann. Durch Emporschnellen der kreuzweise über Bauch und Rücken eingebogenen Hinterbeine wird dann eine größere Luftmenge als sonst üblich „abgeschnitten" und mit abwärts genommen. Dieses erste Luftquantum bringt die Spinne unter die Dachkonstruktion und spinnt es dort – noch mit der Hinterleibsluft verbunden – von innen an. Die Luft haftet sehr fest, erst nach einem starken Ruck löst sie sich vom Spinnenkörper. Wiederholtes Luftholen vergrößert die Luftmenge zusehends. Zwischendurch spinnt *Argyroneta* das Innere der von oben nach unten wachsenden Glocke weiter aus und legt neue (sekundäre) Haltefäden an. Die Luftglocke entsteht also etappenweise. Ihre Form unterliegt keinem festen Schema, zwischen Schilfrohr ist sie natürlich anders als in einer dichten Fadenalgenschicht.

Dem steht nicht entgegen, daß für verschiedene Lebensvorgänge sogar bestimmte Glockentypen angelegt werden. Oft baut die Spinne ihre bisher bewohnte Glocke lediglich um. So kann beispielsweise eine günstig liegende Wohn- oder Sommerglocke, die den Normaltyp repräsentiert, durch stärkeres Ausspinnen, Vergrößerung, bessere Befestigung und Einziehen einer horizontalen Gespinstscheidewand in eine Eiglocke umgewandelt werden. Im oberen Raum ist der Kokon mit etwa 20 bis 100 Eiern deponiert, darunter sitzt das Weibchen, das Wache hält und für Lufterneuerung sorgt. Noch häufiger als Wohnglocken sind Ernährungsglocken, in denen die gerade gefangene Beute, Wasserasseln *(Asellus aquaticus)*, Hüpferlinge, Wasserflöhe, Insektenlarven usw., verzehrt wird. Einzig für diesen Zweck angelegt, erweisen sie sich allerdings meist als sehr kurzlebig und verlieren rasch ihre Luft. Weiterhin gibt es kleine walzenförmige Spermaglocken, wo die Männchen auf einem Querband Samenflüssigkeit absetzen und diese anschließend mit den Tastern (zwecks Spermaübertragung) abtupfen, sowie Häutungs- und Winterglocken.

Zur Überwinterung suchen vor allem junge Wasserspinnen auch leere, am Gewässerboden liegende Schneckenschalen auf. Nach verschiedenen Untersuchungen werden Gehäuse von Spitzhornschnecken *(Lymnaea stagnalis)* bevorzugt bezogen. Durch die eingetragene Luft steigen diese zwangsläufig zur Wasseroberfläche auf, wo sie dann, ohne daß die Spinnen Schaden nehmen, einfrieren.

Betrachten wir noch einige unumgängliche atmungsphysiologische Fragen. Zum Verständnis der Lebensweise von *Argyroneta* ist es wichtig zu wissen, daß Lufthülle und Glocke als „physikalische Kieme" wirken. Die Vermutung, in der Glocke würde der gleiche Sauerstoffgehalt wie in der Atmosphäre (20,9 %) vorliegen, erwies sich als falsch. Analysen ergaben für den Sommer einen O_2-Gehalt von etwa 6 bis 10 %, im Winter lag er bei etwa 17 %. Demnach sinkt der O_2-Gehalt der eingebrachten Luft im Sommer schnell ab, der höhere Prozentsatz im Winter dürfte vor allem auf die Aktivitätsminderung der Spinnen zurückgehen.

Sowohl in der Glocke als auch in der Lufthülle erfolgt ein Diffusionsaustausch zwischen dem ausgeatmeten CO_2 und dem im Wasser gebundenen O_2. Das CO_2 diffundiert dabei vollständig in das kohlensäurearme Wasser. Die Diffusionsgeschwindigkeit von O_2 in die Glocke bzw. die Lufthülle ist selbstverständlich vom Diffusionsgefälle zwischen diesen Luftspeichern und dem Wasser abhängig. Günstigenfalls dürften sich O_2-Verbrauch und -Erneuerung durch Diffusion etwa ausgleichen.

Welche Erklärung gibt es dann für die letztlich schon von De Lignac beschriebene Tatsache, daß Glocken mit darin lebenden Wasserspinnen allmählich kleiner werden? Wie oben erwähnt, wird das anfallende CO_2 sofort vom Wasser aufgenommen. Die langsame Verminderung des O_2-Gehaltes führt zu einer entsprechenden Zunahme des Stickstoffanteils in der Glocke. Es entsteht somit ein N_2-Überdruck. Das Wegdiffundieren des N_2 bewirkt dann die erwähnte Volumenminderung der Glocke bzw. der Lufthülle. Diesen Volumenschwund beseitigt die Spinne einfach durch neuerliches Auftanken mit atmosphärischer Luft.

Es geht auch ohne Sauerstoff

Der Hydrobiologe ist nicht überrascht, wenn die vom Teichboden entnommene Wasserprobe einmal keinen Sauerstoff enthält. Für den Laien dürfte es jedoch erstaunlich sein, daß unter diesen Bedingungen dennoch viele Organismen leben können. Man findet sogar Massenansammlungen von Larven verschiedener Zuckmücken-Arten *(Chironomus)* und auch Wenigborster (Oligochaeta), wie die als Sedimentfresser bedeutsamen *Tubifex*-Arten. Letztere leben in der Schlammschicht unter eigentlich außerordentlich ungünstigen Milieubedingungen oft in solchen Mengen (die Populationsdichte liegt häufig bei mehreren hunderttausend Individuen/m²), daß besonders in bestimmten organisch stark belasteten Gewässern das Einholen dieser Futtertiere zum Vertrieb in Zierfischhandlungen lohnt. Doch wie existieren sie eigentlich, wenn Reservoire oder Quellen, aus denen sich Sauerstoff schöpfen ließe, fehlen? Die Biochemie gibt uns darauf Antwort. Es ist der Vorgang der Glykolyse, durch den die angeführten und auch andere Arten ihre Energie ohne Sauerstoff, d. h. anaerob, gewinnen. Dabei entsteht in den Zellen Milchsäure. Diese wird auch in unserer Muskulatur bei starker Belastung (z. B. beim Kurzstreckenläufer, ungewohnten „Trimm-Dich-Lauf") gebildet und verursacht den Muskelkater. Eine anschließende Erholungsatmung baut die Milchsäure wieder um. Daher können auch die Tiere in der Schlammschicht nur kurzzeitig unter anaeroben Verhältnissen leben. Es geht bei ihnen also durchaus ohne Sauerstoff, aber nur über einen gewissen Zeitraum!

Pilz- und Bakterienarten können sowohl mit als auch ohne Sauerstoff auskommen. Einige leben völlig anaerob. Diese Mikroorganismen sind für den Stoffhaushalt des Gewässers unentbehrlich. Wegen ihrer Bedeutung bei der biologischen Selbstreinigung kann man mit Recht von einem gewaltigen Heer mit vielen hochspezialisierten Einheiten sprechen. Zu den üblichen Substanzen, die beim Abbau der Biomasse anfallen, gehören vor allem Schwefel-, Stickstoff- und Eisenverbindungen. Die Energiegewinnung erfolgt, um aus der Vielzahl der Möglichkeiten zwei Beispiele herauszugreifen, bei den nur im anaeroben Milieu tätigen Desulfurikanten durch die sauerstoffunabhängige Oxidation etwa von Sulfat, Sulfit, Disulfit und Thiosulfat mit Hilfe von elementarem Wasserstoff. Die Nitrifikanten oxidieren sowohl unter aeroben als auch anaeroben Verhältnissen das Ammonium über die Nitritstufe zum Nitrat. Das Studium dieser durch die Gewässermikroorganismen bedingten verschiedenen biochemischen Umsetzungen zeigt deutlich die Kompliziertheit der Zelleistungen.

„An ihren Taten sollt ihr sie erkennen", dieses Sprichwort könnte am Beispiel der Gewässermikroben formuliert worden sein. Viele Pilze, die als Saprophyten, Plankton- oder Fischparasiten leben (wie *Mucor, Myzocytium, Saprolegnia, Aphanomyces*), sind nach morphologischen Merkmalen noch relativ leicht zu determinieren. Bei den meisten Bakterien basiert die Systematik dagegen in erster Linie auf zytochemischen und physiologischen Merkmalen, d. h. auf ihren Zelleistungen. Hierzu wird regelrecht ein mikrobiologisches Laboratorium benötigt. Dieser enorme Aufwand ist jedoch unumgänglich, da sich erst nach der Identifikation der Arten exakte Schlußfolgerungen über die Gefährdung durch krankheitserregende Bakterien, das Selbstreinigungsvermögen des Gewässers und weitere ähnlich gelagerte Fragen ableiten lassen. Für den Mikrobiologen verbinden sich mit dem Gattungsnamen wie z. B. *Chromatium, Thiocystis, Nitrobacter* (Pseudomonales), *Sphaerotilus, Peloploca, Pelonema* (Chlamydobacteriales), *Beggiatoa* und *Thiotrix* (Beggiatoales) automatisch ganz bestimmte Leistungen. Den meisten von uns sagen diese Namen nichts. Wegen ihrer Bedeutung im Stoffkreislauf verdienen sie aber angesichts der akuten und zunehmenden Umweltprobleme unsere besondere Aufmerksamkeit.

Fressen und gefressen werden

Wer frißt wen, unter welchen Bedingungen, in welchen Mengen? Die Beantwortung dieser Fragen ist nicht nur von theoretischem Wert. Letztlich leiten sich davon auch Schlußfolgerungen und Maßnahmen für den Erhalt bestehender Nahrungsgrundlagen sowie die Erschließung neuer Nahrungsquellen ab. Der Meinungswandel zur aufgeworfenen Problematik wird beim Studium älterer Literatur besonders deutlich. Lesen wir einmal in der „Allgemeinen Naturgeschichte für alle Stände" des Naturforschers L. Oken aus dem Jahre 1833 nach:

„Die Zahl der Individuen läßt sich zwar noch keineswegs bestimmen; indessen gibt es doch einige Anhaltspuncte, welche einige Möglichkeit zeigen. Es ist gewiß, daß zuletzt alle Thiere vom Pflanzenreich leben, und daß mithin das Gewicht beider Reiche gleich seyn müsse. Könnte man annehmen, daß die Hälfte des trockenen Landes mit Wald bedeckt wäre, so ließe sich ungefähr das Gewicht aller Pflanzen bestimmen.

Es ist ferner gewiß, daß alle fleischfressenden Thiere zuletzt von Pflanzenfressenden leben, und daß mithin die Masse beider Haufen ebenfalls gleich seyn müsse, und mithin jeder so schwer als die Hälfte des Pflanzenreichs. Vielleicht haben auch die vier oberen Thierclassen eben so viel Masse als die untern, indem sie an Größe ersetzen, was diese an Zahl voraus haben. Das Gewicht der Säugethiere könnte wieder so groß seyn, wie das der Vögel, Amphibien und Fische zusammen. Hätte man auf diese Art die gesammte Fleischmasse der Säugethiere bestimmt, so könnte man sie auf die 1.500 Gattungen vertheilen, und so würde es sich ergeben, warum die Zahl der kleineren Thiere höher steigt als die der größern. Es käme sodann nur darauf an, auch das Gesetz aufzufinden, wornach sich die Größe des Leibes richtet. So hat der Mensch wahrscheinlich die mittlere Größe zwischen den Wallfischen, Elephanten, Löwen, Hayen u.s.w. und zwischen den kleineren Vögeln, Amphibien, Fischen, Insecten u.s.w. Die Masse aller Menschen würde daher an Gewicht so viel betragen, als alle Thiere zusammen. Berechnet man das Gewicht des einzelnen Menschen auf einen Centner, so würden also so viel Hundert Millionen Menschen vorhanden seyn können. Auf diese Weise könnte man vielleicht auch die Zahl der Elephanten, Löwen u.s.w. bestimmen. Doch das wollen wir unsern Nachkommen überlassen."

Auch gegenwärtig sind Angaben über Individuenzahl (Bestand) und -dichte einer Population (Fortpflanzungsgemeinschaft von Individuen in einem bestimmten Lebensraumabschnitt) oder den Gesamtbestand einer Art nach wie vor wünschenswert und wichtig. Sie finden ihren Niederschlag in verschiedenen Teildisziplinen der Biologie wie der Pflanzen-, Tiergeographie, Soziologie, Verhaltens-, Fortpflanzungsbiologie. Vergessen wir nicht ihre Bedeutung für den Naturschutz! Allein schon die exakte Bestandsaufnahme in einer lokalen Population verläuft aber nicht immer reibungslos und bereitet oft beachtliche methodische Schwierigkeiten. Trotz Einsatz moderner Methoden ist auch der Nahrungs- und Energiestrom häufig nur schwer zu ermitteln. Unter natürlichen Verhältnissen sind die Nahrungsketten meist recht lang. Auf Grund ihrer engen gegenseitigen Verflechtung liegt in Wirklichkeit ein weitverzweigtes Nahrungsnetz vor. Reich strukturierte Lebensstätten zeichnen sich durch eine entsprechende Mannigfaltigkeit an Verknüpfungen aus. In wenig gegliederten Biozönosen ist dagegen das Abhängigkeitsgefüge weitaus lockerer. Durch Populationsschwankungen, Dezimierung von Arten, Zu- oder Abwanderung usw. kommt es an verschiedenen Knotenpunkten des Netzes zu Änderungen. Nach einer gewissen Zeit hat sich aber das verwickelte Gesamtgefüge wieder eingepegelt. Ein einfaches Beispiel soll diese Vermaschung demonstrieren.

Betrachten wir eine beliebige Wasserflohart. Sie ernährt sich – von Nahrungsspezialisten (stenophagen Arten) abgesehen – nicht nur von verschiedenen Algenarten, sondern verwertet auch tierische Vertreter des Planktons oder Aufwuchses. Der Wasserfloh dient seinerseits vielen Arten, die selbst auch nur Glieder unterschiedlicher Nahrungsketten sind, als Nahrungsbasis. Er ist somit Zwischenglied bzw. Knotenpunkt zahlreicher Ketten. Zu seinen Konsumenten zählen z. B. Süßwasserpolypen (Hydridae), räuberische Süßwassermilben (Hydrachnellae), viele Wasserinsekten und deren Larven, Fische sowie Wassermolche *(Triturus)*. Als Kuriosum sei noch das Erbeuten durch Wasserschlaucharten (*Utricularia*; Abb. 147) erwähnt. Diese submers lebenden fleischfressenden Pflanzen tragen eine Vielzahl wassergefüllter Blasen (Utrikel; vgl. Abb. 148), deren Funktion als Tierfallen fast zur gleichen Zeit vom Botaniker F. Cohn und Ch. Darwin (1875) erkannt wurde. Sobald ein Plankter die am Blaseneingang stehenden Fühlborsten berührt, springt die Blasenklappe nach innen auf. Durch den im Inneren herrschenden Unterdruck (Unterdruckfallen!) wird das Wasser und mit ihm das Tier eingesogen. Eiweißspaltende Fermente bewirken die Verdauung dieser stickstoff- und phosphorhaltigen Zusatznahrung.

Zwischen den einzelnen Nahrungsstoffen bestehen hinsichtlich ihrer Energiewerte mehr oder weniger deutliche Unterschiede. So besitzen z. B. Wasserflöhe einen höheren Wert als Kieselalgenaufwuchs. Da die Energiebilanz eines Organismus in Abhängigkeit vom Alter, der Größe und anderen Faktoren schwanken kann, sind zur Erfassung des durch die Konsumentenkette laufenden Energieflusses außerordentlich umfangreiche und besonders sorgfältige Untersuchungen erforderlich.

Die eingangs angedeutete stufenweise Anordnung der Nahrungskette schlägt sich in dem bekannten Schema der Nahrungspyramide (Abb. 152) nieder. Bei ihr sind die einzelnen Glieder der Kette als Pyramidenstümpfe dargestellt und unter Beibehaltung der Reihenfolge übereinander angeordnet. Das Volumen der Pyramidenstümpfe entspricht der Produktivität und dem Energiefluß jeder Stufe. Primärproduzenten, die sich durch ein hohes Vermehrungspotential auszeichnen, nehmen die untere Ebene ein. An der Spitze stehen

152.
Nahrungspyramide.
Von unten nach oben:
– Algen
(Primärproduzenten)
– Wasserflöhe
– Friedfische
– Raubfische
– Säuger
(Endkonsumenten)

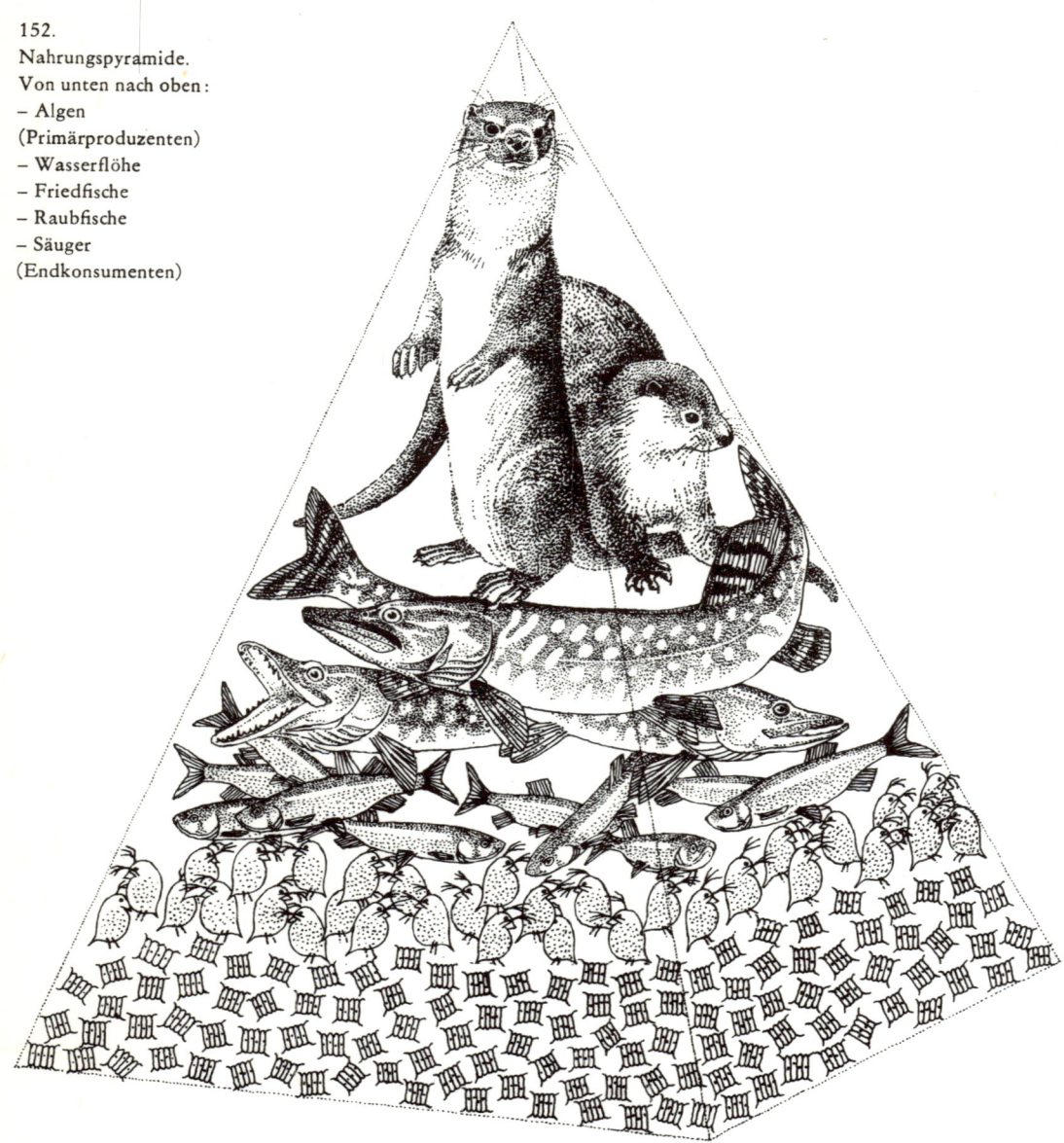

die Endkonsumenten. Wie in dem Schema zum Ausdruck kommt, nimmt die Biomasse zur Spitze hin ab. Gleiches gilt auch für den Umsatz, d. h. die Erneuerung der Biomasse pro Zeiteinheit. Erinnern wir uns an dieser Stelle noch einmal an die Biozidproblematik (s. S. 72). Hier zeigt sich genau der gegenläufige Prozeß. In den Endkonsumenten kommt es zu einer bedrohlichen, mitunter tödlichen Akkumulation der biosphärefremden Substanzen.

Die mannigfaltigen, wechselseitigen Verknüpfungen der Nahrungsketten bleiben in der Pyramide unberücksichtigt. Wer sich in dieser Hinsicht orientieren will, muß einen Blick auf das Nahrungsspektrum der wichtigsten im Biotop lebenden Tierarten werfen. Ein ohne Zweifel schwieriges Unterfangen, dessen Problematik hier lediglich am Beispiel der Lachmöwe (*Larus ridibundus*) angedeutet werden soll. Die Beutetierangaben beziehen sich auf das Teichgebiet der Oberlausitz (DDR) und spiegeln das spezifische Nahrungsangebot dieses vor allem durch weite Schlickflächen abgelassener Teiche, Wiesen und Äcker charakterisierten Untersuchungsgebietes wider. Nach Magen- und Gewöllanalysen (Creutz 1963) besteht die Hauptnahrung aus Regenwürmern (Lumbricidae), Ruderwanzen (Corixidae), Laufkäfern (Carabidae), Schnellkäfern (Elateridae), Blatthornkäfern (Scarabaeidae), Schnaken (Tipulidae), Fischen und Kleinsäugern (hauptsächlich Feldmäusen, *Microtus arvalis*). Als Gelegenheitsnahrung sind z. B. Eintagsfliegen, Libellen oder die Larven der Knoblauchkröte *(Pelobates fuscus)* einzustufen. Schließlich findet man in den Nahrungsproben manche Arten nur in ganz geringer Zahl oder in Einzelexemplaren, d. h. als Zufallsnahrung, vor. Wird die Zusammensetzung der Altvogelnahrung unter jahreszyklischem Aspekt untersucht, so treten besonders beim Zuschnitt auf die dominierenden Beutetiergruppen (Abb. 153) deutliche Unterschiede zutage. Zur Zeit der Frühjahrsbestellung bzw. Feldarbeiten, wenn die Möwen überwiegend auf den Äckern nach Nahrung suchen, zählen beispielsweise Regenwürmer zu den charakteristischen Beutetieren. Der Fischanteil *(Gasterosteus aculeatus, Cyprinus carpio* usw.) ist in den Herbstmonaten, also beim Abfischen der Teiche (gutes Angebot in den zurückbleibenden flachen Wasserlachen), am größten. Auch die Witterung wirkt sich spürbar auf die Nahrungszusammensetzung aus. Bei regnerischem Wetter werden vermehrt Regenwürmer, an heiteren Tagen – entsprechend dem reichen Insektenflug – Insekten erbeutet. Natürlich unterscheidet sich auch die Jungvogelnahrung von der adulter Tiere. In erster Linie weist das Nahrungsspektrum der Jungen einen weitaus geringeren Fischanteil auf. Außerdem liegt offenbar ein größerer Prozentsatz an Regenwürmern vor.

Auch bei den anderen Arten ist das Nahrungsspektrum nicht konstant. Insektenlarven ernähren sich anders als die Imagines, gleiches gilt für Kaulquappen und Frösche. Bei solchen Beobachtungen und Analysen bleiben Überraschungen nicht aus. Insekten können Wirbeltiere verzehren (vgl. Abb. 139)! Die räuberische Larve des Gelbrand *(Dytiscus marginalis)* packt sogar kleinere Fische, Molche und Kaulquappen. Laufkäfer überwältigen gelegentlich eine frisch geschlüpfte Ringelnatter. Von den verschiedenen Ernährungsgewohnheiten leiten sich hinsichtlich der Nahrungsaufnahme ganz bestimmte Typen ab. Mit einem von ihnen befaßt sich das folgende Thema.

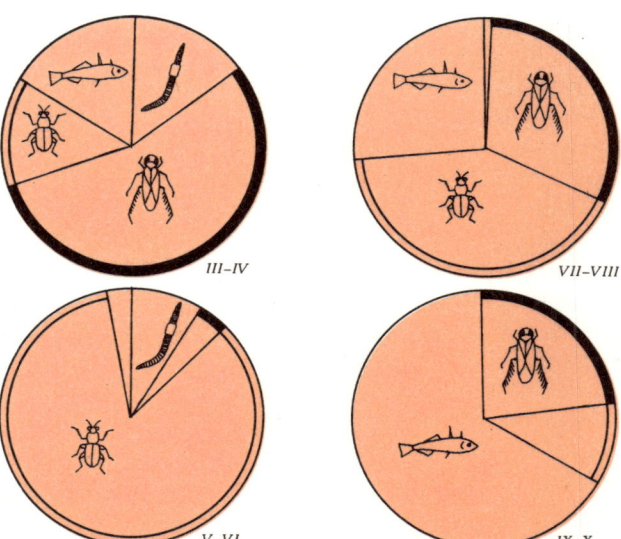

153. Nahrungsspektrum (wichtigste Beutetiergruppen) von Lachmöwen *(Larus ridibundus)* aus dem Oberlausitzer Teichgebiet zu verschiedenen Jahreszeiten (siehe Monatsangaben). Nach Schlegel 1977

167

Die Art und Weise der Nahrungsaufnahme ist sehr unterschiedlich. Zahlreiche Tierarten (die meisten entoparasitischen, zum Teil auch von fäulnisfähigen Stoffen lebende Protozoen, Bandwürmer usw.) nehmen die notwendigen Nährstoffe in gelöster Form durch ihre Körperoberfläche auf. Feste Nahrung wird von manchen Einzellern, wie Wechsel- (Amoebina) und Sonnentierchen (Heliozoa), an einer beliebigen Stelle des Körpers einverleibt. Die Majorität der Tierarten besitzt jedoch zur Aufnahme flüssiger und fester Nahrung besonders ausgebildete Mundstellen oder Münder. Man unterscheidet dann bezüglich der Nahrungsaufnahme verschiedene Typen, beispielsweise Schlinger, Zersetzer, Zerkleinerer. Für unsere Thematik interessieren in erster Linie die ausschließlich an das Wasser gebundenen Strudler. Hinsichtlich der Definition, Zuordnung und Abgrenzung dieses Typs gehen die Ansichten auseinander. Wir legen hier – trotz der Diskrepanz, die sich daraus bei der Zuordnung der Schwämme ergibt – die Meinung von W. Tischler zugrunde, der dazu Wassertiere zählt, „die durch Zilienbewegung suspendierte Nahrungspartikel aus dem Wasser zum Mund strudeln".

Zilien (Wimpern) sind die charakteristischen Bewegungsorganellen der Ziliaten (Wimpertierchen, Infusorien), der höchstdifferenzierten Protozoen. Wir haben Ziliaten schon als Formen kennengelernt, die in erheblichem Maße als Indikatororganismen zur Ermittlung der Wassergüte herangezogen werden. Ihre exakte Bestimmung setzt Erfahrung und einen gewissen Grad an technischem Geschick voraus. Erstmals „bewußt" gesehen, beschrieben und auch gezeichnet wurden Wimpertierchen übrigens vom Entdecker der einzelligen Lebewesen, dem Holländer Antoni van Leeuwenhoek (1632 bis 1723). Über die vielen bislang unbekannten Objekte, die er mit seinem einfachen selbstgebauten Mikroskop (Abb. 154) sah, berichtete er in mehr als 100 Briefen der Royal Society in London.

Eine detaillierte Darstellung des Grob- und Feinbaus der Ziliaten würde – gleiches gilt für die noch folgenden Gruppen – diesen Rahmen sprengen. Daher sei nur das Wichtigste angeführt.

Die Zilien sind fadenförmige Fortsätze der äußeren Zytoplasmaschicht, des Ektoplasmas. Nach elektronenmikroskopischen Untersuchungen stimmen sie im Feinbau mit allen anderen Wimpern und Geißeln von Pflanzen und Tieren überein, einschließlich der Geißeln von Spermien und Spermatozoiden. Offenbar eine Gesetzmäßigkeit, über deren Ursachen allerdings nichts Sicheres bekannt ist. Denken wir an dieser Stelle einmal daran, daß derzeit die elektronenmikroskopische Erforschung der pflanzlichen und tierischen Einzeller in vollem Gang ist. Folgerichtig dürfte generell, nicht zuletzt durch die Verbesserung und Weiterentwicklung der betreffenden Technik (z. B. Raster-Auflicht-Elektronenmikroskopie) mit einer Vielzahl neuer Fakten und somit auch neuen Erkenntnissen zu rechnen sein.

Ursprüngliche, primitive Formen besitzen ein vollständiges, in parallelen und gewundenen Reihen angeordnetes Wimperkleid. Dagegen wird der Zellkörper der meisten differenzierteren Ziliaten nur teilweise von Zilien bedeckt. Durch Verschmelzung oder Verklebung von Zilien bzw. Zilienreihen haben sich undulierende Membranen (wellenförmig bewegliche Organellen), Membranellen (kurze Ruderblättchen) und Zirren (starke, steife, griffelförmige Organellen) herausgebildet. Ihre Arbeit ist selbstverständlich mechanisch viel effektiver. Die verblüffende Koordination des Wimperschlages wird durch ein spezielles Reizleitungssystem gewährleistet.

Im Gegensatz zu den Schlingern unter den Ziliaten, die ihre Beuteorganismen langsam mit dem sehr erweiterungsfähigen Zellmund (Zytostom) auf-

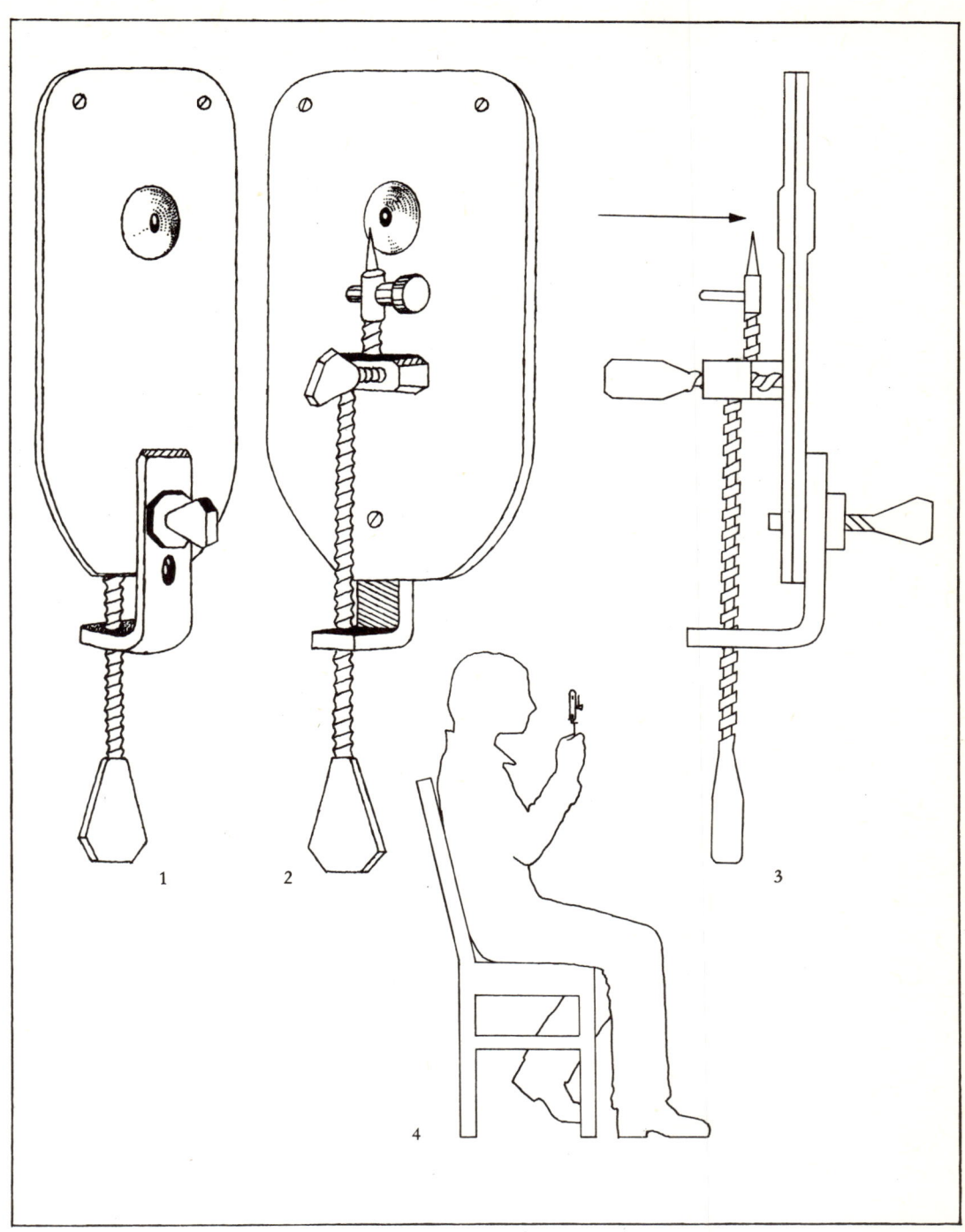

154. Lupenmikroskop von Antoni van Leeuwenhoek aus dem Jahre 1673.
    1 = Vorderansicht; 2 = Hinteransicht; 3 = Seitenansicht mit Strahlengang (Pfeil);
    4 = Handhabung beim Mikroskopieren;

nehmen und dann sofort in eine Nahrungsvakuole einschließen, erzeugen die Strudler durch die um ihre eingesenkte Mundöffnung stehenden und meist entsprechend modifizierten Zilien einen Wasserstrom, der die Nahrungspartikel zum Zellmund treibt. Sie sammeln sich dort in einer Empfangsvakuole. Sobald eine genügende Größe erreicht ist, löst sie sich vom Zellmund als Nahrungsvakuole ins Plasma hinein ab. In ihr beginnen nun die Verdauungsvorgänge. Der für die Nahrungszufuhr besonders differenzierte Bereich, dessen Lage und Ausdehnung die Gestalt des Ziliats entscheidend prägt, wird als Mundfeld oder Peristom bezeichnet. Es führt über den Mundtrichter (Vestibulum) zum Zellmund. Am einfachsten kann man diese Verhältnisse bei den Pantoffeltierchen *(Paramecium)* beobachten. Sie sind in den meisten Wasserproben enthalten und leicht in Kulturen (Heuaufgüssen, Milchkulturen, usw.) zu züchten. Als Nahrung dienen hauptsächlich Bakterien. Für das Geschwänzte Pantoffeltierchen *(Paramecium caudatum)* wird im „Normalfall" das Einstrudeln von 30 000 bis 100 000 Bakterien pro Stunde angegeben. Weitere bekannte Vertreter sind besonders Trompeten- *(Stentor)*, Glocken- *(Vorticella)* und Strauchtierchen *(Zoothamnium)*. Bei ihnen erstreckt sich der Strudelapparat über das ganze Vorderende des Zellkörpers.

Von den in Tümpeln, Teichen und Weihern lebenden Mehrzellern gehören vor allem Schwämme (Porifera), viele Rädertiere (Rotatoria), Muscheln (Lamellibranchiata, Bivalvia) und Moostierchen (Bryozoa) zum Typ der Strudler. Die auf dem Substrat festsitzenden Schwämme bestehen, obwohl sie mitunter auch bei den Süßwasserformen respektable Ausmaße erreichen können, aus lockeren Zellverbänden (Zellaggregaten). Organe fehlen ihnen demnach. Nach außen wird der Schwammkörper durch das Dermallager (Hautschicht) begrenzt. Über eine Füllschicht schließt sich dann das aus Kragengeißelzellen zusammengesetzte Gastrallager (Magen- oder Gastralschicht) an. Mit ihrem Geißelschlag erzeugen die Kragengeißelzellen einen Wasserstrom, der durch die zahlreichen über die gesamte Schwammoberfläche verteilten Poren (daher Porifera = Lochträger) in den Gastralraum und von dort über eine Ausfuhröffnung, das Oskulum, wieder nach außen führt. Auf diesem Wege erhält der Schwamm nicht nur ständig Sauerstoff und die zum Aufbau seines Skeletts notwendigen Stoffe, sondern es werden auch im Wasser enthaltene Partikel, Detritus, Bakterien, Einzeller und Kleinalgen eingestrudelt. Schließlich transportiert der Wasserstrom die Geschlechtsprodukte und sämtliche Abfallstoffe fort. Das so verwertete Wasser wird z. B. von *Ephydatia* bis zu 20 cm weit ausgestoßen.

Recht unterschiedlich ist die Nahrungsaufnahme bei den in Weihern und Teichen reichlich, in stark durchwachsenen Tümpeln sogar oft um ein Vielfaches mehr vertretenen Rädertieren. Unter ihnen gibt es Strudler, Weideschwimmer, Greifer, Sauger und Reusenfänger. Werfen wir kurz einen Blick auf den Grundbauplan dieser überwiegend 0,2 bis 0,5 mm langen (einige Männchen sind sogar nur 40 µm groß!) Vertreter der Kleinlebewelt. Ihr Körper gliedert sich meist in „Kopf", Rumpf und „Fuß". Auffälligste Bildung am „Kopf" ist das Räderorgan, nach dem die Klasse ihren Namen erhielt. Es besteht aus einem bauchseits liegenden, den Mund umschließenden Wimperfeld (Bukkalfeld) sowie einem Wimperband (Zirkumapikalband), das ringförmig das Vorderende umgreift. Von dieser Grundform leitet sich durch Modifizierung beider Wimperzonen die ganze Vielfalt der Räderorgane ab. Durch die rasch abwärts schlagenden Wimpern entsteht ein Sog, der das Tier in einer Spiralbewegung vorantreibt und gleichzeitig Nahrung herbeistrudelt. Bei einer Wassertemperatur von 25 °C wurden 1 000 bis 1 200 Wimperschläge/min. gezählt. Das Räderorgan vermittelt in geradezu verblüffender Weise den Eindruck, als ob sich hier ein Rad drehen würde. Dies gilt besonders für Strudler. Zu ihnen gehören hauptsächlich die Vertreter der Ordnung Bdelloidea, unter denen planktische Arten fehlen. Einige Rädertierarten zeigen allerdings keine streng gebundene Form der Nahrungsaufnahme. So können beispielsweise die oft massenhaft auftretenden Wappen-Rädertiere (*Brachionus*; Abb. 56) größere Beuteobjekte mit den vorgestreckten Kiefern packen und sich auch als Strudler betätigen.

Setzt man eine Teichmuschel *(Anodonta cygnea)* ins Aquarium, dann dauert es nicht lange, bis sie sich mit Hilfe ihres beilförmigen Fußes mit dem Vorderende in den Bodengrund eingräbt. Bald schaut nur noch das spitzere Hinterende heraus. Zwischen den leicht klaffenden Schalenhälften sind zwei Öffnungen zu sehen. Durch die untere, von kleinen Papillen umgebene „Einströmungsöffnung" führt ein Wasserstrom in die Muschel, der durch die darüber liegende „Ausströmungsöffnung" wieder hinausbefördert wird. Initiator dieser Sauerstoff und Nahrung liefernden Wasserströmung ist vor allem der Wimperschlag des Kiemenepithels.

Teichmuscheln besitzen wie Maler- *(Unio pictorum)*, Häubchen- *(Sphaerium lacustre)*, Erbsenmuscheln *(Pisidium)* und andere zur Ordnung Eulamellibranchiata gehörende Arten Blattkiemen. Zu beiden Seiten des Fußes finden wir zwei Kiemenblätter. Jedes von ihnen besteht aus zwei netzartig gebauten, eng nebeneinander liegenden Lamellen, die an ihrem unteren Rand ineinander übergehen. Unter dem Mikroskop sieht man eine große Zahl langer, parallel verlaufender Kiemenfäden, die durch Längsbrücken und innerhalb des Kiemenblattes von Lamelle zu Lamelle durch Querbrücken miteinander verwachsen sind. Dieses engmaschige Netzwerk ist mit Flimmerepithel überzogen, das die Wand der zahllosen Spalten bedeckt. Die Nahrungspartikel, Kleinplankton, Detritus sowie viele beim Durchpflügen des Gewässerbodens aufgewirbelte kleine Bodenorganismen (*Oscillatoria*, Diatomeen, Teile von *Ulothrix* und *Vaucheria* usw.) werden durch die Wimpern ausgefiltert, in Schleim eingehüllt und über Wimperbahnen zum Mund geflimmert. Übrigens weist nahezu die ganze freie Körperfläche der Muschel einen „Flimmerbesatz" auf. Da die Teichmuscheln fast pausenlos tätig sind, werden auch bemerkenswerte Wassermengen eingestrudelt. Bei einer amerikanischen Art (*Ligumia siliquoidea*) wurde eine Filterleistung von annähernd 1,5 l pro Stunde ermittelt. Sie unterliegt natürlich ständig dem Einfluß verschiedener Umweltfaktoren (Wassertemperatur, Nahrungsangebot usw.) und letztlich auch innerer Faktoren (Fortpflanzungsperiode).

Moostierchen besiedeln die unterschiedlichsten Substrate und bilden dort Kolonien, die sich aus einer geringen Zahl, meist jedoch aus Hunderten oder Tausenden von Einzeltieren zusammensetzen. Das Einzeltier besteht aus einer Hülle oder Außenwand (Zystid) und dem darin sitzenden Weichkörper (Polypid), dessen markantestes Organ die Tentakelkrone (vgl. Abb. 127) ist. Bei Süßwasserbryozoen stehen die stets in Doppelreihen angeordneten, wimperbesetzten Tentakel auf einem hufeisenförmigen Tentakelträger (Lophophor). Die Tentakel erzeugen einen fortwährenden Wasserstrom, der die darin enthaltenen Blau-, Kiesel-, Jochalgen, Protozoen, Rädertiere und Detritusteilchen mundwärts treibt. Diese Strudeltätigkeit kann – gleichermaßen auch bei anderen Strudlern – optisch recht wirkungsvoll durch etwas mit der Pipette zugegebene Tusche oder Karminlösung demonstriert werden.

Symbiose und Parasitismus

Zu den natürlichen Lebensäußerungen im Ökosystem gehören auch noch die faszinierenden biologischen Phänomene der Symbiose und des Parasitismus. So sind Parasiten im Abhängigkeitsgefüge der biozönotischen Ordnung meist mannigfaltig verankert. In manchen Ökosystemen kommt Symbionten (Symbiose-Partnern) innerhalb des Stoffkreislaufes sogar eine beachtliche Bedeutung zu (z. B. Symbiose von Pilzen mit Wurzeln höherer Pflanzen = Mykorrhiza). Beide Phänomene haben sich erst im Laufe einer langen Entwicklung herausgebildet und sind zweifellos sehr alte, deswegen jedoch keine ursprünglichen Lebensäußerungen von Organismen. Anhand von Fossilien konnte übrigens ein parasitisches Verhalten bereits bei bestimmten marinen Ringelwürmern im Karbon nachgewiesen werden.

Was versteht man unter einer Symbiose? Ausgehend von der wörtlichen Übersetzung (griech.: syn = zusammen, bios = Leben) das enge Zusammenleben verschiedener Organismen. Dieses ist im allgemeinen für die Symbionten lebensnotwendig und von gegenseitigem Vorteil. Partner können dabei zwei verschiedene Pflanzen-, Tierarten oder auch Tier und Pflanze sein. In Tümpeln, Teichen und Weihern finden wir in erster Linie Ernährungssymbiosen von Blaualgen und Grünalgen auf der einen und tierischen Organismen auf der anderen Seite vor. Bereits im vorigen Jahrhundert erregten intensiv grüne Süßwasserschwämme (Spongillidae), die sich von den anderen sonst meist weißlich, gelblich, grau bis braun gefärbten Exemplaren deutlich abhoben, Aufmerksamkeit. Anfangs räumte man noch die Möglichkeit ein, daß hier „tierisches Chlorophyll" vorliegen würde, bis dann später im Geweihschwamm (*Spongilla lacustris*) und sogar in dessen Gemmulae (Dauerformen; S. 142) Grünalgen der Gattung *Chlorella* als Symbionten nachgewiesen wurden. Am bekanntesten ist aber das Zusammenleben der Grünen Kugelalge (*Chlorella vulgaris*) mit dem weit verbreiteten Süßwasserpolyp *Chlorohydra viridissima*. Im Polyp leben die Algen hauptsächlich in der den Körperhohlraum auskleidenden inneren Zellschicht (Entoderm). Sie geben einen Teil ihrer Assimilate, offenbar als Glukose und Maltose, sowie Sauerstoff an den Polyp ab. Eine Anzahl von ihnen wird allerdings nachweislich verdaut. Bei einem Vermehrungsüberschuß an Algen tragen diese dann zur Ernährung des Partners bei. Von ihm beziehen sie vor allem Kohlendioxid. In dem Zusammenhang sei nicht unerwähnt, daß Polyp und Schwamm auch ohne „Zoochlorellen" auskommen können. Sobald der Polyp Knospen ausbildet, werden Algen in sie eingelagert. Es kommt sogar über das sich am Muttertier entwickelnde Ei zu einer Weitergabe an die nächste Generation.

Darüber hinaus lebt *Chlorella vulgaris* symbiontisch z. B. im Grünen Pantoffeltier (*Paramecium bursaria*), in der Amöbe *Mayorella viridis*, im Grünen Strudelwurm (*Dalyellia viridis*), Zoochlorellen-Rädertier (*Itura aurita*) und in anderen Tierarten. Außerhalb des Wassers tritt die Art besonders als Algenpartner (Phycobiont) in Flechten auf, die bekanntlich bei entsprechender Beobachtung und Auswertung als empfindliche Bioindikatoren zur Überwachung der Luftqualität (Luftverunreinigung durch SO_2 usw.) dienen können.

Blaualgen (Cyanophyta) – gelegentlich auch als Phycobionten in Flechten vorkommend – bilden unter anderem Symbiosen mit Wasserfarnen (z. B. trägt *Anabaena azollae* zur Stickstoffversorgung von *Azolla* bei), Algen, Geißel- und Wimpertierchen. Da die Mikrowelt unserer stehenden Flachgewässer meist nur ungenügend untersucht ist, sind wir über die Häufigkeit und Verbreitung solcher symbiontischer Systeme zu wenig orientiert. Außerdem war z. B. die symbiontische Partnerschaft zwischen Blaualgen und einzelligen Algen lange Zeit umstritten. Heute ist bekannt, daß – greifen wir einmal die Grünalge *Glaucocystis nostochinearum* heraus – die Wirtsalgen über keine eigenen Farbstoffträger (Chromatophoren) verfügen und die blaugrünen Endosymbionten (als „Cyanellen" bezeichnet) wohl die Funktion von Chromatophoren, d. h. die photosynthetische Kohlenstoffassimilation, übernehmen. Entsprechende Syntheseleistungen wurden mittels radioaktiv markiertem Kohlendioxid ($^{14}CO_2$), die Sauerstoffproduktion durch Einsatz einer Sauerstoffelektrode nachgewiesen.

Weitaus größer als die Zahl der symbiontisch lebenden Arten und Organismen ist die der parasitischen Formen. Zur Vielzahl der Parasiten unter den Bakterien, Pilzen und Bedecktsamern kommt ein Heer von tierischen Parasiten hinzu. Obwohl der Parasitismus im Tierreich weit verbreitet ist, weisen die einzelnen Tiergruppen diesbezüglich ganz unterschiedliche Anteile auf. Während manche nur wenige oder keine parasitischen Arten enthalten, bestehen die Klassen der Sporentierchen (Sporozoa), Saugwürmer (Trematodes), Bandwürmer (Cestodes) und Kratzer (Acanthocephala) restlos aus Parasiten.

Die Vielfalt der parasitischen Formen, zahlreiche Grenzfälle sowie unterschiedliche Betrachtungsebenen erschweren die Charakterisierung der außerordentlich komplexen Erscheinungen des Parasitismus. Echter obligater Parasitismus ist nach Odening (1974) „einseitiges ökophysiologisches Angewiesensein auf einen andersartigen, lebenden, im allgemeinen größeren Wirtsorganismus, aus oder durch dessen Körper (= auf dessen Kosten, zu dessen Lasten) lebensnotwendige Bedürfnisse befriedigt werden, der als Lebensraum dient und der dabei im Normalfall nicht getötet wird". Neben dem obligaten Parasit, der also ohne seinen Wirt nicht existieren kann, gibt es den fakultativen Parasit. Für ihn trifft diese Abhängigkeit nicht zu. Er lebt nur gelegentlich parasitisch (z. B. bestimmte Pilze, Larven einiger Fliegenarten). Bei aufmerksamer Beobachtung kann man auch ohne Hilfsmittel Außenschmarotzer (Ektoparasiten) relativ leicht entdecken. Wir wollen – auf wenige Beispiele beschränkt – hier den Parasitenbefall von Fischen in den Vordergrund stellen.

Fischern und Anglern ist die besonders unter den Bedingungen industriemäßiger Produktion sowie in dicht besetzten Brut- und Hälterteichen akute Gefährdung durch den Ziliat *Ichthyophthirius multifiliis* hinreichend bekannt. Die Parasiten sind als weiße Pünktchen („Grießkörnchen"- oder „Weißpünktchenkrankheit") oder schmutzigweiße Flecken (fortgeschrittenes Krankheitsstadium) auf der Haut der Fische, bevorzugt an Kiemen und Flossen, eigentlich nicht zu übersehen.

Gleichfalls an Kiemen und auf der ganzen Haut können bei Karpfen (*Cyprinus carpio*), Hecht (*Esox lucius*), Flußbarsch (*Perca fluviatilis*) und verschiedenen anderen Fischarten zeitweilig Fischläuse (Argulidae) parasitieren. Die etwa 5 bis 13 mm langen, wegen ihres stark abgeflachten Körpers und Anheftevermögens irreführend als „Laus" bezeichneten, niederen Krebse saugen mitunter sogar an Frosch- und Krötenlarven Blut. Bei der in Mitteleuropa vorkommenden Gattung *Argulus* (Abb. 140) sind in Anpassung an die parasitische Lebensweise aus dem Basalteil des vorderen Maxillenpaares röhrenförmige Saugnäpfe entstanden. Auch die anderen Mundgliedmaßen tragen mit ihren Hakenbildungen zum Festhalten am Wirt bei. Der Hinterleib (Abdomen) ist ungegliedert, gliedmaßenlos und zu einer breiten „Schwanzflosse" umgewandelt. Mit ihren acht Brustbeinen, deren Äste reich mit Ruderborsten besetzt sind, können sie verblüffend schnell und geschickt schwimmen. Während die direkte Schädigung der Wirte – soweit kein Massenbefall vorliegt – meist relativ gering ist, bilden diese Ektoparasiten vor allem als potentielle Über-

155.
Historisches.
Blutegelbehandlung
im Mittelalter.
Aus Ives 1938

156.
Entwicklungszyklus
des Riemenwurms
(Ligula intestinalis).
Modifiziert nach
Dubinina 1966.
1 = Ei;
2 = Wimperlarve
(Coracidium) mit
eingeschlossener
Hakenlarve (Onco-
sphaera);
3 = Ruderfußkrebs
(Diaptomus);
1. Zwischenwirt,
der die Vorfinne
(Procercoid) enthält;
4 = Fisch,
2. Zwischenwirt, in
dessen Leibeshöhle
die Vorfinne zur
Vollfinne (Plerocer-
coid; 4a) heranwächst;
5 = Wasservogel.
In seinem Darm
entwickelt sich der
etwa 20 bis 40 cm
lange, geschlechtsreife
Riemenwurm

träger des Erregers der gefürchteten Infektiösen Bauchwassersucht (Wasser-bakterium: *Aeromonas punctata*) eine große Gefahr für den Fischbestand.

Auch der Gemeine Fischegel *(Piscicola geometra)* kann *Aeromonas punctata* übertragen. Die durch Querbinden sowie einen scheibenförmigen vorderen und hinteren Saugnapf gekennzeichneten Egel sitzen mit ausgestrecktem Körper (bis 100 mm lang) in Suchposition an Wasserpflanzen. Schwimmt ein Fisch vorbei, dann heften sie sich mit dem Mundsaugnapf fest und beginnen Blut zu saugen. Dieses wird in mehreren Magenblindsäcken unter Wasserentzug eingedickt und gespeichert. Nach einigen Tagen, manchmal erst einem Monat, verlassen sie den Wirt wieder.

Die bekannteste Egelart ist ohne Zweifel der Medizinische Blutegel *(Hirudo medicinalis*; Abb. 146). Während die Jungtiere oft räuberisch leben oder an kleineren Fischen, Kaulquappen und Fröschen Blut saugen, gehen die erwachsenen Egel Warmblütler einschließlich des Menschen an. Die aufgenommene Blutmenge kann das 10fache ihres Körpergewichtes ausmachen. Der Einsatz von Blutegeln für Heilzwecke ist ein interessantes Kapitel der Medizingeschichte. Greifen wir einige Stichpunkte heraus. Nach Sanskritüberlieferungen wurden die Tiere schon im 5. Jahrhundert v. u. Z. von der alten indischen Medizin benutzt. Als Begründer der Blutegelbehandlung gilt jedoch Themison v. Laodicea (1. Jahrhundert v. u. Z.), ein Schüler des Asklepiades. Er führte das Wesen der Krankheit auf einen Zustand der Spannung oder Erschlaffung zurück. Zur Heilung solcher Spannungen (status strictus) wendete er neben Aderlaß und Schröpfen auch Blutegel an. Im Mittelalter griffen Ärzte, außerdem Bader und Quacksalber, immer mehr auf die Applikation von Blutegeln zurück. Man setzte die Egel bei Entzündungen, Fettsucht (vgl. Abb. 155), Epilepsie, Nervosität, Zahnschmerz und allen möglichen anderen Leiden ein. Berühmt und berüchtigt ist die „Blutegelmode" besonders im Zeitraum von 1820 bis 1835. Der jährliche Blutegelverbrauch allein für die Pariser Hospitäler wurde von 1829 bis 1836 mit etwa 5 bis 6 Mio Blutegeln beziffert. Heute spielt ihre medizinische Verwendung kaum noch eine Rolle. In den vergangenen Jahren wurden z. B. in der BRD nur noch etwa 300 000 Egel (u. a. bei Behandlung von Venenentzündungen) verbraucht (Wilde 1975).

Zur umfassenden Analyse des Parasitenbestandes im Gewässer gehört auch die Erfassung der Innenschmarotzer (Ento- oder Endoparasiten). Ihre exakte Untersuchung und Bestimmung ist in der Regel Spezialisten vorbehalten. Oft kann man von bestimmten äußerlichen Anzeichen und Verhaltensweisen auf einen Befall mit Entoparasiten schließen. Bei dem in Ufernähe träge umherschwimmenden Dreistachligen Stichling *(Gasterosteus aculeatus)* fällt sein bauchseits aufgetriebener, eckig wirkender Körperumriß auf. Über die Ursache besteht nach Öffnen der Leibeshöhle kein Zweifel mehr. Zahlreiche Larvenstadien (Plerocercoide) der Bandwurm-Gattung *Schistocephalus* füllen sie völlig aus und haben die inneren Organe beträchtlich zusammengedrückt.

Neben zahlreichen Saug-, Fadenwürmern, Kratzern und anderen Entoparasiten kommt in Fischen eine Reihe von Bandwurmarten vor. In ihrem oft komplizierten Entwicklungszyklus können Fische als Zwischen- und Endwirt eingeschaltet sein. Sehen wir uns daraufhin den Zyklus des Riemenwurms *(Ligula intestinalis*, Abb. 156) an. Der geschlechtsreife Riemenwurm lebt im Darm von Wasservögeln (Tauchern, Möwen, Enten usw.). Eine echte Gliederung in viele Proglottiden (Glieder), wie sie z. B. für den Fischbandwurm *(Diphyllobothrium latum)* typisch ist, fehlt dem bandförmigen Körper. Mit dem Vogelkot gelangen die Eier ins Wasser. Dort schlüpfen aus ihnen Wimperlarven (Coracidien), die von Ruderfußkrebsen *(Diaptomus*; 1. Zwischen-

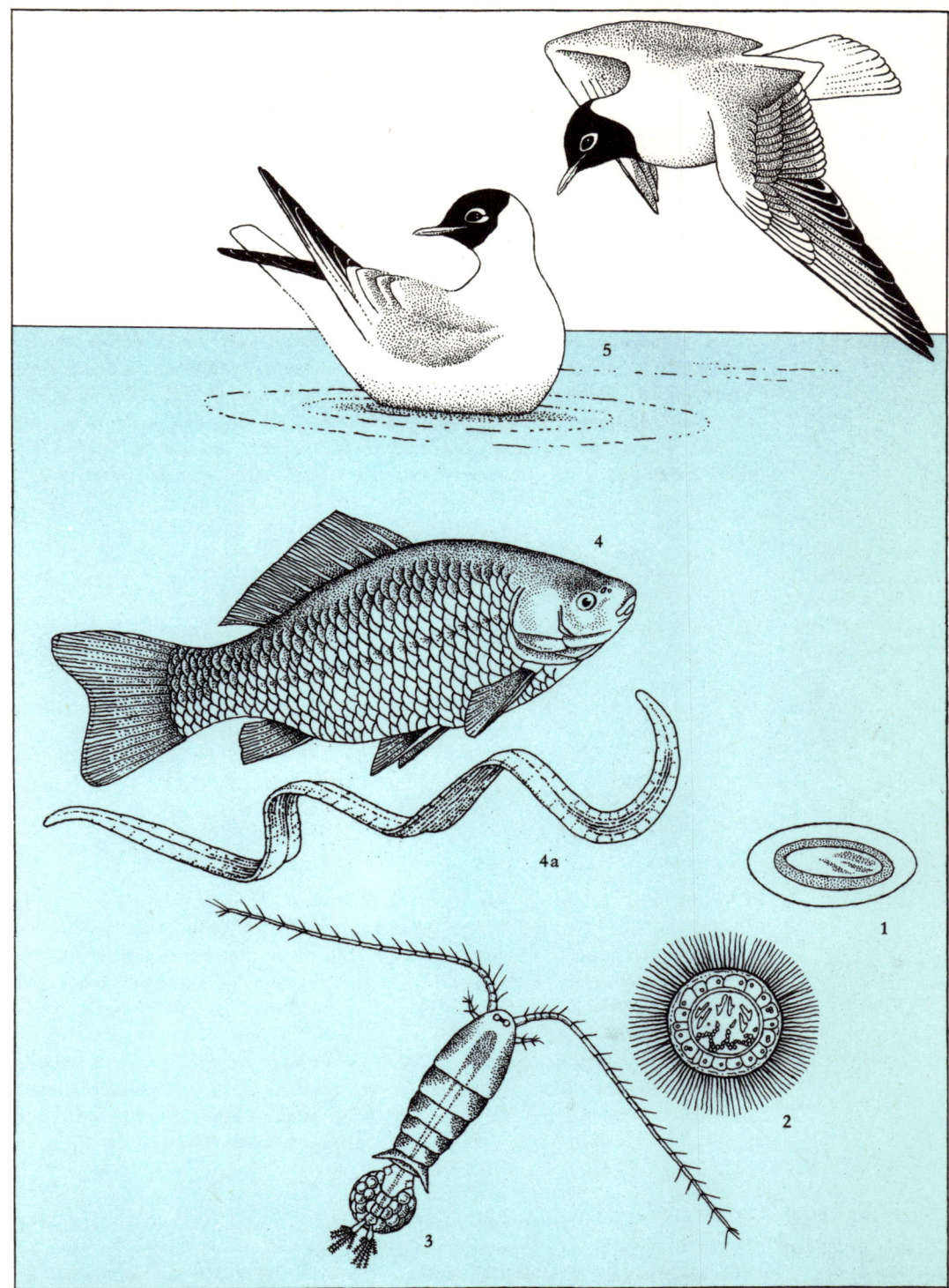

wirt) gefressen werden. In ihrer Leibeshöhle entwickelt sich das Procercoid (Vorfinne). Wenn der Kleinkrebs von einem Fisch (*Cyprinus carpio, Abramis brama, Perca fluviatilis* u. a.; 2. Zwischenwirt) verschlungen wird, wächst das Procercoid nach Durchbohren der Darmwand in seiner Leibeshöhle zum 30 bis 75 cm langen Plerocercoid (Vollfinne) heran. Der Zyklus schließt sich mit der Aufnahme des Plerocercoids durch einen Wasservogel (Endwirt). Die durch die Vollfinne verursachte Riemenwurmkrankheit (Ligulosis) bewirkt bei den erkrankten Fischen vor allem eine Verlangsamung des Wachstums, Abmagerung und Atrophieerscheinungen der inneren Organe.

Wenden wir uns abschließend noch einer von den angeführten Fällen völlig abweichenden Form des Parasitismus, dem Brutparasitismus, zu. Das bekannteste Beispiel dafür ist und bleibt wohl der Kuckuck *(Cuculus canorus)*. Wirtsvögel, denen er ein Ei aus dem Nest entfernt, um ihnen dafür sein Ei buchstäblich unterzuschieben, sind in den mitteleuropäischen Feuchtgebieten hauptsächlich Teichrohrsänger (*Acrocephalus scirpaceus*; Abb. 78), aber auch Drosselrohrsänger (*Acrocephalus arundinaceus*), Bach- (*Motacilla alba*) und Schafstelze (*M. flava*). Interessanterweise spezialisiert sich das Kuckuck-Weibchen meist auf eine Wirtsart. Seine Eier sind dann denen dieser Art in

157.
Junger Kuckuck
(Cuculus canorus)
wirft ein Wirtsvogelei
aus dem Nest. Aus
Heinroth 1928

Färbung und Zeichnung oft erstaunlich ähnlich. Vom jungen Kuckuck, der rascher als die Wirtsvogeljungen wächst und vielfach etwas eher (mindestens gleichzeitig) schlüpft, werden die rechtmäßigen Nestbewohner kurzerhand aus dem Nest befördert. Dies geschieht mitunter schon 10 Stunden nach seinem Schlupfakt. Der Kuckuck schiebt sich dazu unter das Wirtsvogelei (oder Wirtsvogeljunge) und nimmt es auf seinen Rücken. Dann stemmt er sich rückwärts an der Nestwand (Abb. 157) empor und wirft das Ei oder Wirtsjunge aus dem Nest. Nachdem alle Konkurrenten aus dem Wege geräumt sind, kommt die gesamte von beiden „Stiefeltern" herbeigetragene Nahrung (zwei Individuen dienen hier als Wirt!) allein dem rasch heranwachsenden Parasiten zu.

Bewegung, eine Grundeigenschaft der lebenden Materie

Bewegung, wohin man auch schaut! Bei der enormen Fülle von Organismen folgt Bewegung auf Bewegung, unterschiedlich in Form, Ablauf, Intensität, Geschwindigkeit. Durch sie werden Tümpel, Teiche, Weiher eigentlich erst zu Orten sprudelnden, pulsierenden Lebens. Diese Grundeigenschaft der lebenden Materie tritt uns in der Bewegung des ganzen Organismus oder seiner Organe, gleichermaßen aber auch bei der mikroskopischen Betrachtung von Lebendmaterial entgegen. Denken wir an die Bewegungen des Zytoplasmas in den Zellen, z. B. an die Zirkulations- und Rotationsströmungen in pflanzlichen Zellen, die gut zu beobachtende Plasmaströmung bei Amöben (*Chaos diffluens, Metachaos, Amoeba* usw.) oder die Zytoplasmaströmung im Axon einer Nervenzelle. Im Pflanzenreich laufen die Bewegungserscheinungen in der Regel langsamer und daher weniger auffällig als bei Tieren ab. Allein jedes Wachstum bedingt automatisch entsprechende Bewegungen der sich ausbildenden und entfaltenden Organe. Intensitätsschwankungen des Lichtes können zum Öffnen und Schließen von Blüten führen (Photonastie). In dieser Weise reagieren unsere Seerosen (*Nymphaea*), aber auch die Blüten vieler Korbblütengewächse (Asteraceae oder Compositae). Die Dynamik des Fangmechanismus der fleischfressenden Pflanzen (s. S. 165) erinnert sehr an Bewegungsabläufe bei Tieren. Schließlich sind viele niedere Pflanzen und die Keimzellen mancher Pflanzenarten wie die Tiere zur freien Ortsbewegung fähig.

Wir wollen hier aber ausschließlich die Bewegung von Tieren, und zwar zielgerichtet im Sinne der Fortbewegung, betrachten. Die Mannigfaltigkeit der Bewegungsabläufe, Fortbewegungsformen wie schwimmen, schweben, tauchen, kriechen, laufen, fliegen, gestattet es, nur einige Impressionen zu vermitteln.

Ermessen wir eigentlich, welche Leistung der Eisvogel (*Alcedo atthis*; Abb. 4) vollbringt, wenn er sich plötzlich von einem überhängenden Ast oder einem Pfahl aus ins Wasser stürzt und mit verblüffender Sicherheit – nach Filmaufnahmen eines Ornithologen geschieht dies mit geschlossenen Augen – einen Fisch packt, um dann unmittelbar darauf mit der zappelnden Beute im Schnabel aus dem Wasser aufzufliegen? Scheinbar spielerisch leicht wird der Übergang zwischen den Medien Luft und Wasser vollzogen. Dabei ist Wasser (Dichte bei 0 °C = 0,999868 g/cm³) etwa 773 mal dichter als Luft (Dichte bei 0 °C und 101,32472 kPa = 0,0012928 g/cm³)! Zweifellos eine enorme Barriere, die hier der sperlingsgroße, leicht gebaute Eisvogel mittels des „Stoßtauchens" überwindet. Zeitrafferaufnahmen zeigen, welche günstige aerodynamische Form der Vogel bei seinem Sturzflug einnimmt. Bislang verfügt der Mensch über keinen Apparat, der es dem Eisvogel gleichtun könnte. So gibt es weder ein abgewandeltes U-Boot, das von der Unterwasserfahrt aus ohne Halt direkt in die Lüfte fliegen kann, noch einen Flugkörper, der in der Lage wäre, sich auch unter Wasser beliebig fortzubewegen. Den in diesem Rahmen integrierten Vorgang des Fischfangs haben wir hierbei nicht einmal berücksichtigt.

Auf ganz andere Art und Weise tauchen Tauchenten und die von den Enten durch ihren zugespitzten Schnabel und die seitlich an den Zehen ausgebildeten Schwimmlappen leicht zu unterscheidenden Lappentaucher (Podicipedidae). Tauchenten wie Tafel- (*Aythya ferina*), Reiher- (*A. fuligula*) und Moorente (*A. nyroca*) liegen im Vergleich zu den Schwimmenten (Stockente, *Anas platyrhynchos* u. a.) tiefer im Wasser. Gleiches gilt auch für andere ausgesprochen gute Tauchvögel. Die sonst in Anpassung an das Fliegen recht leichten Knochen sind bei den Tauchenten schwerer, d. h. weniger mit Luft gefüllt (pneumatisiert), als bei Schwimmenten. Noch weitaus besser haben sich die Taucher auf das Wasserleben eingestellt. Ihre Skelettknochen enthalten überhaupt keine Lufthöhlen mehr. Gegen den Auftrieb im Wasser wirkt auch die Verringerung des im Federkleid vorhandenen Luftgehaltes. Betrachten wir daraufhin einmal den Zwergtaucher (*Podiceps ruficollis*; Abb. 76). Sein pelzartiges Gefieder liegt dem Körper eng an. Dadurch wird aus dem Federkleid viel Luft entfernt und der Vogel schwerer. Außerdem fällt auf, daß sein Körper eine strömungstechnisch vorteilhafte, torpedoartige Form besitzt.

Vom Schwanz sind nur noch einige kleine Deckfedern übriggeblieben. Vor dem Tauchen behalten die Vögel offenbar ihre Ausatmungsstellung bei und erhöhen über dieses „Ventil" weiterhin ihr spezifisches Gewicht. Mit kräftigen, schnellen, an die Fortbewegungsart von Fröschen („Grätschen" der Hinterextremitäten) erinnernden Schwimmstößen beider Beine suchen sie dann unter Wasser nach Nahrung. Während der Zwergtaucher wohl selten tiefer als einen Meter taucht, dürften Haubentaucher (Podiceps cristatus) in Seen eine Tauchtiefe von 20 bis 30 m erreichen. Die Tauchdauer wird allgemein überschätzt und nimmt wahrscheinlich kaum länger als 90 Sekunden in Anspruch. Bei der vielerorts häufigsten Tauchente, der Tafelente, beträgt sie etwa 25 Sekunden, die Tauchtiefe liegt in der Regel bei 1 bis 2 m.

Es würde an Münchhausen erinnern, wollte sich jemand unter Wasser mit Hilfe einer aus dünnem Gummi bestehenden „pulsierenden Glocke" fortbewegen. Diese auf dem Rückstoßprinzip beruhende Lokomotion haben Wassertiere verwirklicht! Uns ist das Prinzip des Raketenantriebs schon von den Großlibellenlarven her bekannt, die sich durch Ausstoßen des Atemwassers aus dem Enddarm – besonders wenn sie aufgeschreckt werden – derart vorwärts bewegen können. Hier geht es aber um Quallen (Medusen), deren ganzer Habitus einer Glocke gleicht. Bei ihnen ist der Rückstoß die einzige Art der aktiven Fortbewegung. In Mitteleuropa kommt im Süßwasser nur eine Art, Craspedacusta sowerbyi (Abb. 141), vor. Die 1880 im Victoria-Haus des Londoner Regent's Park entdeckte und vom englischen Zoologen E. R. Lancester beschriebene Meduse fällt mit einer Größe von 0,6 bis 30 mm nicht so schnell auf, wie ihre zahlreichen marinen Verwandten. Von der Mitte der Schirmunterseite (Subumbrella) hängt gleich dem Klöppel einer Glocke das vierkantige Mundrohr herab. Wenn die in der unteren Schirmwand liegenden Ringmuskeln und das Velum (eine muskelhaltige Duplikatur am Schirmrand) die Glocke schlagartig kontrahieren, wird der Gallertschirm weiter emporgewölbt, die Schirmhöhle verengt und das Wasser herausgestoßen. Durch den Rückstoß schwimmt das Tier mit der gewölbten Oberseite (Exumbrella) voran. Im rhythmischen Bewegungsablauf erschlaffen die Muskeln wieder, der Schirm weitet sich, und es strömt erneut Wasser in die Schirmhöhle ein. Nach einigen Glockenpulsationen wird immer eine kurze Ruhepause eingelegt. In diesem Zeitraum lassen die wie ein Fallschirm wirkende Glockenform und das niedrige spezifische Gewicht (hoher Gallertanteil!) die Meduse nur wenig absinken. Durch Änderung der Schlagfolge kann sie auch etwas langsamer oder schneller schwimmen. Geschwindigkeitsrekorde brechen die Medusen allerdings nicht. Bedenkt man aber, daß der Wassergehalt ihres Körpers etwa 96 bis 97 % beträgt und nur ein Teil der Eiweißstrukturen Muskelzellen sind, dann wird deutlich, mit welchem geringen Aufwand die Tiere eine doch beachtliche Leistung vollbringen. Leider steht dieser Gesichtspunkt zu selten im Vordergrund entsprechender Überlegungen. In erster Linie finden hohe Geschwindigkeiten Beachtung. Die Spitzengeschwindigkeit des viel zitierten Hechtes (Esox lucius) im Karpfenteich mit 25 km/h, vor allem solche verblüffenden Leistungen der Insekten wie die Flugrekorde von Großlibellen (Aeschna, Anax) mit 25 bis 30 m/s oder Flügelschlagfrequenzen von etwa 200 Hz (Bienen) und 500 bis 600 Hz (Stechmücken; 1 Hz = 1 Schwingung pro s) beeindrucken – keineswegs zu Unrecht – immer wieder. Die an Artenzahl (über 700 000 Arten) und Formenfülle von keiner anderen Tiergruppe übertroffenen Insekten begegnen uns in einer Vielzahl von Fortbewegungsvarianten. Im Rahmen der vielleicht am meisten auffallenden Flugleistungen können auch ganz erstaunliche „Steuerungsmanöver" durchgeführt werden. So sind die auf den Blüten am Gewässerufer häufigen Schwebfliegen (Syrphidae) in der Lage, regelrecht in der Luft stehen zu bleiben, und sie vermögen sogar seitwärts zu fliegen. Spitzenkönner des Fluges sind die Libellen. Im Zickzackflug jagen sie über den Weiher, bleiben plötzlich wie festgenagelt (rüttelnd) auf einer Stelle stehen, um dann unvermittelt davonzuschießen. Sie können blitzschnell wenden, vor-, seit- und rückwärts fliegen. Großlibellen sind imstande, ihre beiden Flügelpaare unabhängig voneinander zu bewegen, da bei ihnen – im Gegensatz zur Mehrzahl der Insekten – die Flugmuskeln direkt an der Flügelbasis und nicht an der Rücken- und Bauchplatte der Brust (Thorax) angreifen.

Den Gegenpol zu diesen exzellenten Fliegern bilden Formen, die, wie z. B. die auf dem Gewässerhäutchen lebenden Springschwänze, flugunfähig sind. Bei vielen Insektenarten können die Imagines zwar fliegen, beherrschen eine andere Fortbewegungsart aber weit besser. Besonders mannigfaltige und hervorragende Anpassungen haben, wie wir anschließend am Beispiel der Ruderwanzen (Corixidae) sehen werden, die „Schwimmer" unter den Insekten ausgebildet.

Unter den vielen interessanten Wasserinsekten in den algenreichen, besonnten Kleingewässern fallen Ruderwanzen (Corixidae) durch ihre lebhafte und gewandte Fortbewegung besonders auf. Es lohnt sich, den „Schwimmstil" dieser auch recht fluglustigen Tiere etwas näher unter die Lupe zu nehmen und gleichzeitig auf ihre Fähigkeit zur Lauterzeugung (Stridulation) zu achten, die eng mit Bewegungen der Vorderextremitäten in Zusammenhang steht.

Eigentümliche Ruderwanzen

Bereits bei einer oberflächlichen Betrachtung des wohl bekanntesten Vertreters, *Corixa punctata*, fällt der unterschiedliche Bau der drei Beinpaare auf. Die kurzen Vorderbeine (Propodien) dienen vor allem dem Herbeistrudeln von Nahrung (Detritus). An den Mittelbeinen (Mesopodien) sitzen auffallend lange Klauen. Mit ihnen halten sich die in der Regel überkompensierten Tiere an Wasserpflanzen oder am Gewässerboden fest (Abb. 81). Wie wir noch sehen werden, übernehmen die Mittelbeine außerdem beim Schwimmen Steuerfunktion. Die Hinterbeine (Metapodien) sind in bemerkenswerter Weise zu Ruderbeinen (Abb. 158) umgebildet. Sie stellen nicht nur außerordentlich lange (über 80 %, der Körperlänge einnehmend), sondern, wie aus den Tarsus-Querschnitten hervorgeht, auch regelrecht abgeplattete Ruderblätter dar. Allein diese Abflachung würde bereits eine ausgezeichnete Ruderwirkung bedingen. Durch weitere komplizierte Mechanismen, wie eine kräftigere Ausprägung und spezielle Anordnung der Schwimmwimpern, wird aber noch eine bessere Effektivität erzielt. Bei stärkerer Vergrößerung (Abb. 143, 158) sieht man, daß diese Wimpern auf zwei Feldern lokalisiert und sehr regelmäßig angeordnet sind. Ein Schwimmbein ist mit etwa 5 000 Schwimmwimpern besetzt, die sich in zwei Typen, Außen- und Innenwimpern, aufgliedern. Die Innenwimpern haben einen Durchmesser von etwa 0,0025 mm und überwiegen deutlich. Jede Wimper besitzt an ihrer Basis ein Gelenk mit einem Basalring, der stets zur gegenüberliegenden Beinaußenkante hin unterbrochen ist. Beim Ruderschlag sind die Schwimmwimpern aufgerichtet, da sie am Basalring ein entsprechendes Widerlager finden. Während des Vorschwingens der Metapodien klappen dagegen alle mechanisch um und verringern damit den Wasserwiderstand. Dieses überaus praktische System wird noch durch die an den Extremitäten ausgebildeten Stacheln ergänzt. Beim Ruderschlag richten sich nämlich die Stacheln etwas auf und stützen die Außen-

158.
Schematische Darstellung der Tonerzeugung und Schwimmbewegungen bei Ruderwanzen (Corixidae). Kombiniert nach Schenke 1965, 1966.
1 = Vorderbein in Ruhestellung;
2 = Vorderbein während der Tonerzeugung;
3 = Schrillfeld am Femur des Männchens;
4 = Ruderwanze, Bauchseite mit den charakteristischen Beinpaaren;
5 = Querschnittformen der einzelnen Beinabschnitte eines Ruderbeines;
6 = Teil der Wimperfläche des Tarsus;
7 = Phasen der Ruderbewegung beim Geradeausschwimmen (links Rück-, rechts Vorschwingen);
8 = Steuerungsmöglichkeiten beim Vertikalsteuern;
9 = Horizontalsteuern (gestrichelt gezeichnet sind die Vektoren, die die Gegenkraft des Wassers verdeutlichen, ausgezogene Linien geben die Bewegungsrichtung des steuernden Beingliedes an)

wimpern, welche wiederum ihrerseits die noch feineren Innenwimpern halten. So bildet das Wimpersystem ein äußerst feinmaschiges Gitternetz, das bei der Beinbewegung im Wasser ständig auf- und abgebaut wird.

Der Ruderschlag verläuft beim Geradeausschwimmen immer synchron. Interessanterweise ändert sich dieser Bewegungsablauf auch dann nicht, wenn man die Tiere zwangsweise an Land setzt. Vorder- und Mittelbeine werden beim Schwimmen an die Bauchseite herangezogen. Die für den Vortrieb allein verantwortlichen Hinterbeine weisen pro Sekunde eine Frequenz von 5 bis 6 Ruderschlägen auf. Unser Vergleich der *Corixa*-Metapodien mit einem Ruder trifft nun allerdings nur im Hinblick auf ihre Form, nicht aber den Bewegungsablauf zu. Einem starren Ruder sind die Schwimmbeine klar überlegen. So muß das Bootsruder beim Vorwärtsschlag, um überhaupt Wirkung zu erzielen, aus dem Wasser gehoben werden, da sonst der Widerstand ähnlich groß wie beim Rückwärtsschlag ist. Durch eine Reihe von Mechanismen wird bei den Wasserwanzen der Wasserwiderstand beim Vorschwingen sehr klein gehalten. Neben dem schon erwähnten Bewegungsablauf des Wimpersystems wirkt sich auch der spezifische Bau der Beine (z. B. Querschnittform der Einzelglieder, veränderliche Stellung der Glieder zueinander) vorteilhaft aus. Wie aus der Abbildung 158 weiterhin hervorgeht, läßt sich der Ablauf des Vor- und Rückschwingens in mehrere Phasen unterteilen. Mit Hilfe von Filmaufnahmen wurde auch deren zeitliche Abfolge untersucht. Die Skizze kann lediglich die unterschiedliche Beinhaltung beim Ruderschlag (Phasen 1 bis 8) und beim Vorschlagen (Phasen 9 bis 14) verdeutlichen. Untersuchungen zur Ablaufgeschwindigkeit zeigten, daß das Vorschwingen, welches die Vorwärtsbewegung unvermeidlich vermindert, viel langsamer als der Ruderschlag erfolgt. Aus solchen außerordentlich aufwendigen Untersuchungen geht außerdem hervor, daß die Ruderbewegung erst bei höheren Frequenzen, d. h. bei kurzer Schlagzeit, einen optimalen Nutzeffekt erreicht.

Ruderwanzen können eine Schwimmgeschwindigkeit von über einem halben Meter pro Sekunde aufweisen. Dieses beachtliche Tempo erreichen sie allerdings nur in Gefahrensituationen. Beim Abtauchen nach dem Luftholen wird die erste Wegstrecke meist besonders schnell zurückgelegt. Im tieferen Wasserbereich ist die Schwimmgeschwindigkeit dann wesentlich langsamer.

Recht interessant sind auch die verschiedenen Steuerungsmöglichkeiten der Corixiden. Einige Grundtypen demonstrieren die Skizzen. *Corixa* kann die Bewegungsrichtung nach allen Seiten hin ändern. An der Steuerung sind die Mesopodien beteiligt. Das Vertikalsteuern wird in erster Linie durch eine veränderte Stellung der Ruderflächen der Metapodien erreicht. In Zusammenhang mit der Antriebswirkung der Ruderbeine bewerkstelligen die Tiere durch entsprechende Stellung der Mesopodien ebenfalls das Auf- oder Abtauchen.

Ein Schwimmen nach rechts oder links läßt sich bereits bei Abwandlung des synchronen Schlagrhythmus bewirken. Entweder schwingt eine Extremität schneller nach vorn oder der Rückschlag (Ruderstoß) wird mit unterschiedlicher Kraft ausgeführt. Dabei unterstützen wiederum die Mittelbeine den Drehvorgang in der horizontalen Ebene durch einseitiges Bremsen. Kombiniertes horizontales und vertikales Steuern führt zu Änderungen der Schwimmrichtung. Es wäre sogar ein spiralförmiges Schwimmen vorstellbar. In der Natur ist dies aber nur andeutungsweise verwirklicht.

Ihre Fähigkeit, zirpende Töne zu erzeugen, brachte den Ruderwanzen den Namen „Wasserzikaden" ein. Allerdings sind nicht alle *Corixa*-Arten „Musikanten", und bei den in Frage kommenden Arten vermögen offenbar nur die Männchen Töne hervorzubringen. Da sich an den abendlichen Konzerten

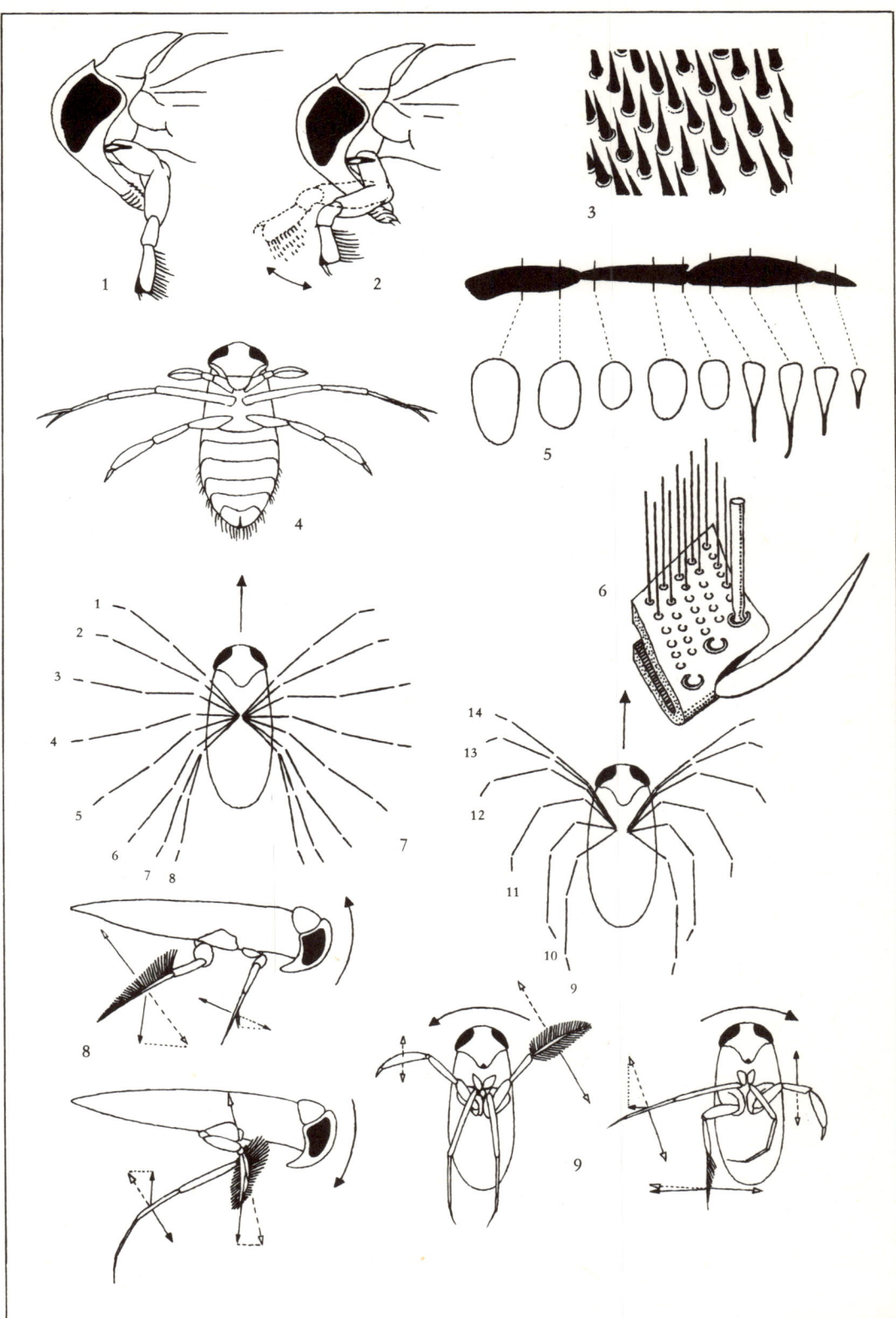

im Frühjahr viele Männchen beteiligen, ist das Zirpen auch noch meterweit gut wahrnehmbar. Vermutlich steht die Stridulation in Zusammenhang mit der Fortpflanzung, und die Weibchen der betreffenden Arten können die Töne hören.

Die von der einzelnen Wasserwanze produzierte „Musik" dauert nur wenige Sekunden. Bei der Tonerzeugung hält sich das Tier mit den Mesopodien an einer Wasserpflanze fest, die Ruderbeine werden weit abgestreckt. In Bewegung sind nur die Propodien. Sie reiben mit den Innenseiten der Vorderschenkel an den Kopfseiten. Die Töne entstehen dabei offensichtlich durch Berührung der Schrillborsten, die sich in einem Schrillfeld am Schenkel konzentrieren. Diese Borsten fehlen den Weibchen und sind von Art zu Art etwas unterschiedlich geformt. Eine Beteiligung anderer Körperabschnitte an der Tonerzeugung wurde zwar mehrfach erwogen, scheint aber nicht vorzuliegen. Dadurch, daß entweder nur ein Schenkel oder beide gleichzeitig an der gerieften Außenkante der Oberlippe entlangstreichen, werden zweierlei Töne erzeugt. Das „Orchester der Wasserzikaden" spielt seine Abendmusik demnach nur auf einem Instrument.

Ein Schmetterling, der im Wasser lebt

Wenn wir das oft reiche und bunte Falterleben auf einer sommerlichen Wiese, mit vielen Bläulingen (*Lycaena*), Ochsenaugen (*Maniola*), Heu- (*Coenonympha*), Perlmutter- (*Argynnis*), Scheckenfaltern (*Melitaea*), Blutströpfchen (*Zygaena*) und wie sie alle heißen, beobachten, wer vermutet da schon, daß im Wasser des angrenzenden Weihers Entwicklungsstadien von Schmetterlingen vorkommen. In einem Fall führt sogar der Falter selbst ein echtes Wasserleben.

Denkt man an die enge Verwandtschaft der Schmetterlinge mit den Köcherfliegen, deren Larven ja fast ausschließlich im Wasser leben, so darf es freilich nicht überraschen, daß auch bei einigen Schmetterlingsarten recht ausgeprägte Beziehungen zum Wasserleben vorliegen.

Den Übergang zu echten aquatilen Formen bilden Arten, deren Raupen auch unter Wasser in Stengeln oder Wurzeln von Sumpf- und Wasserpflanzen leben, direkt mit dem Wasser jedoch keine Berührung haben. Der notwendige Sauerstoff steht ihnen in den Interzellularräumen (Zwischenzellräumen) der Futterpflanzen zur Verfügung. Ihre Lebensweise entspricht demnach im wesentlichen der jener Raupen, die in Landpflanzen minieren. Solche Verhältnisse treffen z. B. für verschiedene Eulenfalter zu, deren Raupen im Gemeinen Schilf (*Phragmites australis*), Rohr- (*Typha*) und Igelkolben (*Sparganium*), Wasserschwaden (*Glyceria maxima*), in Wasserschwertlilien (*Iris pseudacorus*), Teichsimsen (*Schoenoplectus*) und Seggen (*Carex*) leben.

Die meisten Wasserschmetterlinge kommen in den Tropen vor. In der europäischen Fauna finden sich Formen mit der vollkommensten Anpassung an das Wasserleben innerhalb der Familie der Zünsler (Pyralidae). Drei davon wollen wir uns hier näher ansehen.

Der Zünsler *Nymphula* (*Hydrocampa*) *nymphaeata* tritt zur Fortpflanzungszeit über pflanzenreichen stehenden Gewässern oft in großen Schwärmen auf. Unruhig flattern die weißen, bräunlich gezeichneten Schmetterlinge dahin. Die Männchen jagen den Weibchen teils fliegend, teils auf der Wasseroberfläche entlanglaufend nach. Unmittelbar nach der Paarung werden die Eier an der Unterseite von Seerosen-, Teichrosen- und Laichkrautblättern abgelegt. Die Weibchen halten sich dabei mit den Beinen am Rand der Schwimmblätter fest, strecken den Hinterleib ins Wasser und heften die Eier in Reihen auf

159.
Entwicklungszyklus des Wasserschmetterlings *Acentropus niveus.* Aus Wesenberg-Lund 1943.
1 = Eihaufen auf einem Hahnenfußblatt (*Ranunculus*);
2 = Raupe miniert im Stengel der Kanadischen Wasserpest (*Elodea canadensis*);
3 = Raupengehäuse aus Wasserpestblättern;
4 = Puppengehäuse, Gespinst z. T. entfernt;
5 = flugunfähiges, stummelflügeliges Weibchen;
6 = Weibchen mit normal entwickelten Flügeln.

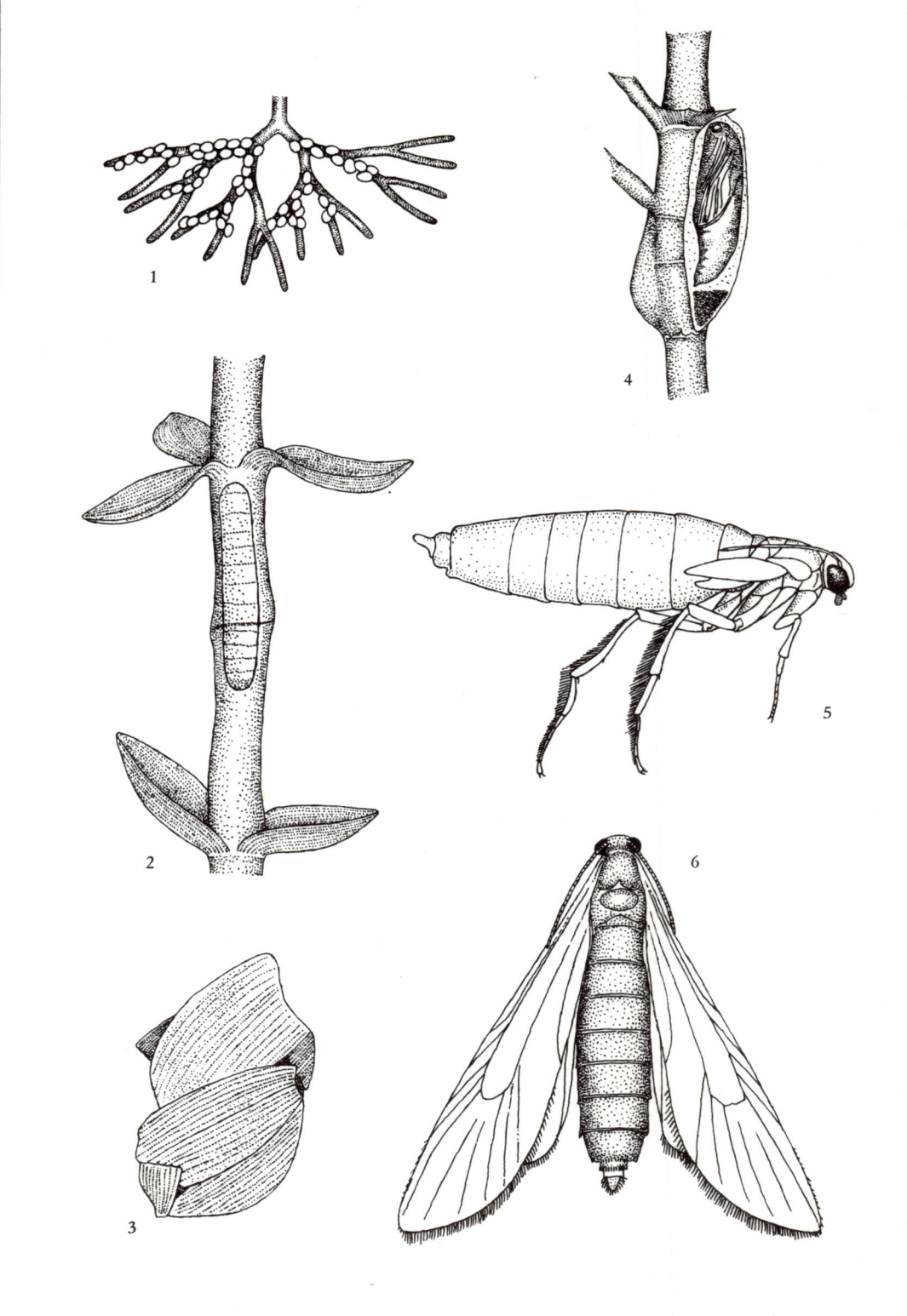

der Blattunterseite an. Schon bald nach dem Schlüpfen ergreifen die Eiräupchen (erstes Larvenstadium) ein vorübertreibendes kleines Blatt, bedecken sich damit und sitzen nun in einem einfachen Gehäuse. Im August sind die Schwimmblätter unterseits mit derartigen Gehäusen häufig wie übersät. Später schneiden die Raupen mit ihren inzwischen kräftig ausgebildeten Kiefern am Schwimmblattrand zwei etwa elliptische Blattstücke heraus und spinnen diese längsseits zu einem flachen Gehäuse zusammen, das völlig mit Wasser gefüllt ist. Die Raupen leben darin im Bereich des Pflanzengürtels und atmen zunächst ausschließlich durch die Haut. Der Ortswechsel erfolgt meist passiv durch die Wasserbewegung, mitunter strecken sich die Raupen auch lang aus ihrem Gehäuse heraus und greifen nach den in der Nähe befindlichen Schwimmblättern. Stirbt der Pflanzenteppich im Herbst ab, dann sinken mit den faulenden Pflanzenteilen auch die Raupen in ihren Gehäusen auf den Gewässerboden, wo sie den Winter über ruhen. Im Frühjahr steigen sie an den ersten Trieben ihrer Futterpflanzen wieder zur Wasseroberfläche empor, beginnen zu fressen, wachsen heran und bauen größere Gehäuse. Nach einer der letzten Häutungen wird die ursprünglich glatte Haut durch eine dichte Schicht kurzer Haare unbenetzbar, das Gehäuse mit Luft gefüllt, und die Stigmen (Atemöffnungen) öffnen sich. Die Frage nach der Herkunft der Gehäuseluft ist noch nicht sicher geklärt. Wahrscheinlich handelt es sich aber um atmosphärische Luft, die beim Aufenthalt auf der Schwimmblattoberseite in den Köcher eindringt. Zur Erneuerung der Atemluft strecken die Raupen den Vorderkörper aus dem Wasser heraus und bringen dann beim Zurückziehen von der Haarschicht festgehaltene Frischluft in das Gehäuse ein. Der Raupenfraß verstärkt sich im Sommer zusehends. Oft sind die Schwimmblätter fast völlig aufgefressen. Schließlich verpuppen sich die Raupen. Etwa 5 bis 10 cm unter der Wasseroberfläche findet man an Pflanzenstengeln die den Raupengehäusen ähnlichen Puppenhüllen. Die beiden Blattstücke umgreifen jeweils den Stengel und stehen flügelartig von ihm ab. Innerhalb des Gehäuses wird die Puppe noch von einem luftgefüllten Gespinst umgeben. Auch hier besteht über die Herkunft der Luft keine Klarheit.

Verblüffend ist die Art und Weise, wie der Schmetterling unbeschadet an die Wasseroberfläche gelangt. Während bei den Köcherfliegen die Puppen ihre Hüllen verlassen und zum Wasserspiegel emporsteigen, müssen die Schmetterlinge diesen Weg selbst bewältigen. Sobald die Puppenhülle gesprengt ist, nimmt der Schmetterling die im Gespinst enthaltene Luft unter seine Flügel und schießt durch den so entstandenen Auftrieb regelrecht zur Wasseroberfläche empor. Dabei wird gleichzeitig der feine, die Flügel schützende Wachsüberzug abgestreift. Wie eine Köcherfliege läuft der Schmetterling dann über den Wasserspiegel zum Ufer, entfaltet dort seine Flügel vollständig und erhebt sich wenig später in die Luft.

Noch besser an das Wasserleben angepaßt sind die Raupen von *Paraponyx stratiotata*. Sie kommen im Laufe ihrer Entwicklung überhaupt nicht an die Wasseroberfläche und atmen – ähnlich wie Larven und Puppen von Köcherfliegen oder andere Wasserinsektenlarven – durch fadenförmige Tracheenkiemen, die büschelförmig auf dem Rücken und an den Seiten stehen. Als Futterpflanze wird die Krebsschere (*Stratiotes aloides*) bevorzugt. Interessanterweise können die Raupen, die ihr Gehäuse ebenfalls aus Blattstücken bauen, durch Schwingungsbewegungen für eine Frischwasserzufuhr sorgen. Die Puppe atmet in ihrem mit Luft gefülltem Gehäuse wieder durch Stigmen.

Der zweifellos merkwürdigste Wasserschmetterling ist der Zünsler *Acentropus niveus*. Seine Raupen leben anfangs in Stengeln von Wasserpflanzen,

Vernichtung eines Amphibienparadieses bei Winterthur (Schweiz):
160. Kiesgrubenweiher vor der Zerstörung

161. 162. Zuschütten des Biotops

163. Ungewöhnliche nächtliche Straßensperrung bei Küßnacht (Schweiz)

Naturschutz in Aktion:

164. Ein 1 km langer Plastikzaun an der Autobahn bei Murnau (Bayern) hindert Erdkröten *(Bufo bufo)* am Überqueren der Fahrbahn

165. Die Amphibien werden aus dem Fanggefäß am Zaun entnommen und dann zum Laichgewässer getragen

166. Vor dem „Straßentod" bewahrt

167. Eine mögliche, allerdings kostenaufwendige Rettungsart ist die Untertunnelung der Straßen, die Amphibienwanderwege schneiden

168. Die offenbar beste Rettungsvariante basiert auf der Anlage von Ersatzlaichteichen

169. Erdkröten *(Bufo bufo)* bei der Paarung

170. Rothalstaucher *(Podiceps griseigena)* mit Jungem auf dem Rücken

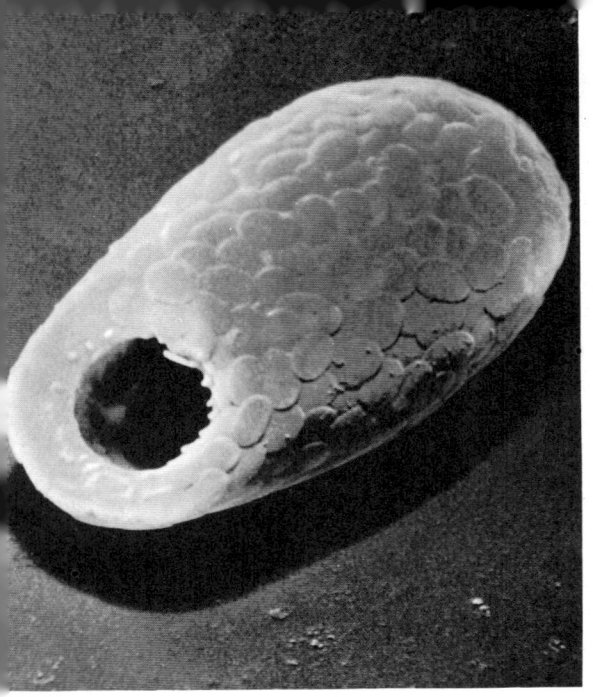

171. Mit ihrer keilförmigen Schale findet die Testacee(beschalte Amöbe) *Trinema enchelys* guten Halt im Aufwuchs. Rasterelektronenmikroskopische Aufnahme 1 620 x

172. Schale von *Euglypha rotunda*, einer häufigen Testaceenart unserer Gewässer. Sie ist aus Kieselplättchen aufgebaut, die vom Tier selbst gebildet werden. Rasterelektronenmikroskopische Aufnahme 1 700 x

173. Schalenöffnung (Pseudostom) von *Euglypha rotunda* stark vergrößert. Rasterelektronenmikroskopische Aufnahme 3 600 x

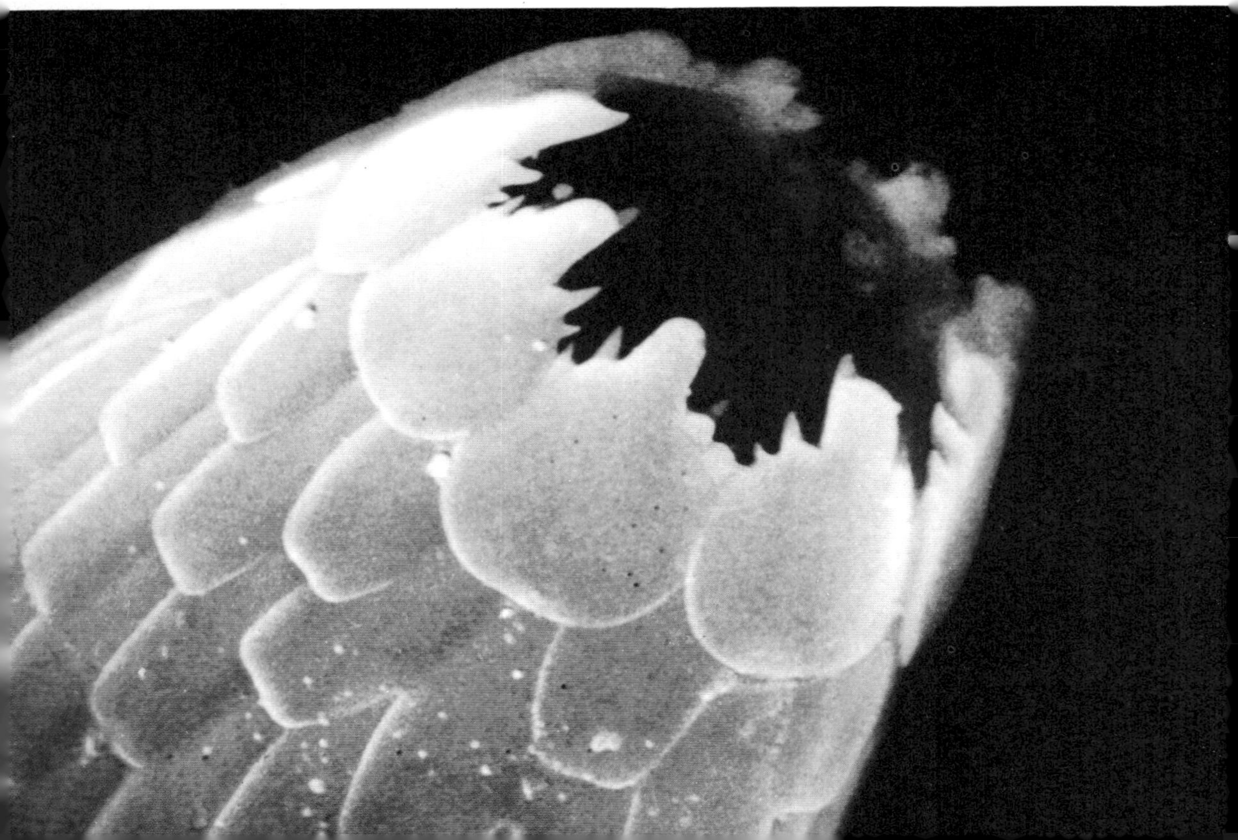

174.
Zum Vergleich:
Schale der
Malermuschel
(Unio pictorum;
oben) und
Teichmuschel
(Anodonta cygnea)

175. Gehäuse der Köcherfliegengattung *Limnephilus.* Als Baumaterial fanden leere Wasser-
schneckengehäuse (links verschiedene Tellerschneckenarten, rechts dazu auch eine
Deckelschnecke) und Pflanzenteile Verwendung

176. Europäische Sumpfschildkröte *(Emys orbicularis)* beim Sonnen. Im Norden ihres Verbreitungsgebietes heute schon eine Rarität, im südöstlichen Teil noch sehr häufig

177. Sich totstellende Ringelnatter *(Natrix natrix)*. Die Natter liegt zum Teil auf dem Rücken und zeigt ihre schwarzweiß gewürfelte Bauchseite. Der Mund ist geöffnet

später frei in Pflanzengehäusen, mit denen sie langsam umherkriechen. Die Puppe ruht wie bei den anderen Formen in einem luftgefüllten Kokon. Wenn die Schmetterlinge im Juli schlüpfen, treten zwei Weibchenformen (Abb. 159) auf, normal geflügelte und stummelflügelige Weibchen. Früher wurden beide Formen lange als völlig getrennte Arten angesehen und daher mit unterschiedlichen Namen belegt. Es mangelte auch nicht an Legenden zur Biologie dieser interessanten Schmetterlingsart, deren Lebensweise selbst heute in manchen Details noch nicht zufriedenstellend geklärt ist.

Die flugunfähigen stummelflügeligen Weibchen bleiben zeitlebens im Wasser. Mittel- und Hinterbeine dienen ihnen durch den starken Haarbesatz als wirkungsvolle Schwimmgliedmaßen, so daß sie sich recht gewandt im Wasser fortbewegen können. In Paarungsstimmung schwimmen die Tiere dicht an die Wasseroberfläche und strecken das Hinterleibsende aus dem Wasser heraus. Daraufhin vollziehen die dicht über dem Wasser unruhig umherfliegenden Männchen die Begattung, die bei den geflügelten Weibchen in der Luft erfolgt. Unmittelbar nach der Paarung schwimmt das Weibchen wieder abwärts, legt seine Eier an submersen Pflanzen ab und stirbt.

Dem Laichgewässer zeitlebens eng verbunden

Trotz ihrer doch unbestrittenen Bedeutung als Schnecken- und Insektenvertilger in Wald, Feld und Garten, werden Kröten leider auch heute noch vielfach durch Unwissenheit und Aberglauben in Verruf gebracht. Oft hört man, wie „häßlich, eklig und giftig" Kröten sind. Solche oder ähnliche „schmückende" Beiworte gehen wohl auf den gedrungenen, plumpen Körperbau, ihre warzige Haut, die keineswegs für alle Arten zutreffende dunkle Färbung, überwiegend nächtliche Lebensweise und schließlich auf das von den großen Ohrdrüsen (Parotiden) und der Haut produzierte giftige Sekret (Bufotalin, u. a.) zurück, das jedoch nur bei sehr starker Reizung abgesondert wird. Es trifft natürlich auch nicht zu, daß man nach dem Anfassen dieser Tiere Warzen bekommt.

Die meisten Begegnungen mit Kröten, besonders unserer häufigsten Art, der Erdkröte *(Bufo bufo)*, dürften sich im zeitigen Frühjahr zur Laichzeit ergeben. Die übrige Zeit des Jahres bleiben uns diese nachtaktiven Amphibien weitgehend verborgen. So ist es verständlich, daß trotz bemerkenswerter Forschungsarbeiten unser Wissen über die Kröten noch immer viele Lücken aufweist. Einer der interessantesten Aspekte, mit dem sich vor allem Schweizer Forscher befaßten, ist ihre enge Bindung an das Laichgewässer.

Sobald im März die Quecksilbersäule abends nicht mehr unter 5 °C fällt, verlassen die Erdkröten bei Regen oder feuchtwarmer Witterung ihr Winterquartier. Oft sind es Hunderte oder sogar Tausende, die mit verblüffender Zielstrebigkeit zum Teil über einen Kilometer weit zu dem Gewässer ziehen, wo sie einst als Larven schlüpften. Viele Männchen finden bereits während der nächtlichen Wanderung ein Weibchen. Sie klammern sich mit den Vorderfüßen unter der Achsel des fast immer größeren Partners fest und lassen sich von der „Auserwählten" zum Wasser tragen. Die an den ersten drei Fingern ausgebildeten Brunstschwielen begünstigen das Festhalten, und es erfordert doch einen ziemlichen Kraftaufwand, wenn man das Paar trennen will. Offen ist derzeit noch die Frage, wie sich die in breiter Front wandernden Tiere orientieren. Auch über die die Wanderung auslösenden Faktoren existiert noch keine endgültige Klarheit. Auszugsweise sei dazu die Ansicht des Züricher Herpetologen H. Heusser zitiert: „Die Wanderungsbereitschaft hängt nicht nur vom Regengrad und der Abendtemperatur ab, sondern auch von der Kalenderzeit. Diese Kalendergebundenheit der Wanderung wird als Ausdruck eines relativ temperatur-unabhängigen Wandertriebes, der auf eine Sollzeit angesetzt ist, aufgefaßt.

Am besten läßt sich die Sollzeit der Wanderung charakterisieren als Zeitpunkt der durchschnittlich frühesten Eignung des Laichplatzes unter Bedingungen, die die Anwanderung zu diesem Platz gestatten. Die Sollzeit der Laichwanderung ist populationsspezifisch angesetzt."

Im Laichgewässer warten die „ledigen" Männchen auf die wenigen unverpaart ankommenden Weibchen. Es herrscht Männchenüberschuß! Je nach der Population kann der Männchenanteil etwa 60 bis 90 % betragen. Dies bringt es mit sich, daß die „Junggesellen" auch versuchen, bereits verpaarte Weibchen zu umklammern. Nicht immer kann der Nebenbuhler erfolgreich abgewehrt werden. Oft schwimmen weitere Männchen heran, hängen sich ebenfalls an das Paar und bilden einen festen Knäuel, der gelegentlich aus über einem Dutzend Kröten bestehen kann. Derart eingeschnürt wird das in der Mitte des Klumpens befindliche Weibchen manchmal regelrecht erdrückt, oder es kommt nicht mehr zum Luftholen an die Wasseroberfläche und ertrinkt. Selbst am toten Weibchen klammern noch brünstige Männchen. In fortgeschrittener Paarungsstimmung schwimmen sie auch Holzstücke und eigentlich alle sich bewegenden Objekte an, sei es ein Frosch, Fisch oder der Finger des Beobachters.

Meist laichen viele Paare gleichzeitig ab, so daß unter günstigen Bedingungen das Laichgeschäft einer Population schon nach etwa einer Woche beendet ist. Die 3 bis 5 m langen gallertigen Laichschnüre sind bevorzugt an Schilf-, Binsenhalmen, im Wasser stehenden Grasbüscheln oder in Ermangelung von Wasserpflanzen, z. B. in Kiesgrubentümpeln, an Ästen oder anderen Ersatzstrukturen verankert. Nach dem Ablaichen trennen sich die Paare, und die Kröten wandern bald darauf zu ihrem 500 bis 1 500 m vom Laichplatz entfernten Sommerquartier.

Ihre erstaunliche Bindung an einen bestimmten Laichplatz wurde durch Markierungsversuche (besonders durch Zehenamputationen und an der Schwimmhaut befestigten Meerschweinchenohrmarken) nachgewiesen. Verschiedene Untersuchungen zeigten, daß verfrachtete Kröten zum „eigenen" Laichplatz zurückkehrten. Ein zur Laichzeit zwischen Tieren zweier benachbarter Laichplätze durchgeführter Austausch war im folgenden Jahr im Sinne der Ausgangssituation wieder korrigiert. Dieser Ortstreue liegt vermutlich eine populationsspezifische, schon auf sehr frühem Entwicklungsstadium erfolgte Prägung zugrunde. Wie besonders nach Biotopveränderungen deutlich wird, suchen die in Wanderstimmung befindlichen Erdkröten den Laichplatz zunächst unabhängig von der Wasserführung als einen bestimmten geographischen Ort auf. So kehren sie sogar zum Laichplatz zurück, wenn er ausgetrocknet oder zugeschüttet ist. Fazit dieser Verhaltensweise ist, die Individuen bleiben zwar erhalten, es fehlt jedoch die Nachkommenschaft, so daß die Population schließlich ausstirbt. Wenn nun alle Tiere derart reagieren würden, dann wäre eine Neubesiedlung von Gewässern problematisch oder nur auf passivem Weg durch Verschleppen von Laich möglich. Ein geringer Prozentsatz erweist sich daher wohl als so flexibel, daß auch benachbarte Laichgewässer angenommen werden.

Mit der zunehmenden Zergliederung der Landschaft durch den Straßenbau entstand eine weitere tödliche Gefahr für den Amphibienbestand, der Straßentod. Das Sammeln und Auszählen der auf den Straßen liegenden Tierleichen, der sogenannten „DOR-Tiere" (dead on road), ist bereits zu einer Standardmethode für Bestandsaufnahmen geworden. Wie in den USA ergibt sich in dieser Hinsicht auch für Europa ein alarmierendes Zahlenmaterial. Unter den Jahr für Jahr zu ihren traditionellen Laichplätzen wandernden Kröten und Fröschen kommt es zu wahren Massakern. So fand z. B. der Däne L. Hansen bei regelmäßigen Kontrollen bestimmter Straßenabschnitte im Laufe des Jahres 1957 auf Hauptstraßen 32 820, Landstraßen 54 659 und Nebenstraßen 95 610 überfahrene Amphibien. Bei Vögeln liegen die Verlustquoten zum Teil noch weitaus höher.

Wird in der Nähe eines Laichplatzes eine Straße gebaut, so kann die dortige Population bei dichtem Autoverkehr derart dezimiert werden, daß sie nach mehreren Jahren erlischt. Über eine auf diese Weise in der Umgebung von Iwerne Minster (England) vernichtete Erdkröten-Population berichtet H. Moore (vgl. Honegger 1969). In jüngster Zeit wurden u. a. in Bayern an Stellen, wo Amphibien zur Laichperiode regelmäßig neu angelegte Straßen passieren, durch den dichten Verkehr nicht selten 100 Tiere pro Nacht überfahren. Als im Frühjahr 1975 an der Autobahn vor Murnau innerhalb weniger Stunden etwa 6 000 bis 8 000 Grasfrösche und Erdkröten die Fahrbahn überquerten, kamen in einer einzigen Nacht rund 3 000 Tiere um. Nach einem Verkehrsunfall sperrte man die Autobahn, sammelte die noch ankommenden Amphibien ein und trug sie auf die andere Straßenseite (Riess 1977).

Nicht alle der bisher zur Verhinderung solcher Massensterben getroffenen Maßnahmen haben sich als dauerhafte Lösungen erwiesen. Aufgestellte Amphibienwarnzeichen (Abb. 163) bieten selbst in Kombination mit einer Begrenzung der Höchstgeschwindigkeit für die wandernden Amphibien keinen Schutz. Wer die Reaktion der meisten Autofahrer auf Wildwechsel- und Viehaustrieb-Verkehrszeichen kennt, kann sich außerdem vorstellen, daß diese Verkehrsteilnehmer ein Froschsymbol noch weniger ernst nehmen. Straßensperrungen oder Umleitungen sind – abgesehen von den Schwierigkeiten, die hier bei stark frequentierten Strecken auftreten – gleichfalls Scheinlösungen. Denken wir daran, daß die Straßen jährlich dreimal von Amphibien überquert werden, bei der Wanderung zum Laichplatz, der Rückwanderung und beim Auszug der Jungtiere.

Wirksame Maßnahmen gehen auf den Schweizer Lehrer H. Fischer zurück (Abb. 178). Er errichtete als erster an einigen solchen kritischen Stellen entlang der Straße Plastikzäune. Die sich vor der Abschrankung und in den dort angelegten Fanggefäßen ansammelnden Tiere wurden anfangs in jedem Frühjahr über die Straße getragen. Zweifellos war damit noch keine befriedigende Lösung erreicht, denn auf dem Rückzug und Auszug drohen Alt- und Jungtieren die gleichen Gefahren. Sie entfallen erst bei der Anlage von Straßenunterführungen oder Untertunnelungen. Der Bau solcher Projekte wird recht unterschiedlich betrieben. In der Schweiz legt man z. B. entlang der Amphibienzäune im Abstand von 30 bis 50 m „Doppel-Einwegunterführungen", d. h. je eine Röhre (bis 40 cm $\varnothing$) für den Hin- und Rückweg an. An dem einen Ende der Röhre befindet sich ein Einfallschacht, am anderen eine Auswurföffnung.

Der schon erwähnte Amphibienübergang bei Murnau (Bayern) wurde mit einer 80 cm weiten Betonröhre (Abb. 167) untertunnelt. Eine trichterförmige Zaunanlage führt die Amphibien an die Röhre heran. Als zusätzliche Sicherung wurde beidseitig an dem parallel zur Autobahn verlaufenden Wildschutzzaun noch eine 1 km lange und 50 cm hohe Plastikplane angebracht (Abb. 164). Das Gesamtprojekt kostete einschließlich der dazugehörigen Überbrückung einer Wiese und Unterführung einer Staatsstraße mit einer weiteren Betonröhre (60 cm $\varnothing$) knapp 200 000 DM.

178.
Möglichkeiten des
Schutzes von
Lurchenzügen vor dem
„Straßentod".
Modifiziert nach
einem Merkblatt von
H. Fischer.
a = Ausgangssituation
(führt zur Vernichtung
der Population);
b = Tiere werden auf
einer Straßenseite
(Zuzug) oder auf
beiden abgefangen
und über die Straße
getragen;
c = Untertunnelung;
d = Umprägen auf
Ersatzlaichteich
(bester Lösungsweg)

Die wohl beste und noch dazu mit geringerem Kostenaufwand verbundene Lösung ist der Bau eines Ersatzlaichteiches (Abb. 168), in den die mit Hilfe eines Amphibienzaunes und von Fanggefäßen am Passieren der Straße gehinderten Elterntiere bis zum Ablaichen eingesetzt werden. Ein kreisförmiger Plastikzaun verhindert das Entweichen aus dem neuen Biotop. Die schlüpfenden Jungtiere sind nun auf diesen Laichplatz geprägt und somit vor dem Straßentod bewahrt. Nach der Laichablage wird die Absperrung bis zum März des nächsten Jahres wieder entfernt. Alt- und Jungtiere können dann in ihre Wohngebiete abwandern. Entsprechend der Lebenserwartung der Erdkröten muß die Absperrung an der Straße etwa 8 bis 10 Jahre bestehen bleiben, da die Alttiere ja immer wieder ihrem ursprünglichen Laichplatz zustreben. Wie die Fangquoten der von H. Fischer bei Rheinfelden (Schweiz) durchgeführten ersten Umsiedlungsaktion belegen, nimmt die Zahl der umzusetzenden Tiere Jahr für Jahr ab, hohe Verluste durch Überfahren entfallen schnell. Mußten 1970, zu Beginn der Prägung auf den Ersatzlaichteich, 2 212 Erdkröten umgesetzt werden, so waren es 1977 lediglich noch 299 Exemplare. Die anfangs hohe Todesziffer von 1 200 „überrollten" Tieren sank 1971 sofort auf 50 ab. 1977 wurden nur vier tote Kröten auf der Fahrbahn gefunden.

Je nach den örtlichen Gegebenheiten kann der Amphibienzaun auch schon weit vor der Straße an geeigneter Stelle errichtet werden. Bei einer großen Erdkrötenpopulation ist außerdem die Schaffung von 2 bis 3 Ersatzlaichteichen empfehlenswert.

Zusammengefaßt bietet diese Lösungsvariante folgende Vorteile: Nach Abschluß der Gesamtaktion sind die Erdkröten völlig aus dem Gefahrenbereich herausgelöst. Die dazu erforderlichen Aufwendungen sind niedriger als bei den Untertunnelungsprojekten, und schließlich ist die Wartung der Anlagen zeitlich begrenzt.

In Kenntnis der Lebens- und Verhaltensweisen der Amphibien bedeutet Amphibienschutz in erster Linie Schutz der Laichgewässer vor jeglicher zivilisatorischer Beeinträchtigung. Dies schließt die Sicherung und Erhaltung ihrer traditionellen Wanderwege auch in unserer intensiv genutzten Kulturlandschaft ein.

Brutpflege

Fragt man im Zusammenhang mit dem Gewässerbiotop nach Beispielen für die Brutpflege, dann wird meist ohne langes Zögern der Dreistachlige Stichling (*Gasterosteus aculeatus*) genannt. Wieder einmal stoßen wir damit auf ein Schulbeispiel und noch dazu eine sprichwörtlich klassische Fischart, die weit verbreitet, allgemein bekannt und fast komplikationslos in jedem Aquarium zu halten ist. Über das interessante Fortpflanzungsverhalten gibt es eine Fülle von Untersuchungen mit auch zum Teil wichtigen Erkenntnissen für entsprechende Verhaltensweisen anderer Fische.

An weiteren Beispielen mangelt es wahrlich nicht. Auf Grund der reichen, vielfältigen Tierwelt im und am Gewässer findet man eine große Mannigfaltigkeit von Brutpflegehandlungen vor. Zählen doch zur Brutpflege alle Tätigkeiten und Leistungen der Elterntiere, die nach der Eiablage oder Geburt der Jungen der Nachkommenschaft zugute kommen.

Denken wir an die Wasserspinne (*Argyroneta aquatica*) zurück. Nach der Eiablage hält das Weibchen im unteren Raum der Eiglocke so lange Wache, bis die Jungen die Glocke verlassen haben. Eindringlinge werden mit weit geöffneten Kieferfühlern (Cheliceren) empfangen und durch wiederholtes blitz-

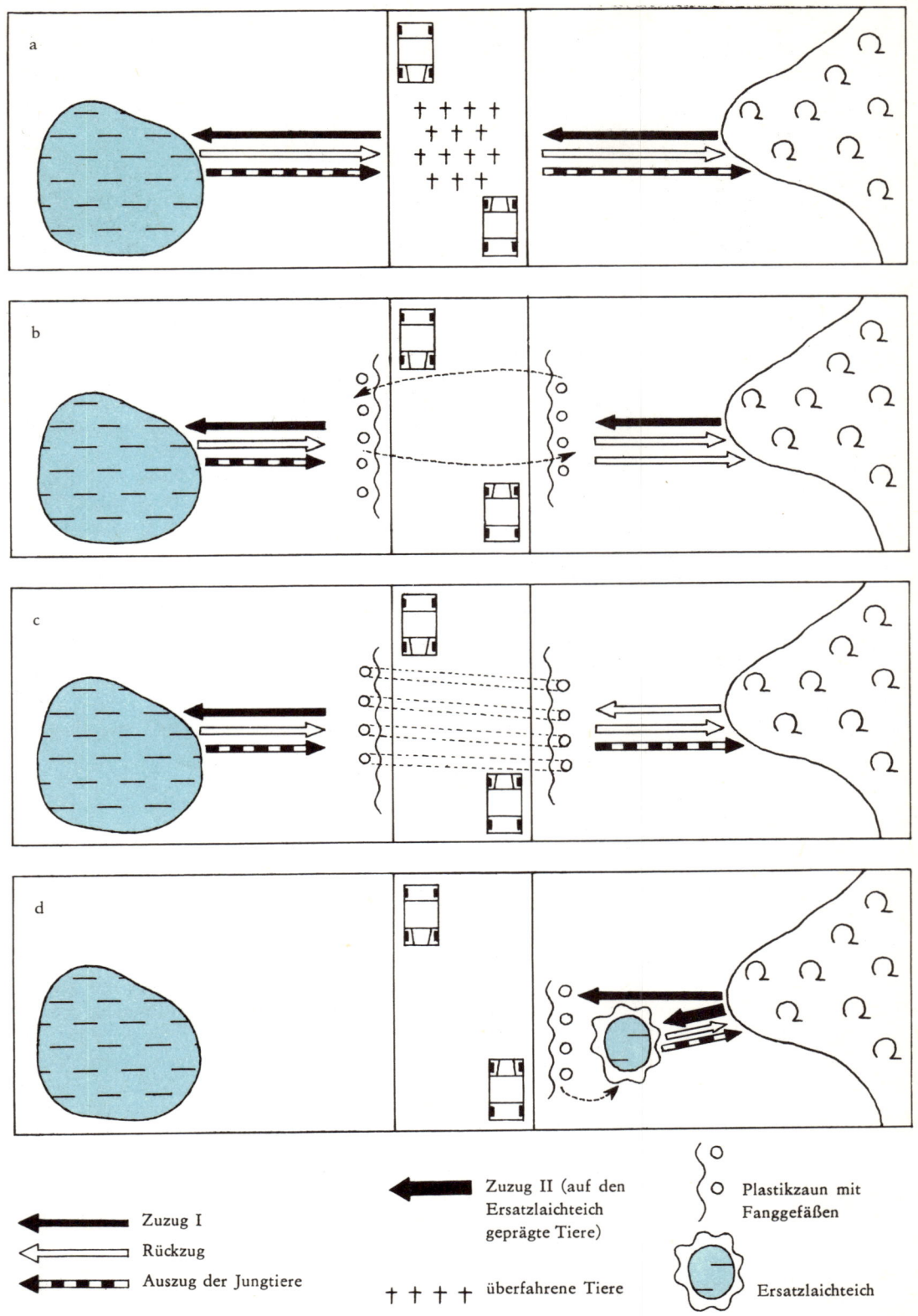

← (black) Zuzug I	← (black) Zuzug II (auf den Ersatzlaichteich geprägte Tiere)	⌇ o o Plastikzaun mit Fanggefäßen
⇐ (white) Rückzug		
◄▬ Auszug der Jungtiere	† † † † überfahrene Tiere	⬯ Ersatzlaichteich

artiges Vor- und Zurückstoßen des Körpers vertrieben. Außerdem sorgt das Weibchen für die notwendige Sauerstofferneuerung in der Glocke.

Zum Schutz der Nachkommen werden auch verschiedentlich Eier und Junge am Körper des Elterntieres herumgetragen. So finden sich zur Aufnahme der Eier bei niederen Krebsen Brutsäcke (Kiemenfüße u. a.) und Bruträume (Wasserflöhe). Bei den Flußkrebsen (Astacidae) haften die Eier mittels Schleimfäden an den Schwimmfüßen (Pleopoden) des Hinterleibs. Dabei bleibt das verkümmerte erste Pleopodenpaar frei, so daß die erforderliche Beweglichkeit des Hinterleibs, d. h. das Einschlagen nach vorn, weiterhin gewährleistet ist. Durch die rhythmische Bewegung der Schwimmbeine wird den Eiern ständig Frischwasser zugeführt. Die Eizahl schwankt je nach Alter und Größe des Weibchens sowie von Art zu Art. Beim Edelkrebs *(Astacus astacus)* sind es durchschnittlich 100 bis 200 Eier, aus denen nach rund 26 Wochen (Eiablage November/Dezember) 9 bis 11 mm lange Krebse schlüpfen. In der Regel entwickeln sich allerdings nicht mehr als 20 Jungtiere. Sie bleiben bis zur ersten Häutung (8 bis 10 Tage) beim Muttertier und halten sich dort mit ihren Scheren an den Schwimmfüßen fest. Bei Gefahr suchen sie auch späterhin noch bei ihm Schutz.

Weitaus fruchtbarer ist der Amerikanische Flußkrebs *(Orconectes limosus)*, der um 1890 in Deutschland zur Hebung des durch die Krebspest stark dezimierten Krebsbestandes ausgesetzt wurde und sich hier, später dann auch in Polen und Frankreich, schnell ausbreitete. Obwohl die Begattung wie beim Edelkrebs im Oktober/November erfolgt, findet die Eiablage erst Ende April bis Mitte Mai statt. Aus den 200 bis 400 Eiern schlüpfen bereits nach 5 bis 8 Wochen etwa 100 Larven. Wegen der verhältnismäßig kurzen „Tragzeit" sind sie nicht so weit entwickelt wie die des Edelkrebses und nur 4 mm lang. Ihre Selbständigkeit erreichen sie erst geraume Zeit nach der zweiten Häutung.

Ähnliche Brutpflegehandlungen finden wir auch unter den Wasserkäfern (Hydrophilidae) bei der Gattung *Spercheus* und *Helochares*. Hierher gehören kleine, maximal 6 bis 7 mm lange Käfer, die vor allem im Uferbereich stehender Gewässer leben. Das Weibchen von *Spercheus emarginatus* trägt einen mit etwa 60 Eiern gefüllten, filzartigen und ziemlich dickwandigen Eibehälter unter dem Hinterleib mit sich herum (Abb. 179). Er wird mit Hilfe des Spinnapparates an den Schenkelhinterrändern der Hinterbeine festgesponnen. Nachdem die Eier abgelegt sind, werden außerdem die dornenbesetzten Schienen (Tibien) in das Gespinst gedrückt. Bis zum Schlüpfen der Larven bleiben die Hinterbeine in dieser Position.

Helochares befestigt den Eibehälter ebenso an der Unterseite des Hinterleibs. Allerdings beschränkt sich das Gespinst auf die Hüftregion (Coxa), so daß die Hinterextremitäten voll beweglich sind.

An ähnliche, oft sogar noch erstaunlichere Fortpflanzungsverhältnisse tropischer Lurche erinnert die Brutpflege der Geburtshelferkröte *(Alytes obstetricans)*. Der Name dieser ziemlich unscheinbaren Lurchart trügt. Wir haben es hier mit keiner Kröte (Bufonidae), sondern einem Scheibenzüngler (Discoglossidae), einem Verwandten unserer Unken, zu tun. Sicherlich gaben ihr gedrungener Körperbau und das krötenartige Aussehen Anlaß für den im systematischen Sinn abwegigen Namen. Das Männchen leistet auch keine „Geburtshilfe", wie ursprünglich nach den Mitteilungen des Augenarztes und Naturforschers P. Demours, die er 1741 der französischen Akademie über die Paarung der „Geburtshelferkröte" vorlegte, angenommen wurde. Auf Grund des großen Interesses, das man nun *Alytes* in der Folgezeit widmete, kam es

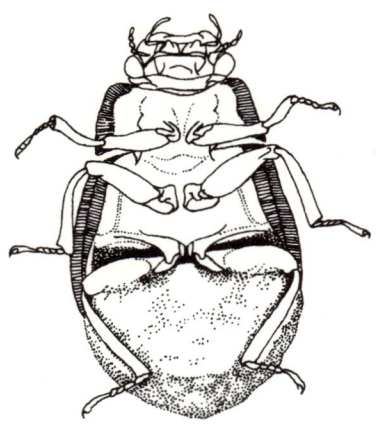

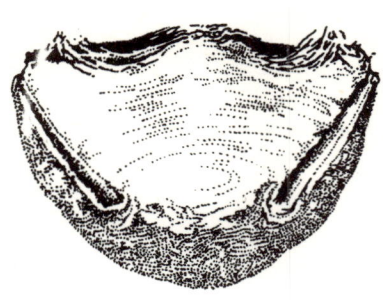

Schritt für Schritt zur Klärung seiner Biologie und damit zwangsläufig zur Berichtigung der obigen Ansicht.

Bei der Paarung, die wie die nachfolgende Eiablage interessanterweise an Land stattfindet, wird das Weibchen vom Männchen anfangs in der Lendenregion, dann am Hals umklammert. Sobald die Laichschnüre aus der Kloake heraustreten, besamt sie das Männchen und wickelt sie sich mit Hilfe von Spreiz- und Strampelbewegungen um seine Hinterbeine, teilweise auch quer über den Hinterrücken. Ein solches Eipaket besteht meist aus 50 bis 80 dotterreichen Eiern. Junge Weibchen legen freilich weitaus weniger Eier ab. Eipakete mit über 100 Eiern entstehen dadurch, daß sich das Männchen Gelege von 2 bis 3 Weibchen aufgeladen hat. Während der über Monate ausgedehnten Paarungszeit laichen die Weibchen übrigens mehrmals ab.

Durch die aufgebürdete „Last" wird die Lebensweise des Männchens nicht beeinträchtigt. Tagsüber bleibt es in Erdlöchern, unter Steinen oder Baumwurzeln verborgen und geht mit Dämmerungsbeginn auf Beutefang. Unterdessen entwickeln sich in den Eiern die Embryonen. Ihre Entwicklungsstufe kann man durch die gelbe gallertige Eihülle gut erkennen. Wenn nach 3 bis 6 Wochen der Schlüpfzeitpunkt gekommen ist, sucht das Männchen einen Tümpel, Weiher oder Teich auf (vgl. Abb. 150), wo die Larven, die bereits keine äußeren Kiemen mehr haben, ihre Eihülle sprengen und sich nun ebenso wie andere Kaulquappen weiterentwickeln.

Unauffällig und gleichsam „hinter verschlossener Tür" verläuft dagegen die Brutpflege der Muscheln. Bei allen brutpflegenden Arten entwickeln sich die Eier in den Kiemen, die somit als Atmungsorgane, zum Nahrungserwerb und nun außerdem noch als Brutraum dienen. Sehen wir uns am besten dazu die Fortpflanzungsverhältnisse bei den Flußmuscheln (Unionidae) an, zu denen die Maler- (*Unio pictorum*) und Teichmuschel (*Anodonta cygnea*) gehören.

Das Sperma wird in großen Mengen einfach ins Wasser ausgestoßen und dann vom Weibchen mit dem Atemwasserstrom zu den äußeren Kiemen geleitet. Dort erfolgt die Befruchtung der in die Kiemen übergetretenen Eier. Bei größeren Muscheln sind zwischen den Lamellen der Kiemenblätter in besonderen Bruttaschen 300 000 bis 400 000 Eier eingelagert. Aus ihnen entwickeln sich ungefähr $1/3$ mm große Larven, sogenannte Glochidien. Sie besitzen eine herzförmige, zweiklappige Schale, die durch einen kräftigen Schließmuskel geöffnet und geschlossen wird. Am ventralen Schalenrand fällt jederseits ein beweglicher, mit Widerhaken versehener Dorn auf, der in gleicher Weise wie ein aus dem Schaleninneren herausragender dünner Haftfaden

Tabelle 9: Brutdauer verschiedener Vogelarten

Nesthocker		Tage
Zwergdommel	*Ixobrychus minutus*	16–19
Große Rohrdommel	*Botaurus stellaris*	25–26
Rohrweihe	*Circus aeruginosus*	32–36
Kuckuck	*Cuculus canorus*	12 (12$^1/_4$)*
Eisvogel	*Alcedo atthis*	19–21
Drosselrohrsänger	*Acrocephalus arundinaceus*	14–15
Teichrohrsänger	*Acrocephalus scirpaceus*	11–12
Schilfrohrsänger	*Acrocephalus schoenobaenus*	12–13
Bachstelze	*Motacilla alba*	12–14
Rohrammer	*Emberiza schoeniclus*	12–14
Nestflüchter		**Tage**
Haubentaucher	*Podiceps cristatus*	25–26
Rothalstaucher	*Podiceps griseigena*	22–23
Zwergtaucher	*Podiceps ruficollis*	19–21
Stockente	*Anas platyrhynchos*	24–32
Tafelente	*Aythya ferina*	24–26
Höckerschwan	*Cygnus olor*	35–36
Teichralle	*Gallinula chloropus*	19–22
Bleßralle	*Fulica atra*	21–24
Kiebitz	*Vanellus vanellus*	24–27
Lachmöwe	*Larus ridibundus*	22–24

* nach einer Brutofenbestimmung von Heinroth 1928

eine wichtige Funktion nach dem Ausstoßen der Glochidien durch das Muttertier zu erfüllen hat. In Mitteleuropa dauert die Brutpflegezeit bei der Gattung *Unio* (Flußmuscheln) etwa von März bis Juli, bei *Anodonta* (Teichmuscheln) jedoch weitaus länger, von August bis zum April des nächsten Jahres.

Die Weiterentwicklung der Larven verläuft über ein zeitweiliges parasitisches Stadium, wobei Fische als Wirtstiere dienen. Während die Glochidien von *Unio*, in kleinen Schleimklumpen ausgestoßen, vom Fisch mit dem Mund aufgenommen werden und sich in den Kiemen festsetzen, sinken die in langen Schleimfäden ausgeworfenen *Anodonta*-Larven auf den Gewässerboden und haken sich mit ihrem Schalenhakenpaar an der Flosse eines vorbeischwimmenden Fisches fest. Vom befallenen Gewebe umwuchert (Zystenbildung), leben sie dort einige Wochen, schließen ihre Entwicklung ab und fallen nach dem Platzen der Zyste als fertige Muschel zu Boden. Allerdings übersteht diesen komplizierten, gefahrenvollen Entwicklungsgang nur ein Bruchteil der ausgebildeten Larven.

Beim eingangs zitierten Stichling, wo nur das Männchen Brutpflege betreibt, beschränkt sich diese nicht allein auf das Verteidigen des Brutreviers. Dem Laich wird auch ständig Frischwasser zugefächelt, die Nestkonstruktion den wechselnden Erfordernissen der Embryonal- und Postembryonalentwicklung angepaßt und schließlich der Jungfischschwarm eine Zeitlang bewacht. Befassen wir uns einmal näher mit dem „Nestfächeln".

Mit schräg nach unten gerichtetem Kopf steht das Männchen vor dem Nesteingang und fächelt den Eiern mit den Brustflossen frisches Wasser zu.

Der Rücktrieb, den der Körper dabei erhält, wird von ihm durch Schwanzbewegungen so ausgeglichen, daß es auf der Stelle stehen bleibt.

Mit zunehmender Eientwicklung verlängert sich die Fächelzeit. Dauert sie anfangs in einer halben Stunde etwa 3,5 Minuten, dann sind es nach einer Woche 20 Minuten. Äußerer Anlaß für diesen Anstieg ist der wachsende Sauerstoffverbrauch der sich entwickelnden Brut und damit die vermehrte Kohlendioxidabgabe. Wie experimentell nachgewiesen wurde, stimuliert die Zugabe von kohlendioxidhaltigem Wasser das Nestfächeln. Wird die CO_2-Konzentration gesenkt, so fächelt das Männchen weniger stark. Ein ähnlicher Effekt tritt auf, wenn man ein jüngeres Gelege gegen ein älteres und umgekehrt älteren Laich gegen frischen austauscht. Im letzten Fall wird bei exakter Beobachtung darüber hinaus der Einfluß innerer Faktoren spürbar. Das Männchen fächelt zwar bei den frischen Eiern jetzt weniger intensiv, jedoch eindeutig mehr, als dies sonst bei normalem Ablauf am ersten Tag üblich ist. Verfolgen wir aus der gleichen Sicht den ersten Austauschversuch weiter. Aus den untergeschobenen älteren Eiern schlüpfen die Jungfische zwangsläufig zeitiger. Das Männchen nimmt sie trotzdem an, läßt schlagartig in der Fächelintensität nach, stellt das Fächeln aber nicht restlos ein. Es wird dann wieder verstärkt und erreicht etwa zum Schlüpfzeitpunkt des entfernten Geleges ein zweites Maximum.

Während die bisher erwähnten Brutpflegehandlungen ohne übermäßigen Aufwand zu Hause in einem Aquarium oder Aquaterrarium beobachtet werden können, erfordern äquivalente Studien an den Brutvögeln unserer Gewässer eine schwierige und weitaus zeitaufwendigere Geländearbeit. Ihr Leben im Verborgenen, das oft schwer zugängliche Terrain und die stets notwendige Vorsicht zur Vermeidung von Brutstörungen sind nur einige der die Arbeit erschwerenden Faktoren. Die Vielfalt der während der Brutzeit und Jungenaufzucht erkennbaren Verhaltensweisen ist verwirrend. Hier bieten sich mannigfaltige Ansatzpunkte für weitere Untersuchungen.

Der Bebrütungsbeginn ist nicht einheitlich. Viele Vogelarten, die meisten Singvögel, Gänse, Enten u. a., fangen nach Ablage des letzten Eies oder unmittelbar vor Vollendung des Geleges an zu brüten. Storch, Reiher, Rohrdommel und Rohrweihe (Circus aeruginosus) beginnen damit bereits nach dem ersten Ei. Man findet in ihrem Nest deshalb auch immer Junge in verschiedenen Altersstufen. Lachmöwen (Larus ridibundus) brüten teils vom ersten Ei an, teils nachdem das Gelege vollzählig ist. Diese Reihe ließe sich mühelos fortsetzen.

Meist teilen sich Männchen und Weibchen in das Brutgeschäft, wie z. B. bei den Tauchern, der Zwergdommel (Ixobrychus minutus), Teich- (Gallinula chloropus), Bleßralle (Fulica atra), Lachmöwe und den Rohrsängern. Ihr Anteil kann recht unterschiedlich sein, im allgemeinen trägt aber dabei das Weibchen die Hauptlast. Bei der Großen Rohrdommel (Botaurus stellaris), Bekassine (Gallinago gallinago) und allen heimischen Entenarten brütet nur das Weibchen.

Im Gegensatz zu den Nesthockern verlassen Nestflüchter in der Regel nach wenigen Stunden, spätestens aber innerhalb von 1 bis 2 Tagen nach dem Schlüpfen das Nest. Entenjunge können dann gleich selbständig fressen, den jungen Rallen hält der Altvogel in den ersten Lebenstagen die Nahrung noch vor. Lachmöwen, die zu den weniger gut entwickelten Nestflüchtern zählen, werden anfangs noch direkt gefüttert.

Auch an der Fütterung und Führung der Jungen beteiligen sich Männchen und Weibchen unterschiedlich. Die jungen Enten werden im wesentlichen nur vom Weibchen geführt. Meist kümmern sich jedoch beide Eltern um die Jungen. Da die Nesthocker vielfach nackt oder nur mit wenigen Dunen versehen schlüpfen, hudert (wärmt) und beschützt ein Altvogel (meist das Weibchen) die Jungen, während der andere Futter sucht und heranschafft. Sind die Jungen größer, dann füttern beide Eltern. Bei den Singvögeln üben die auffallend gefärbten Sperrachen der Jungen eine Art Signalwirkung aus. Drossel- (*Acrocephalus arundinaceus*) und Teichrohrsänger (*Acrocephalus scirpaceus*) haben beispielsweise einen leuchtend gelb gefärbten Rachen, zusätzlich stimulieren sogenannte Zungenpunkte.

Nach dem Flüggewerden können die Jungen noch einige Zeit von den Altvögeln gefüttert und geführt werden. Zum Teil halten die Familien auch längere Zeit zusammen, so bei den Enten, beim Kiebitz (*Vanellus vanellus*) und Rotschenkel (*Tringa totanus*). Vielfach machen sich die Jungen jedoch bald selbständig, oder sie vereinigen sich mit den Jungen anderer Familien zu kleineren bzw. größeren Verbänden, wie dies bei Graureihern (*Ardea cinerea*), Bleßrallen (*Fulica atra*), Bachstelzen (*Motacilla alba*), Staren (*Sturnus vulgaris*) u. a. der Fall ist.

Die Brutpflege der am Gewässer lebenden Säugetiere entzieht sich fast völlig unseren Blicken. So säugt das Weibchen der Wasserspitzmaus (*Neomys fodiens*) seine 6 bis 9 blind und nahezu nackt geborenen Jungen in einer Erdhöhle am Gewässerufer. Die gleichfalls bei Geburt blinden Bisamratten (*Ondatra zibethica*) unternehmen erst nach etwa 14 bis 20 Tagen Ausflüge ins Freie. Während der ersten 8 bis 13 Tage wird das Männchen in der Mutterburg nicht geduldet. Bei Störungen „verlegt" das Weibchen seine Jungen sofort in eine andere Burg. Da wir es hier mit zwei dämmerungs- bzw. nachtaktiven Arten zu tun haben, fallen auch Beobachtungen der älteren Jungtiere nicht leicht. Bei ihren ersten Schwimmversuchen drücken die jungen Bisame ihre Nasen rechts und links von der Schwanzwurzel in das Fell des Alttieres, nach einem Monat schwimmen sie hinter diesem in „Kiellinie" her. Während ein Teil der Bisame bald abzieht und eigene Baue anlegt, bleiben die anderen, oft die Jungtiere aller drei Würfe eines Jahres, in einem größeren Burgenkomplex über den Winter mit den Eltern zusammen. Sicherlich wird auf diese Weise ein besserer Kälteschutz gewährleistet. Zum Frühjahr hin lösen sich dann die sippenähnlichen Verbände auf.

Mannigfaltig sind die Möglichkeiten, sich zu schützen

Die vielfältigen Möglichkeiten, ungünstige Lebensbedingungen, z. B. Austrocknung des Gewässers, Abkühlung und winterliche Kälteperiode, zu überstehen, haben wir bereits kennengelernt. Wie schützen sich jedoch die Tiere gegen Feinde vor dem Gefressenwerden?

Am bekanntesten sind sicherlich die rein mechanischen Schutzmittel, wie Chitin-, Kalk-, Hautpanzer, Gehäuse, Stacheln usw. Unter den Wirbellosen bilden die Chitinpanzer der Gliederfüßer (Arthropoda) und die Weichtierschalen die beiden wichtigsten Formen von Schutzhüllen (vgl. Abb. 180). Es sind typische Außenskelette (Exoskelette). Sie schützen den Körper des Tieres und verleihen ihm gleichzeitig Stabilität.

Die gegen mechanische Einwirkungen sehr widerstandsfähige, wasser- und weitgehend gasundurchlässige Chitinkutikula der Arthropoden wird von der Epidermis abgeschieden. Sie liegt in Form von harten Platten und weichen, biegsamen Membranen vor, die als Gelenkhäute die notwendige Beweglichkeit gewährleisten und oft auch ganze Körperabschnitte bedecken. Die Kutikula besteht aber nicht nur aus Chitin (ein Polyazetylglukosamin), als Baustoffe dienen z. B. auch Proteine (Anthropodin, Sklerotin), die dünne Außenschicht (Epikutikula) weist häufig eine Wachs- und Zementlage auf. Bei vielen Krebsen (zahlreichen Muschelkrebsarten, Flußkrebsen u. a.) wird Kalk in die Kutikula eingelagert. Da der Chitinpanzer nicht mitwächst, kommt es in bestimmten Intervallen zu hormonal gesteuerten Häutungen. Solange die neue Kutikula noch weich ist, sind die Tiere außerordentlich gefährdet. Der frisch gehäutete, vom Volksmund treffend als „Butterkrebs" bezeichnete *Astacus* oder *Orconectes* hält sich z. B. während der 8 bis 10 Tage dauernden Häutung des Panzers in seinem Versteck verborgen. Er ist nicht nur wehrlos, sondern durch seine anfangs noch helle, gelblich-weiße Färbung auch optisch zu auffällig. Den für die Panzerinkrustation benötigten Kalk liefern Mitteldarmdrüse und die „Krebssteine", zwei in Ausbuchtungen des Kaumagens liegende Kalkreserven; vor allem wird er aber über das Kiemenepithel aus dem Wasser aufgenommen.

Bei den Weichtieren ergibt sich keine Diskrepanz zwischen Schale und Körperwachstum. Die vom Mantel gebildeten Schnecken- und Muschelschalen wachsen am Mantelrand weiter. Ältester Teil der Schneckenschale ist daher die Spitze (Apex), also der Gewindeanfang, bei den Muscheln der dorsal gelegene, mehr oder weniger stark vorspringende Wirbel (Umbo). Sehen wir uns daraufhin eine Teichmuschel (*Anodonta cygnea*; Abb. 174) an, dann fallen sofort die den Wirbel umfassenden konzentrischen Zuwachsstreifen auf.

Die zweiklappige Schale verbirgt den Weichtierkörper völlig. Beide Schalen verbindet auf ihrer Rückenseite ein schmales elastisches Band (Ligament). Während durch seine Elastizität die Schalenhälften klaffen, bewirken ein oder zwei quer durch die Muschel ziehende Schließmuskeln ihren Verschluß. Sind die Tiere tot, dann müssen demnach infolge der fehlenden Gegenwirkung die Schalen stets geöffnet sein. Ein Anblick, den sicher jeder aus eigenem Erleben kennt.

In verblüffender Ähnlichkeit, wenngleich als Miniaturausgabe, findet sich dieser Schalentyp unter den Gliederfüßern bei den Muschelkrebsen (Ostracoda) wieder. Auch das Öffnen und Schließen der meist nur 1 mm großen Schalenhälften erfolgt analog.

Die Schnecken ziehen sich bei Störungen gleichfalls sofort in ihre Schale zurück. Sumpfdeckel- und Federkiemenschnecken (z. B. *Viviparus viviparus*, *Valvata cristata*, *V. pulchella*) können, wie auch andere Vorderkiemer (Prosobranchia), ihre Schalenmündung fest mit einem auf dem Fußrücken liegenden Deckel verschließen. Seine um einen Bildungskern konzentrisch oder spiralig verlaufenden Zuwachsstreifen zeigen, daß er mit dem Schalenwachstum Schritt hält und damit stets die erforderliche „Paßform" besitzt.

Schützende Schalen oder Panzerbildungen kommen noch bei anderen Wirbellosen, beispielsweise Einzellern, Moos- und Rädertieren vor. Wegen der geringen, meist mikroskopischen Größe dieser Tiere ist ihre Popularität leider zu klein, so daß die breite Skala der Panzerformen völlig zu Unrecht im Schatten mancher großer und dadurch auffälligerer Schutzhüllen steht.

Den charakteristischen Wirbeltieren der Gewässer, den Fischen, dienen ihre Schuppen zum Schutz vor Verletzungen. Mitunter fehlen sie aber. Denken wir nur an den Karpfen *(Cyprinus carpio)*, wo vom vollbeschuppten Tier alle Übergänge bis zum schwach beschuppten oder schuppenlosen Exemplar (Beschuppungstyp des Nacktkarpfens) zu finden sind. Andererseits können statt der Schuppen kräftige Knochenplatten auftreten. Alle Stichlingsartigen (Gasterosteiformes) sind auf diese Weise, wenn auch in unterschiedlichem Ausmaß, gepanzert. Beim Dreistachligen Stichling *(Gasterosteus aculeatus)* werden nach dem Grad der Panzerung die Varianten *trachurus* (Schilder vom Kiemendeckel bis zum Schwanzstiel), *semiarmatus* (Schilder seitlich am Vorderkörper und am Schwanzstiel) und *leiurus* (Schilder nur brustseits) unterschieden (vgl. Abb. 180). Außer diesen Knochenplatten verfügt er über spitze, dolchartige Stacheln, von denen sich ja auch sein Name ableitet: Steckbüdel, Steckling, Stickleback (engl.), Steckebaars (ndl.), Stingsild (norw.), Spinarello (ital.). Sie können durch spezielle Muskeln aufgerichtet und dann mit Hilfe eines Sperrgelenks in dieser Position gehalten werden. Kein Wunder, daß ihn bei einer so wirkungsvollen Bewehrung Ringelnatter *(Natrix natrix)*, Hecht *(Esox lucius)* und Flußbarsch *(Perca fluviatilis)* gewöhnlich meiden.

Vergessen wir nicht die ausgezeichnete Panzerung der Schildkröten. Aus dem festen, meist von Hornplatten bedeckten Knochenpanzer ragen nur Kopf, Extremitäten und Schwanz hervor. Auch hier wächst der Panzer mit. Jede Hornplatte weist von einem Mittelfeld (Areole) ausgehend Zuwachsstreifen auf, die gleich denen der Knochenfischschuppe zur Altersbestimmung herangezogen werden können. Die Panzer der im Wasser lebenden Arten sind in Anpassung an ihre Lebensweise flacher als die der Landschildkröten. Im europäischen Raum kommen allerdings nur zwei Sumpfschildkrötenarten vor, die Europäische Sumpfschildkröte *(Emys orbicularis*, Abb. 176; mittleres und südliches Europa) und die Kaspische Wasserschildkröte *(Mauremys caspica*; südliches Europa). Beide leben aber auch in Weihern und Teichen.

Außer den vom Tierkörper ausgeschiedenen Schutzhüllen gibt es eine Fülle hauptsächlich aus Fremdkörpern, und nicht nur organischem Material, bestehenden Gehäusen, die von den Bewohnern verlassen werden können.

Wegen ihrer Häufigkeit, Formenvielfalt und oft erstaunlichen Konstruktionsweise seien zuerst die Köcher der Köcherfliegenlarven (Abb. 175) erwähnt. Wer schon einmal einen solchen Köcher untersucht hat, wird sicher von dessen Festigkeit überrascht worden sein. Er weiß auch, daß es nicht leicht ist, die Larve herauszuziehen. Infolge der Störung hat sie sich völlig in den Köcher zurückgezogen und mit dem am letzten Hinterleibssegment befindlichen Hakenpaar in der Gehäusewand verankert. So erklärt sich der kräftige Widerstand, den sie der Pinzette entgegensetzt. Erst jetzt außerhalb des schützenden Köchers sieht man, wie weichhäutig ihr Hinterleib ist. Im Gegensatz dazu sind der Kopf und zum Teil auch die Brustsegmente (je nach Gattung oder Art verschieden), d. h. die beim Umherkriechen aus dem Gehäuse vorgestreckten Körperabschnitte, gut chitinisiert.

180.

Ausgewählte Beispiele mechanischer Schutzeinrichtungen bei Wassertieren.
Umgezeichnet und kombiniert nach verschiedenen Quellen.

1 = Panzer von Rädertieren (Rotatoria): a *Brachionus angularis*; b *B. rubens*; c *B. leydigi*; d *Keratella quadrata*; e *K. ticinensis*; f *Notholca squamula*; 2 = Sumpfdeckelschnecke *(Viviparus viviparus)* kriechend und in ihr Gehäuse zurückgezogen. Gehäusemündung mit Deckel verschlossen; 3 = Rückenansicht einer Teichmuschel *(Anodonta cygnea)*: a Wirbel; b Kloakenöffnung; c Atemöffnung; 4 = Edelkrebs *(Astacus astacus)*. Der Chitinpanzer ist mit Kalk imprägniert. Bei der hormonal gesteuerten Häutung platzt der Panzer an einer vorgebildeten dünnen „Bruchlinie" oberseits zwischen Kopfbrustteil und Hinterleib quer auf. Durch diesen Querspalt schlüpft der Krebs aus der alten Schale; 5 = Der Stichling trägt seinen Namen zurecht. Die aufgerichteten spitzen Stacheln bilden eine wirkungsvolle Bewehrung. Die Panzerung mit Knochenplatten ist bei den 3 Varianten des Dreistachligen Stichlings *(Gasterosteus aculeatus)*, a *trachurus*, b *semiarmatus* und c *leiurus*, unterschiedlich; 6 = Panzer der Europäischen Sumpfschildkröte *(Emys orbicularis)*. Bei Gefahr werden Hals und Kopf in den Panzer zurückgezogen, der Schwanz wird seitlich unter den überstehenden Panzerrand geborgen. Die nur z. T. in den Panzer einziehbaren Beine sind an ihren Außenseiten durch größere Hornschilder geschützt und liegen dann gleichfalls unter dem Panzerrand; a Bauchseite, b Rückenseite

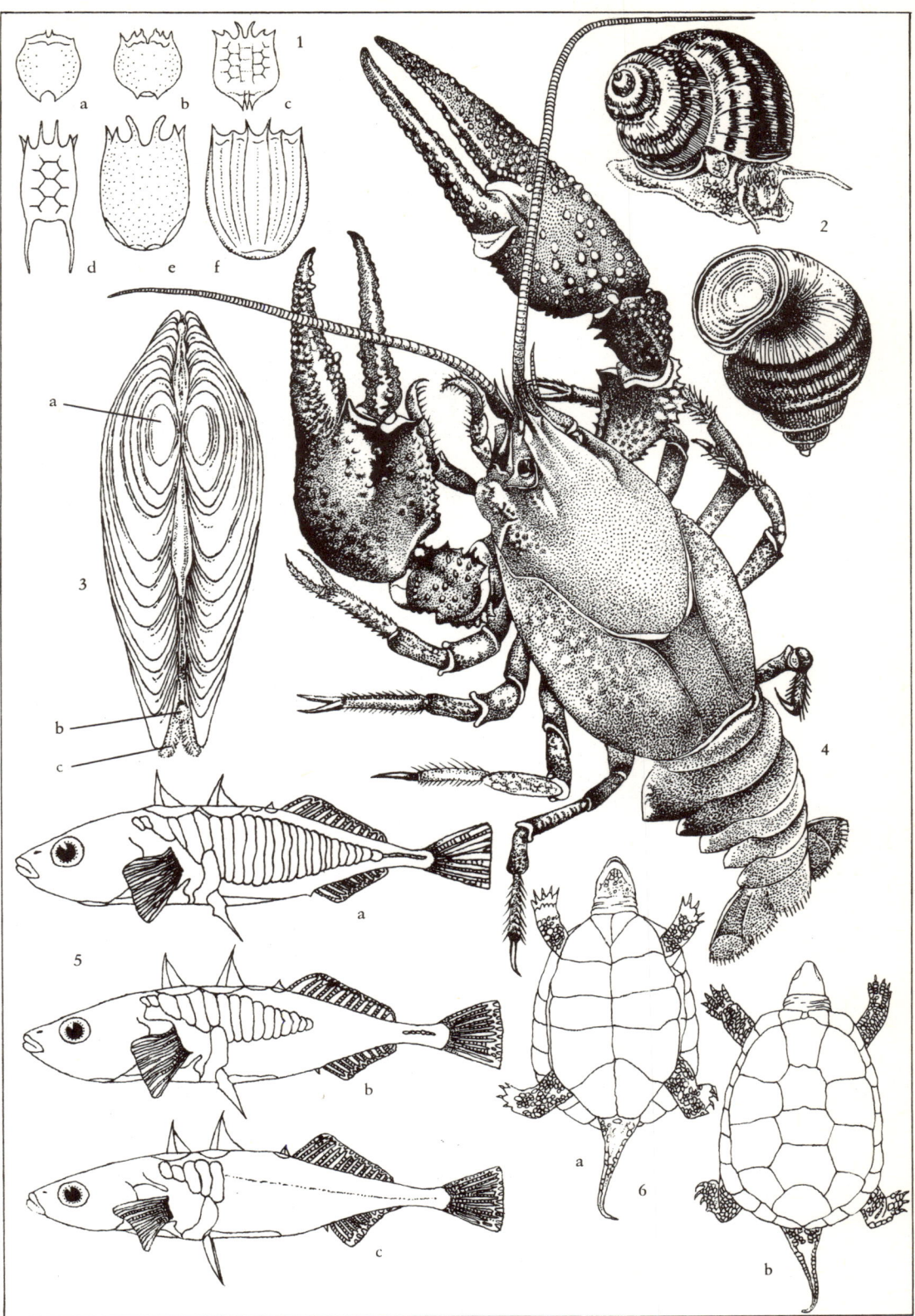

Wie baut sich nun ein typischer Köcher auf? Innen ist er von einem röhrenförmigen Gespinst ausgekleidet, das die raupenähnliche Larve („eruciformer" Larventyp; Trichopterenlarven des „campoiden" Typs besitzen nur selten Köcher) als erstes herstellt. Dann wird das Seidengespinst mit den verschiedensten Fremdstoffen belegt. Als Baumaterial dienen besonders Pflanzenteile wie Blattstücke, Grashalme, Bruchstücke von Schilfstengeln und kleinen Zweigen, angewehte Samenkörner, weiterhin Sandkörnchen, Steinchen, kleine Muschel- und Schneckenschalen (Erbsenmuscheln, Tellerschnecken) usw. Während manche Arten in der Wahl der Baustoffe keine Beschränkung erkennen lassen, bevorzugen andere ein ganz spezielles Material. Durch das von Biotop zu Biotop unterschiedliche und außerdem jahreszeitlich wechselnde Angebot kommt es jedoch am Ende zu der schon zitierten Vielfalt. Eine Artbestimmung allein anhand des Baumaterials scheidet also praktisch aus, ist aber in solchen Fällen, wo der Köcher eine markante Konstruktionsweise zeigt, für den Spezialisten möglich.

Auch der überwiegende Teil der Zuckmückenlarven zeichnet sich durch eine bemerkenswerte Bautätigkeit aus. Die Gehäuse dieser weltweit und – vom Grundwasser abgesehen – in allen Gewässerarten verbreiteten Insekten erinnern nicht nur vielfach an die Trichopteren-Köcher, sie weisen sogar noch einen variableren Baustil auf. Mit Hilfe der Spinndrüsen entstehen einfache und kompliziertere Gespinströhren, in die Sand-, Schlammteilchen, Algenfäden, Diatomeenschalen und dergleichen Fremdkörper mehr eingesponnen bzw. aufgelagert werden. Berühmt ist die in kalkreichen Bächen lebende „gesteinsbildende" Art *Lithotanytarsus emarginatus*. An ihren Wohnröhren schlägt sich teilweise auch durch die Tätigkeit symbiontischer kalkbildender Algen Kalk nieder, so daß regelrecht „Chironomidentuffe" entstehen. Viele dürften aus eigener Anschauung die schon im Bodenschlamm kleiner Tümpel vorkommenden röhrenförmigen und mit Schlammpartikeln gebauten Gehäuse der wohl geläufigsten Zuckmückengattung *Chironomus* kennen. Mitunter fallen beim Absuchen des Gewässerbodens Röhren auf, die wie Baumstümpfe auf einem Kahlschlag aussehen. Es sind Gehäuse der biologisch sehr interessanten Gattung *Tanytarsus*, bei der die Larven einiger Arten sogar ihre Gehäuse wie Köcherfliegenlarven frei herumtragen.

Die einfachen Larven- und Puppengehäuse der Wasserschmetterlinge wurden bereits an anderer Stelle näher beschrieben. Schließlich bauen noch einige Wenigborster (*Dero dorsalis, D. obtusa, Ripistes parasitica* u. a.) Gallertröhren und Fremdkörperhüllen. Sie finden sich an Wasserpflanzen, z. B. auf der Unterseite von Seerosenblättern, Steinen und Schlamm. Große rötliche Stellen auf dem Schlammgrund verschmutzter Tümpel und Teiche gehen auf Tausende von Schlammröhrenwürmer (*Tubifex tubifex*; vgl. Abb. 22) zurück. Das Vorderende dieser 3 bis 4 cm langen Würmer steckt in einer aus Schleim und Schlamm bestehenden Röhre. Durch schlängelnde Bewegungen des ins Freie herausragenden Hinterendes wird ununterbrochen für Frischwasserzufuhr gesorgt. Sobald Erschütterungen auftreten, ziehen sich die Tiere blitzschnell in ihre Röhren zurück.

Gerade bei den letztgenannten Formen wird deutlich, daß natürlich nicht alle Gehäuse die Festigkeit von Trichopteren-Köchern besitzen. Ungeachtet der mehr oder weniger starken mechanischen Widerstandsfähigkeit sind ihre Bewohner jedoch durch diese „Maskierung" getarnt. Wir müssen uns hier darauf beschränken, die Vielfalt der optischen Schutzmittel anhand einiger Beispiele darzustellen und können auch auf das Für und Wider der Meinungen zu dieser viel diskutierten Thematik nicht eingehen.

Die visuellen Schutztrachten lassen sich in zwei große Gruppen aufgliedern, in verbergende (kryptophylaktische) und auffällige (sematophylaktische) Trachten. Denken wir daran, wie schwierig es ist, die farblich hervorragend an ihre Umgebung angepaßten Kiebitzeier zu entdecken. Ähnlich verläuft die Suche nach dem brütenden Weibchen der Stockente *(Anas platyrhynchos)*, das nicht allein wegen der geschickten Nistplatzwahl, sondern auch seiner im Gegensatz zum Erpel unauffälligen Färbung kaum bemerkt wird. Während der Schwingenmauser tragen die jetzt eine Zeitlang flugunfähigen und versteckt lebenden Erpel ebenfalls ein unscheinbares „Sommerkleid". Die meisten Fische und zahlreiche Wasserinsekten weisen eine dunkle Ober- und helle Unterseite (bei Käfern und Wasserwanzen durch die Lufthülle silbern glänzend) auf. Dadurch heben sie sich von oben betrachtet gegen den dunklen Bodengrund wenig ab und sind andererseits unter Wasser gegen die Wasseroberfläche auf Grund der Reflektionsverhältnisse schlecht zu sehen. Kontrastreiche Zeichnungen können das optische Erscheinungsbild des Tierkörpers in kleine, scheinbar zusammenhangslose Teilflächen zerlegen. Eine solche Gestaltsauflösung (Somatolyse) findet man z. B. bei jungen Kiebitzen *(Vanellus vanellus)* und Möwen, die sich im Gefahrenfall außerdem fest an den Boden drücken und völlig bewegungslos verharren. Ihr auf diese Weise abgeflachter Körper verliert so weitgehend den Schlagschatten. Besonders ausgeprägt ist die somatolytische Wirkung bei den im Schilfdickicht lebenden Rohrdommeln. Beim Einnehmen der typischen „Pfahlstellung" wird die Schutzwirkung erstaunlich verstärkt. Die der Störquelle zugewandte Dommel macht sich möglichst schlank, Hals und Schnabel werden steil emporgestreckt. Ihre Längsstreifung stimmt jetzt völlig mit der Halmrichtung und dem Schattenspiel des Schilfes überein. Schwanken die Halme im Wind, so folgt die Dommel ihrer Bewegung, ändert der Beobachter seinen Standort, dreht sie sich fast unmerklich mit herum, indem sie ihm stets die Brustseite zuwendet.

Viele Schmetterlings- und einige Köcherfliegenarten an unseren Gewässern zeichnen sich durch eine verblüffende Rindenähnlichkeit (Rindenmimese) aus, so daß man sie erst nach sorgfältigem Absuchen der Rindenfläche entdeckt. Andere Tiere, beispielsweise die Laubfrösche, können sich durch Farbwechsel dem jeweiligen Untergrund anpassen.

Aus der Fülle der auffälligen Trachten sei lediglich das Phänomen der Mimikry herausgegriffen. Nach ihrem Entdecker, dem englischen Naturforscher H. W. Bates (1825 bis 1892), bezeichnete man die in Form, Färbung und Verhalten täuschende Ähnlichkeit eines ungeschützten, d. h. wehrlosen und genießbaren Tieres mit wehrhaften oder schlecht schmeckenden oder ungenießbaren Arten als „Batessche Mimikry". Auf eine derartige Mimikry-Erscheinung stoßen wir u. a. bei der sogenannten „Mistbiene" oder „Schlammfliege", *Eristalis tenax*, deren Rattenschwanzlarven uns schon bekannt sind. Diese Schwebfliegenart verwechselt der Laie meist mit der Honigbiene *(Apis mellifera)*, ihrem Schutzspender. Wahrscheinlich geht auf sie sogar die im Altertum geläufige Ansicht zurück, Honigbienen würden aus Aas entstehen.

Wie schon angedeutet, gibt es eine ganze Reihe schützender Verhaltensweisen, deren Wirkung sich oft durch Kombination mit Schutztrachten erhöht. Im Gegensatz zur Fluchtreaktion verharren viele Tiere bei Gefahr bewegungslos (Akinese, Sichtotstellen, Thanatose, Katalepsie). Dabei werden häufig bestimmte Haltungen eingenommen. Für Käfer ist z. B. das Heranziehen der Beine an den Körper typisch. Während der Brutzeit versuchen zahlreiche Vögel durch Lahmstellen und Scheinangriffe Eindringlinge im Brutgebiet von den Eiern oder Jungen abzulenken. Außerordentlich vielfältig sind die Warn-

und Drohreaktionen. Bei Ringelnattern (Abb. 177) setzt sich die gesamte Warnhandlung aus mehreren nacheinander ablaufenden Teilreaktionen zusammen. Denken wir auch an Schreckstellungen, Selbstamputationen von Körperteilen (Autotomie), die z. B. oft bei Flußkrebsen (am 1. Schreitbeinpaar) oder Kleinlibellenlarven (Hinterleibsanhänge, die sogenannten Ruderplättchen) vorkommen; viele Amphibien verfügen über Hautdrüsensekrete mit stark reizender und zum Teil giftiger Wirkung. Zum Beuteerwerb dienende Mittel (kräftige Beißmandibeln, Scheren usw.) können gleichzeitig zur Verteidigung eingesetzt werden. Mit diesen Beispielen ist das Spektrum der Möglichkeiten, die gegen Feindeinwirkungen schützen, noch längst nicht ausgeschöpft.

Natürlich ist unter „Schutz" immer nur ein relativer, und kein absoluter Schutz zu verstehen. Welcher Autofahrer würde wohl annehmen, er sei durch die angelegten Sicherheitsgurte vor möglichen Unfallfolgen vollkommen geschützt? Trotzdem ist die Schutzwirkung der Gurte und anderer Mittel oder Einrichtungen, von denen wir viele aus eigener Praxis kennen, unbestritten. Diese Schutzmittel sind jedoch meist für einen bestimmten Wirkungsbereich zugeschnitten.

Gleichermaßen können z. B. Schutztrachten lediglich auf sich optisch orientierende Feinde wirken. Tiere, die ihre Beute primär mit Hilfe des hochentwickelten Geruchsorgans aufspüren, sind auf diese Weise nicht ablenkbar und zu täuschen. Ausgesprochene Nahrungsspezialisten finden die jeweilige Art zudem trotz aller Schutzanpassungen. Wichtig ist aber nicht die Frage, ob nun dieser Wasserkäfer oder jener Grasfrosch (Rana temporaria) ausreichend geschützt sind, sondern ob die Anpassung für die Erhaltung der Art eine Bedeutung hat. In der Regel stoßen wir hier auf eine Kombination mehrerer schützender Mittel und Eigenschaften, die wesentlichste Rolle kommt dabei – wie schon früher ausgeführt – der Vermehrungsfähigkeit zu.

181. Alltägliches Motiv im reizvollen Lichtkontrast

182. Luftbild-Aufnahme aus etwa 6 000 m Höhe von der Umgebung des Ortes Moritzburg mit Schloß und Schloßteich, fotografiert mit der Multispektralfotokamera MKF-6M (VEB Carl Zeiss JENA). Deutlich unterscheidet
sich der sanierte Schloßteich vom oberen Teil des eutrophierten Großteiches (im Bild rechts unten). Zur
Veröffentlichung freigegeben: MdI der DDR (LFB-Nr. 7/77)

183. Infrarot-Luftbild aus ca. 3 500 m Höhe vom Dümmer im Bereich der Hunte-Einmündung. Der reichliche Wasserpflanzenbestand erscheint in der Falschfarbendarstellung rosa. Luftbild freigegeben durch Regierungspräsident Münster/W. am 8. 9. 1972 unter Nr. 3429/72. Veröffentlichung genehmigt

184. Herstellung von Simsenmatten in der Provinz Thai Binh (SR Vietnam)

185. Das Abfischen der Teiche erfolgt im Herbst kurz vor Einsetzen der ersten Nachtfröste. Zwischen Weihnachten und Neujahr besteht die größte Nachfrage nach Karpfen

186. Für die Schaulustigen ein interessantes Erlebnis. Harte Arbeit am Sortiertisch, der Ertrag lohnt die Mühe des Jahres

187.
Vielerorts ist das
Abfischen traditionell
mit einem Volksfest
verbunden. Hier
kommt im wahrsten
Sinne des Wortes
„Fisch frisch auf den
Tisch"

188.
Die Großküche am
Teich hat alle Hände
voll zu tun, um
die Nachfrage zu
befriedigen

189. Die Verwertung natürlicher Baustoffe fügt sich harmonisch ins Landschaftsbild ein. Mühlen-Csarda mit Schilfdach

190. Rohrmatten finden u. a. zum Abdecken der Frühbeete Verwendung

191. Großen Anklang haben auch in Europa Simsenarbeiten aus der SR Vietnam gefunden. Mattenherstellung am Webstuhl

192. Schilftaschenverkäufer (SR Rumänien) mit ansprechender Kollektion

193.
Stühle mit
Simsengeflecht.
Palas-Kapelle
der Wartburg bei
Eisenach

194. Katenromantik, Urlaubsstimmung

195. Der Jagdgebrauchshund, ein unentbehrlicher Helfer bei der Jagd auf Wasserwild

196. Im Teichgebiet steht dieses romantische Häuschen allein auf weiter Flur. Haben solche Motive schon Seltenheitswert? Leider verwehrt das Verbauen der Ufer bereits vielfach jeglichen Zugang zum Wasser

Vom Nutzen der flachen stehenden Gewässer

Wirtschaftliche
Aspekte

Aus einer ganzen Reihe von möglichen Beispielen seien hier nur die vom ökonomischen Standpunkt her wichtigsten herausgegriffen. Dazu zählen Teichwirtschaft, Verwendung von Schilf (Rohr; *Phragmites*), Simsen (*Schoenoplectus*) und Nutzung von Teichschlamm für die Landwirtschaft.

Der teichwirtschaftliche Anteil an der Speisefischproduktion der Binnenfischerei wächst durch Intensivierungsmaßnahmen ständig und ist ein bedeutsamer Beitrag zur Versorgung mit hochwertigen Nahrungsgütern. Man braucht kein Prophet zu sein, um die steigende Bedeutung der Süßwasserfischproduktion in der näheren und weiteren Zukunft vorauszusagen. Umfangreiches Zahlenmaterial und Trendanalysen bestätigen die zunehmende Nutzung von Süßwasserfischen in vielen Ländern. Wir stehen im Weltmaßstab hier wohl erst am Anfang einer Entwicklung, die als Beitrag gegen die noch in vielen Gebieten unserer Erde herrschende Nahrungsknappheit nicht ohne Interesse sein kann. Der jahrhundertelang für unerschöpflich gehaltene Fischreichtum der Meere erweist sich als begrenzt. Manche traditionellen Fangplätze sind bereits überfischt. Ausdruck dieser Problematik ist u. a. der sattsam bekannte Streit um die Ausdehnung der Fischereizonen. In den letzten Jahren ließen sich die Erträge der Meeresfischerei dennoch in gewissem Umfang steigern, z. B. durch verbesserte Fang- und Verarbeitungstechnologien, die Erschließung neuer – allerdings weiter entfernt liegender – Fangplätze und zum Teil durch ein Umstellen auf andere Fischarten. Der Gesamtaufwand nahm aber dabei stetig zu, eine äquivalent hohe Produktionssteigerung, wie sie für die Binnenfischerei prognostiziert wird, zeichnet sich hier nicht ab. Natürlich sind die jährlichen Erträge der Meeresfischerei weit höher als in der Binnenfischerei. So betrug nach der Statistik der Ernährungs- und Landwirtschafts-Organisation (FAO) der Vereinten Nationen 1975 das Weltfischaufkommen 69,7 Mio t. Die Süßwasserfische stellten hier einen Anteil von nur 9,5 Mio t. Bedenken wir jedoch, daß für die Binnenfischerei eine Produktionssteigerung auf etwa das 20fache vorausgesagt wird. Dabei liegt der in den Teichen, die ja ein Gegenstand unserer Betrachtungen sind, produzierte Speisefischanteil ganz erheblich über dem der Seen- und Flußfischerei. Im Jahre 1973 beliefen sich die Hektarerträge der Seen- und Flußfischerei z. B. der DDR auf 47,3 kg, in der Teichwirtschaft dagegen auf 860 kg. An diesen Erträgen war der Karpfen (*Cyprinus carpio*) zu 75 % beteiligt. Die Tabelle 10 weist die Spitzenstellung dieses beliebten „Feinfisches" näher aus. Im Weltmaßstab ist der Karpfen nach der FAO-Statistik für 1973 mit etwa 5 % der Binnenfischereierträge ausgewiesen.

Die ursprünglich wohl von den Römern in Europa eingeführte Teichwirtschaft lieferte lediglich Erträge, die nicht wesentlich über denen der Seen lagen. Der extensiv „weidewirtschaftliche" Teichbetrieb arbeitete mit einem wirtschaftlichen Turnus (Zeitraum vom Besetzen der Teiche bis zum Abfischen) von vier, sechs oder noch mehr Jahren. Das Fischangebot zu erhöhen bedeutet deshalb, weitere Teiche anzulegen. So sind auch die Anweisungen Karls des Großen von 812 in den Capitularien zu verstehen: „Jeder Amtmann soll auf unsern Landgütern Fischweiher halten, wo sie schon waren, ja er soll sie mehren, wo dies möglich ist, und wo früher noch keine waren, solche aber jetzt sein können, soll er sie neu anlegen". Jahrhunderte sind inzwischen vergangen. Die Teichwirtschaft wurde durch die verschiedensten Maßnahmen wie die Bearbeitung des Teichbodens, Einbringen von Saaten, Düngung (Phosphat- und Stickstoffdüngung oder kombinierte P-N-Düngung u. a.), Fütterung, Zucht und Auslese der Fische, Bekämpfung der Fischkrankheiten usw. intensiviert. Seit den 60er Jahren stehen wir an der Schwelle einer neuen Entwicklung. Es gelang die industriemäßige Fischproduktion vor allem von Karpfen und Forellen, aber auch anderer Fischarten. Herkömmliche Teiche kommen für eine solche intensive Großproduktion nicht in Betracht. Diese Massenfischhaltung („Aquakultur") erfolgt unter weitgehend optimalen Bedingungen, bei Einsatz vollwertiger Futtermittel, möglichst umfassender Mechanisierung und Automatisierung der Produktionsprozesse, unter unseren geographischen Bedingungen im Warmwasser in Beckenanlagen oder Netzkäfigen. Temperaturen um 23 bis 25 °C bewirken beim Karpfen ein erstaunlich schnelles Wachstum. Ein Karpfen, der unter konventionellen Bedingungen im Teich aufwächst, erreicht z. B. bei einem Ausgangsgewicht von 1,2 g in einem Jahr ein Körpergewicht bis zu 30 g. Im Warmwasserbecken werden in der gleichen Zeitspanne Spitzenwerte von etwa 1 750 g erzielt.

Das besonders in Kraftwerken permanent vorhandene warme Kühlwasser bietet sich zur Nutzung für die industriemäßige Massenaufzucht geradezu an. Die Fischaufzucht erfolgt dabei in meist aus Beton bestehenden Becken oder Rinnen, die vom Kühlwasser durchflossen werden. Besonders wichtig für die erfolgreiche Aufzucht ist ein ausreichender Sauerstoffgehalt des Wassers. Durch den dichten Fischbesatz kommt es zwangsläufig zu einem hohen O_2-Verbrauch. Futterreste, Harn und Kot, die reichlich anfallen, tragen außerdem zur Sauerstoffzehrung bei. Der ständige Wasserdurchfluß dient der Durchlüftung des Wassers und entfernt zugleich die Futterreste und schädlichen Stoffwechselendprodukte (besonders das NH_3). Sinnvoll erscheint die Mehrfachnutzung des Wassers. Im einfachsten Fall ist dann allerdings eine Pumpenanlage und zusätzliche Belüftung z. B. über „Wasserkaskaden" erforderlich. Am zweckmäßigsten sind jedoch für die Optimierung des gesamten Produktionsprozesses völlig geschlossene Kreislaufanlagen. Bei ihnen wird das Wasser nach entsprechender Reinigung durch eine Filteranlage wiederverwendet und die erforderliche Frischwasserzufuhr möglichst niedrig gehalten. Zur hochwertigen Ernährung dient bei der industriemäßigen Fischproduktion (auch bei der intensiven Teichwirtschaft) ein spezielles Trockenmischfutter in Form von Pellets (Preßlingen). Es enthält einen hohen Eiweißanteil, darüber hinaus Kohlenhydrate, Fette, Vitamine und Mineralstoffe. Gefüttert wird unter Beachtung der Wassertemperatur, Altersklasse bzw. Größe der Fische mehrfach täglich. Auf viele andere Fragen, wie die Bekämpfung von Parasiten, den therapeutischen und prophylaktischen Einsatz von Antibiotika gegen Infektionskrankheiten u. a., kann in diesem Rahmen nicht eingegangen werden. Zweifellos erfordert dies alles einen beträchtlichen finanziellen Aufwand. Durch die schnelle, bedarfsgerechte, von der Jahreszeit unabhängige Bereitstellung hochwertiger Fische zur Versorgung der Bevölkerung wird er jedoch mehr als aufgewogen. Bei vorsichtiger Einschätzung der Entwicklungstendenzen dürfte sich wohl neben der reinen industriemäßigen Produktion (Verkürzung der

Tabelle 10: Speisefischproduktion (in t) der DDR-Binnenfischerei
(in Anlehnung an Zeiske und Plomann 1978)

Fischart	1955	1960	1965	1970	1975	1978
Gesamtmenge	6 430	7 581	9 452	13 156	14 781	15 040
Davon entfallen auf:						
Karpfen						
Cyprinus carpio	3 145	4 382	5 848	8 678	10 686	10 198
Aal						
Anguilla anguilla	317	431	522	665	645	634
Forellen						
Salmo gairdneri, S. trutta fario	38	72	152	345	1 398	2 425
Zander						
Lucioperca lucioperca	98	165	111	252		219
Schleie						
Tinca tinca	262	186	171	168	905	112
Hecht						
Esox lucius	409	464	433	362		228

Produktionszeit z. B. beim Karpfen um ein Jahr) die enge Kopplung mit der Teichwirtschaft durchsetzen. Dabei läßt sich der Vorteil der schnellen Aufzucht in den Rinnen- bzw. Beckenanlagen zweckdienlich nutzen.

In wärmeren Ländern sind bereits von den klimatischen Verhältnissen her gute Voraussetzungen für eine effektive Fischzucht gegeben. So kann u. a. in Reisanbaugebieten bei einer bestimmten Mindestwassertiefe neben dieser Hauptkultur auf den Feldern Fischzucht („Rizipisciculture") betrieben werden. Solchen Reisfeldern begegnen wir verschiedentlich schon in Ungarn, Rumänien und Italien. Besonders verbreitet und seit langem üblich ist dieses Zuchtsystem in den südostasiatischen Ländern. Außer dem Karpfen hat hier vor allem der aus Ostafrika stammende Mosambikbuntbarsch *(Tilapia mossambica)* fischereiwirtschaftliche Bedeutung erlangt. Die Fische fressen Algen, Unkraut, Mückenlarven, Schnecken usw. und tragen – ohne besonderen Aufwand zu erfordern – sogar zur Steigerung der Reisernte bei. Es überrascht daher eigentlich, daß von dieser Möglichkeit der zusätzlichen Nahrungsmittelgewinnung in vielen Ländern kaum Gebrauch gemacht wird. So errechnete man u. a., daß bei einer entsprechenden Nutzung allein der Hälfte der gegenwärtig in Ägypten vorhandenen Reisfelder eine Jahresproduktion von rund 20 000 t Karpfen anfallen würde.

Zu einem nicht unbedeutenden wirtschaftlichen Faktor entwickelte sich die Haltung von Wassergeflügel auf Teichen. Der Anblick großer Mengen weißer Pekingenten *(Anas platyrhynchos f. domestica)* auf Karpfenteichen ist heute jedem vertraut. Durch die Kombination von Karpfen- und Entenproduktion kommt es gleichzeitig zu einer Steigerung des Karpfenzuwachses. Der Entenkot sorgt für eine regelmäßige und permanente organische Düngung der Teiche. Reste des Entenfutters erhöhen den Düngungseffekt oder werden von den Karpfen als Zusatznahrung aufgenommen. Der Gefahr einer Überdüngung und der im Gefolge davon auftretenden Sauerstoffzehrungen begegnet man durch eine Beschränkung der Bestandsdichte der Enten (maximal 500 Tiere/ha Teichfläche). Nach einigen Jahren empfiehlt sich aus gleichen Gründen außerdem ein Wechsel des Produktionsgewässers.

Im Vergleich zu den Fischereierträgen hat die Nutzung von Rohr und Simsen einen viel geringeren wirtschaftlichen Stellenwert. Diese natürlichen Rohstoffe wurden im Laufe der Zeit in recht unterschiedlichem Ausmaß verwertet. Wer sich mit dieser Thematik etwas näher befaßt, erhält Einblick in ein ausgesprochen interessantes Stück Kulturgeschichte. Viele Anwendungsformen haben inzwischen ihre Bedeutung verloren. Denken wir nur z. B. an das Abdichten der Faßdauben mit Hilfe von Schilfblättern in der Böttcherei. Manches wurde wiederentdeckt. Dies gilt in erster Linie für die Verwendung von Schilf *(Phragmites)*, das häufig auch als Rohr oder Rohrschilf bezeichnet und leider vielfach mit Rohrkolben *(Typha)* verwechselt wird, als Baumaterial. In einigen Ländern Europas erlebt es gegenwärtig zum Decken von Dächern geradezu eine Renaissance. Besonders für Gebäude in Natur-, Landschafts- schutzgebieten und Naturparks bieten sich Schilfdächer (Abb. 194) zur natur- nahen Gestaltung an. Aber auch zahlreiche attraktiv im ländlichen Stil er- richtete gastronomische Einrichtungen (Abb. 189) bedienen sich dieses Mate- rials. Es ist nicht nur billig, sondern zeichnet sich zudem durch günstige Eigenschaften aus. Dazu gehören die lange Haltbarkeit, für Schilfdächer mit etwa 40 bis 50 Jahren (maximal 80 Jahren) angegeben, sowie die gute Iso- lierung gegenüber Hitze und Kälte. Noch eine andere Verwendungsform hat sich erhalten. In vielen Gärtnereien dämpfen Rohrmatten die Lichtinten- sität, und dichte, aus Rohr und Stroh kombinierte Matten schützen Frühbeete (Abb. 190) vor Kälte. Der Einsatz im Baugewerbe als Putzträger zum Ver- putzen von Decken kommt dagegen nicht mehr in Betracht. Vereinzelt findet Schilf zur Herstellung diverser Taschen (Abb. 192) und im Kunstgewerbe Verwendung.

Die Rohrernte ist in unseren Breiten überwiegend Winterarbeit und be- ginnt, sobald das Eis trägt. Je nach der Größe des Schilfgürtels wird mit der Hand, Motorsäge, dem Mähbalken oder Rohrschieber geschnitten.

Ob die Nutzung der „Flechtbinse" *(Scirpus lacustris)*, heute als Gemeine Teichsimse *(Schoenoplectus lacustris)* benannt, hinter dem Rohr wesentlich zurücksteht, ist schwer zu sagen. Zahlreiche Anwendungsformen rangieren zwischen dem rein kunstgewerblichen Bereich, einer künstlerischen oder Frei- zeitbeschäftigung. Aus den vielseitigen Eigenschaften des Materials resultiert sein nahezu „universeller" Einsatz. Er reicht von der Herstellung von Booten, Netzen, Seilen, Matten, Taschen, Pantoffeln, Schalen, Untersetzern, Lampen- schirmen, Sieben bis zur Spielzeugproduktion. Schwimmende Enten und kunst- volle Bälle wurden bereits im Mittelalter angefertigt. Ungewöhnlich ist für uns besonders der Bau von Booten und Flößen aus Simsen, wie wir ihn von einigen Gebieten Südamerikas (Titicaca-See) und Afrikas (z. B. Tana-See) her kennen. Das leichte, luftgefüllte Pflanzengewebe verleiht den etwa 4 bis sogar 6 m langen Booten ausreichend Auftrieb, so daß sie bequem von zwei Personen benutzt werden können. Bis in unsere Tage hinein wird die Teich- simse auch in Europa, vornehmlich in Holland und Finnland, wirtschaftlich genutzt. Interessante Impulse brachte dieses bodenständige Material u. a. für die Gestaltung von Möbeln. Hier ist besonders die Künstlerkolonie Worps- wede (Niedersachsen) zu nennen, die sich z. B. durch Einlegearbeiten in Schränken und die „Worpsweder Stühle" mit ihrem schönen Geflecht aus ge- drehten Simsen einen Namen schuf. Voraussetzung für derart ansprechende Arbeiten (Abb. 193) ist nicht nur die sachgerechte Ernte, Trocknung und Lagerung der Simsen, sondern auch ein hohes handwerkliches Geschick bei ihrer Verarbeitung. Unter der verschwindend kleinen Zahl der Korbflechter gibt es nur wenige, die mit Simsenarbeiten vertraut sind oder sich gar ausschließlich diesem Material widmen. Attraktive Simsenstühle finden sich gegenwärtig noch in größerer Zahl z. B. im Dom zu Naumburg sowie in zahlreichen Kathedralen in Frankreich und England. In gewissem Grad werden Simsenprodukte übrigens auch exportiert. So haben Simsenmatten aus der SR Vietnam (Abb. 184) in den letzten Jahren in Europa viel Absatz gefunden. Von aktuellen Forschungsarbeiten an *Schoenoplectus lacustris*, deren ökonomischer Wert schwer abzuschätzen ist, wird noch später die Rede sein.

Buchstäblich doppelter Gewinn entsteht bei der Teichrekonstruktion. Ziel aller damit zusammenhängenden Maßnahmen ist die Erhöhung der Speisefischerträge. Oft verbindet sich hier die im Zuge der Intensivierung erforderliche Vereinigung kleinerer Teiche zu einem großen Objekt mit dem notwendigen Abtragen des sauerstoffzehrenden Teichschlamms. Dieser wird unter Einsatz schwerer Technik entfernt und als wertvoller Humusträger in der Landwirtschaft und von Gärtnereien genutzt.

Erholung, Entspannung, Hobby

Der Wochenend- und Urlaubsverkehr hat sich in den Industriestaaten Europas fast lawinenartig entwickelt. Viele suchen einen Ausgleich zum Arbeitsleben und nutzen die „intakte" Natur und Landschaft zur Aktivierung neuer Kräfte. Auffallend ist dabei eine zunehmende Hinwendung zu naturnahen Erholungsformen wie Wandern, Jagen, Reiten, Schwimmen, Angeln, Bootfahren. In diesem aktiven Erholungsprozeß ist das „Erlebnis Natur" integriert. Über eine Vielzahl von Kontaktpunkten und Erlebniswerten fördert die Erholung in der Natur unsere Gesundheit und körperliche Fitness. Die Steigerung der natürlichen Abwehrkräfte des Körpers sei nur als ein Beispiel angeführt. Leider steht jedoch jene unermeßliche Natur, von der wir in unseren Urlaubs- oder Freizeitvorstellungen ausgehen, vielfach nicht mehr zur Verfügung. Bedingt durch die sprunghaft angestiegene Motorisierung wurden eigentlich auch schon die kleinen Oasen in unserer Landschaft erschlossen. Daher sollte nachdrücklicher denn je darauf hingewiesen werden, daß mit einer derartigen Nutzung der Naturreichtümer eng und untrennbar ihre Pflege und Erhaltung verbunden sein muß. Die Umweltverschmutzung kann und darf nicht, wie uns das manche Publizisten glauben machen wollen, der „unvermeidliche Preis" für den materiellen Fortschritt sein. Es gilt bei der Verwaltung der natürlichen Ressourcen, das ökologische Gleichgewicht zu wahren. Gesetze, Erlasse, Richtlinien, Landschaftspflegepläne allein reichen nicht aus, wenn sie nicht breiten Widerhall und konsequente Anwendung finden. Wir selbst müssen uns, auch im Hinblick auf die kommenden Generationen, mit Wort und Tat für den Schutz und die Verbesserung der Natur engagieren. Dabei wollen wir keinesfalls verkennen, wie komplex die hier anstehenden Probleme in der Regel sind, deren Tragweite oft über den nationalen Rahmen hinausreicht und zur wirksamen Lösung eine internationale Zusammenarbeit erfordert.

Die Nutzung der Gewässer für Erholungs- und Freizeitzwecke setzt eine enge Abstimmung mit den Belangen der Landschaftspflege voraus. Nur so kann man nachhaltige Schädigungen des ökologischen Potentials und Fehlentwicklungen vermeiden, die sich in solchen Schlagworten wie „Verbauung und Verzäunung der Ufer", „Campingunwesen", „Röhrichtvernichtung durch Bootsbetrieb", „wilde Abfalldeponien" widerspiegeln. Ehe wir uns aber damit befassen, sei erst noch die Frage nach der Bewertung natürlicher Gewässer für Erholungszwecke angeschnitten. Die meisten wird es sicher überraschen, daß bereits Methoden existieren, mit denen der Erholungswert von Wasserressourcen bestimmt werden kann. Solche Bewertungskriterien sind u. a. wichtige Entscheidungshilfen bei der Planung von Sanierungsmaßnahmen, Freigabe, beschränkten Verwendung oder Sperrung von Gewässern für Freizeitaktivitäten. Sie dienen zugleich auch als Anforderungskatalog beim Bau neuer, künstlicher Wasserflächen. Es steht wohl außer Zweifel, daß auf Grund der unterschiedlichen Beschaffenheit der Gewässer sowie außerdem der differenzierten Ansprüche, die jede Erholungsaktivität an den speziellen Standort stellt, eine gleichwertige Nutzung überall nicht vorliegen kann. Ohne hier alle Einzelheiten dieser Problematik ausführen zu wollen, seien einige der Kriterien genannt. Sie werden dann nach dem Verfahren der Nutzwertanalyse bewertet und zu einer Aussage herangezogen. Wichtige Faktoren sind u. a. nach Harfst (1975):

- Wasserqualität (Beurteilung anhand von Wasseranalysen und Bioindikatoren)
- Immissionen (Einwirkung von Luftverunreinigungen, Lärm, Geruchsbelästigungen)
- Naturbedingte Gegebenheiten (Untergrund, Vegetationszustand, Uferböschung, Minderung des ästhetischen Wertes)
- Besonnungsverhältnisse
- Vorhandene nutzbare Einrichtungen und Möglichkeiten der vielseitigen Nutzung (Erfassung des bestehenden Angebots an Wegen, Badestellen usw., Eignung für die verschiedenen Freizeitaktivitäten, weitere Erschließungsmöglichkeiten)
- Zugänglichkeit (Beachtung der Rechtsträgerschaft)
- Erreichbarkeit (im Sinne der „Makroerschließung" durch private und öffentliche Verkehrsmittel)
- Parkmöglichkeit
- Kapazität (Angemessenheit der Wasserfläche, Aufnahmekapazität an Besuchern im Uferbereich und den angrenzenden Zonen)
- Sonstige mögliche Bewertungskriterien (Wassertiefe, Erholungsminderung durch Insektenbelästigung usw.)

Wie wir an diesen Beispielen sehen, bedarf es selbst bei einer ersten Groborientierung vieler, möglichst breit gefächerter Bewertungsfaktoren. Sie sind für die endgültige Analyse noch durch exakte Meßdaten und Standortuntersuchungen zu ergänzen.

Bereits bei der Auswahl eines Gewässers einschließlich des angrenzenden Geländes zum Erholungsgebiet muß beachtet und geprüft werden, inwieweit es einem starken Andrang gewachsen ist. Hohe Besucherzahlen führen zu einer intensiven Inanspruchnahme und beträchtlichen Belastung des Ökosystems. Es kann zu erheblichen Veränderungen der Pflanzen- und Tierwelt sowie der Wasserqualität kommen. Besonders gefährdet sind z. B. die als Uferschutz, Brutzone und für die Selbstreinigung des Gewässers bedeutsamen Großseggenriede und Röhrichte. Durch Bootfahren, Stege, stark belebte Badestellen, Trampelpfade usw. werden große Röhrichtteile vernichtet, die verbleibenden Flächen gelichtet und gekammert. Dies alles verringert nicht nur den ästhetischen Wert, sondern vor allem die erwähnten Funktionen dieser Bestände. So nimmt z. B. der Brutvogelbestand drastisch ab. Davon sind besonders Drosselrohrsänger (*Acrocephalus arundinaceus*), Zwergdommel (*Ixobrychus minutus*) und Große Rohrdommel (*Botaurus stellaris*) betroffen. Aber auch viele andere Arten verschwinden durch die permanente Beunruhigung und Beeinträchtigung des Röhrichtgürtels. Deshalb werden Beschränkungen zur Erhaltung ökologisch wertvoller Substanz, wie der Schutz bedeutsamer Ufer-, Verlandungszonen oder ganzer Biotope, verfügt. Dem gleichen Ziel dienen Maßnahmen wie das Unterbinden eines ungeregelten Badebetriebes durch Ausweisen genehmigter Badestellen, der Bau zentraler Bootsstege (soweit eine Freigabe für Bootsverkehr überhaupt erfolgt), das Einzäunen von Viehweiden auch zur Wasserseite hin, die Anlage eines sinnvollen Wandernetzes usw.

Ein leidiges Problem stellen die Wochenendhäuser dar. Viele See- und Weiherufer wurden in der Vergangenheit regelrecht umbaut. In Extremfällen haben nur noch Anlieger Zugang zum Wasser. Diese Wochenenddomizile zeigen unterschiedlichste Formen und oft wenig landschaftsgebundene Bauweisen. Den unerfreulichsten Anblick bieten dabei „Schwarzbauten" in Form von ausgedienten Kiosken, Wellblechgaragen, Eisenbahnwagen, Bussen, Bretterverschlägen usw. Vielfach werden sie schon beim Errichten entdeckt und gestoppt. An entlegenen Weihern halten sie sich länger. Grundsätzlich sind alle Wochenendbauten genehmigungspflichtig. Den Gemeinden, die sich zur Freigabe bestimmter Gewässer oder Landschaftsgebiete entschließen, entstehen also demnach nicht nur Vorteile aus dem Freizeit- und Erholungswesen, sondern unabdinglich auch zahlreiche zusätzliche Verpflichtungen und Kosten (z. B. für Erschließung von Wegen, Versorgung mit Wasser und Strom, Abfallbeseitigung).

Der Appell an die Verantwortung im Umgang mit der Natur bleibt, wie die tägliche Praxis zeigt, meist unbeachtet. Leider bildet sich ein auf die Belange des Naturschutzes und der Landschaftspflege eingestelltes Verhalten nicht von heute auf morgen heraus. Es kommt viel auf den ersten Schritt, die richtige Weichenstellung an. Am besten eignet sich wohl in dieser Hinsicht die direkte Beschäftigung mit der Natur. Verständlicherweise wird nun nicht jeder Erholungssuchende ein passionierter Naturfreund. Die intensivere Freizeitbeschäftigung führt jedoch zu einer größeren Aufgeschlossenheit gegenüber Umweltproblemen. Denken wir hierbei besonders an die Angler, Aquarianer, Terrarianer, Ornithologen, Entomologen, Botaniker und die Hobbyisten in Sachen Kunstgewerbearbeiten (Halmintarsien, Wickelarbeiten in Form von Sternen, Mobilen, Figuren usw.).

Die Beschäftigung mit der Pflanzen- und Tierwelt der Gewässer beginnt oft schon in frühester Jugend (vgl. Abb. 201, 202). Am heimatlichen Teich kommt es zu den ersten begeisternden Erlebnissen: Die zappelnde Kaulquappe im ausgedienten „Marmeladenglas", das prächtig gefärbte Männchen des Teichmolches *(Triturus vulgaris)*, die gespenstisch wirkende Fangmaske der Libellenlarve wecken die Wißbegier. Sie geben Anlaß für unzählige Fragen, die uns Erwachsene an die eigene Kindheit und mitunter recht peinlich an längst entfallenes Wissen erinnern. Vergessen wir schließlich nicht jene Kleinen, die mit selbstgefertigten Angelruten erstaunlich lange, in der Hoffnung auf einen großen Fang, am Teichrand ausharren. Sie sind letztlich der sprichwörtliche Nachwuchs für die große Familie der Freizeit- und Sportangler, deren Zahl ständig ansteigt. Die Zahl der im Deutschen Anglerverband der DDR organisierten Angler belief sich 1979 auf etwa 436 000 Mitglieder. Sie rangieren damit hinter den Aktiven des „Königs Fußball" auf dem zweiten Platz. Erwähnung verdienen in dem Rahmen auch die jährlich rund 250 000 Wochenendangelberechtigungen für Freizeitangler. In der BRD lag die Zahl der Sportfischer 1979 annähernd bei einer Million. Es ist eigentlich überflüssig zu betonen, daß hier auch eine beachtliche Arbeit für die Erhaltung der Gewässer geleistet wird. Als Verbündete im gleichen Sinn fallen weiterhin vor allem die Ornithologen ins Gewicht. Bei ihnen verwischt sich die Grenze zwischen Hobby und Wissenschaft fast völlig. Sie waren es auch, die bei der Feuchtgebietskampagne 1976/77 mit ihren Aktivitäten dominierten. Diese wenigen ausgewählten Beispiele zeigen aber doch, daß trotz aller pessimistischen Stimmen und der uns wohlbekannten Umweltschäden im Hinblick auf ein sich mehr und mehr entwickelndes umweltgerechtes Verhalten genügend Raum für vorsichtigen Optimismus existiert.

Forschung

Das weite Feld der Forschung klang im Hinblick auf die sich hier vielfältig bietenden Möglichkeiten, Aufgaben, Ziele und erreichten Ergebnisse bei unseren bisherigen Betrachtungen schon mehrfach an. Wenn wir allein an die enorme Zahl der in den stehenden Flachgewässern lebenden Pflanzen- und Tierarten sowie die aktuelle Gewässerproblematik selbst denken, dann wird jedem die vorliegende Problemfülle unmißverständlich deutlich. Es steht daher außer Zweifel, daß meist nur ein Bruchteil der vielen anfallenden Fragen und Probleme bearbeitet werden kann.

Im Rahmen der dringend erforderlichen Biotopsicherung ist u. a. die Erfassung, Kartierung der Feuchtgebiete und die erste Charakterisierung der ökologischen Situation erforderlich. Eine immense, zeitraubende Kleinarbeit, die von allen Beteiligten viel Initiative und große Sachkenntnis verlangt. Vorbildliches leisteten hier bereits in der Vergangenheit Herpetologen anläßlich der Bestandserfassung von Amphibienlaichplätzen beispielsweise in Südwestfalen oder den Kantonen Zürich, Waadt und Bern. Im gleichen Atemzug muß die floristische und faunistische Kartierung genannt werden. Sie konzentriert sich allerdings entsprechend den jeweiligen personellen und materiellen Voraussetzungen in der Regel auf bestimmte Schwerpunkte (Erfassung der Brutvogelbestände, gefährdeten Pflanzen usw.). Anhand solcher Untersuchungen ist es den zuständigen Behörden möglich, einen wirkungsvollen Biotop- und Artenschutz zu betreiben. In den von verschiedenen Ländern veröffentlichten „Roten Listen" der gefährdeten Pflanzen und Tiere finden wir eine beachtliche Zahl von Arten, die an Feuchtgebiete gebunden sind. So enthält die „Rote Liste" der in der Bundesrepublik Deutschland gefährdeten 137 Vogelarten (4. Fassung, 1977) solche auch an naturnahen Teichen und Weihern vorkommenden Arten wie den Schwarzhalstaucher (Podiceps nigricollis), die Zwergdommel (Ixobrychus minutus), Große Rohrdommel (Botaurus stellaris), den Weißstorch (Ciconia ciconia), die Moorente (Aythya nyroca), Trauerseeschwalbe (Chlidonias niger), den Drosselrohrsänger (Acrocephalus arundinaceus) u. a. Bei den besonders eng an das Wasser gebundenen Amphibien (Laichplätze!) sind von insgesamt 19 für die Bundesrepublik Deutschland verzeichneten Arten 12 bedroht. Ähnlich ist die Situation in der Schweiz. Von den 19 dort ursprünglich heimischen (autochthonen) Arten sind 4 bereits ausgestorben und nur 5 vorläufig nicht unmittelbar gefährdet. Das „Red Data Book" der Sowjetunion führt 8 seltene oder vom Aussterben bedrohte Amphibienarten an. Obwohl sich diese traurigen Bilanzen mühelos fortführen lassen, kehren wir zur Ausgangsfrage zurück.

Nicht weniger wichtig sind Untersuchungen zur Renaturierung zerstörter Feuchtgebiete. Gleiches gilt für alle Projekte, die sich mit dem Problem der Sekundärbiotope befassen. In beiden Fällen bietet sich für die ökologische Forschung z. B. in reichem Maße Gelegenheit, die Gesetzmäßigkeiten der Pionierbesiedlung und biozönologischen Sukzession zu studieren. Erfreulicherweise fand diese Thematik in letzter Zeit zunehmend Beachtung. Denken wir auch an die Vielzahl der Probleme, die sich aus der immer stärkeren Belastung

197. Hinein ins kühle Naß!

198.
Der Dorfteich als
Motiv in der Malerei.
Tina Bauer-Pezellen,
Wintersport am
Dorfteich,
VIII. Kunstaus-
stellung der DDR,
Dresden

199. Heute weit verbreitete Dorfteich-„Gestaltung". Steinerne Einfassung und Fehlen jeglicher Ufervegetation

200.
Die ersten
schönen
Frühlingstage
locken wieder zum
Camping. Noch ist
der Andrang gering.
Die eigentliche
Campingwelle und
Blechlawine
kommt erst

201. Früh übt sich, was ein Meister werden will

202.
Die Ausbeute
wird begutachtet

203. Vogelfang mit dem Japannetz im Dienst der Forschung
204. Vogelringe und Beringungszange

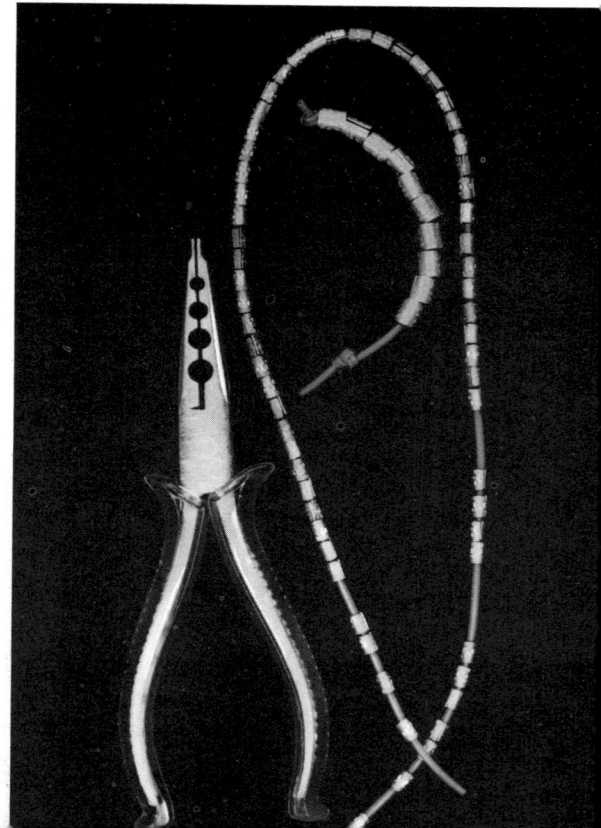

205. Ornithologische Exkursion ins Teichgebiet

206. Vom Boot aus werden die Stimmen der Wasservögel aufgenommen
207. Oszillogramm des Gesangs vom Drosselrohrsänger *(Acrocephalus arundinaceus)*

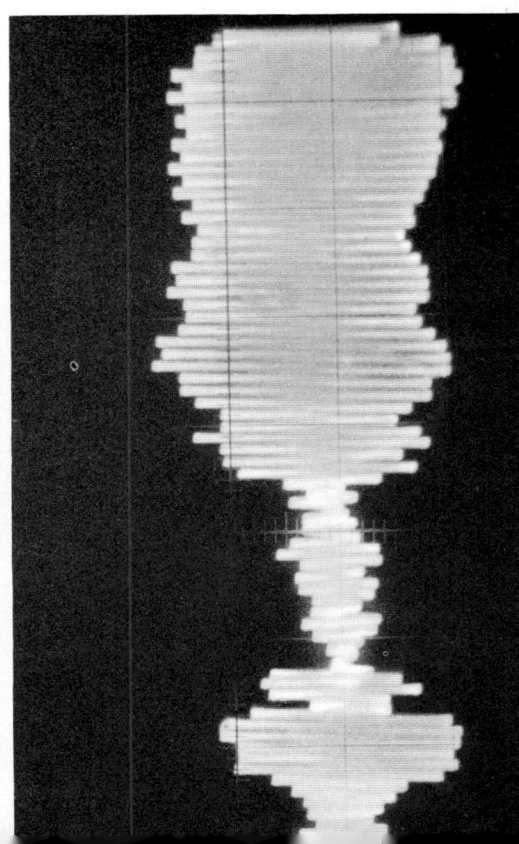

208. Freilandkultur von Mikroalgen, ein Beitrag zur Erzeugung proteinreicher Pflanzenbiomasse. Algenkulturanlagen auf dem Gelände der Gesellschaft für Strahlen- und Umweltforschung mbH München, Abt. für Algenforschung und Algentechnologie in Dortmund

209. Hydrobiologische Untersuchungen im Automatenlabor

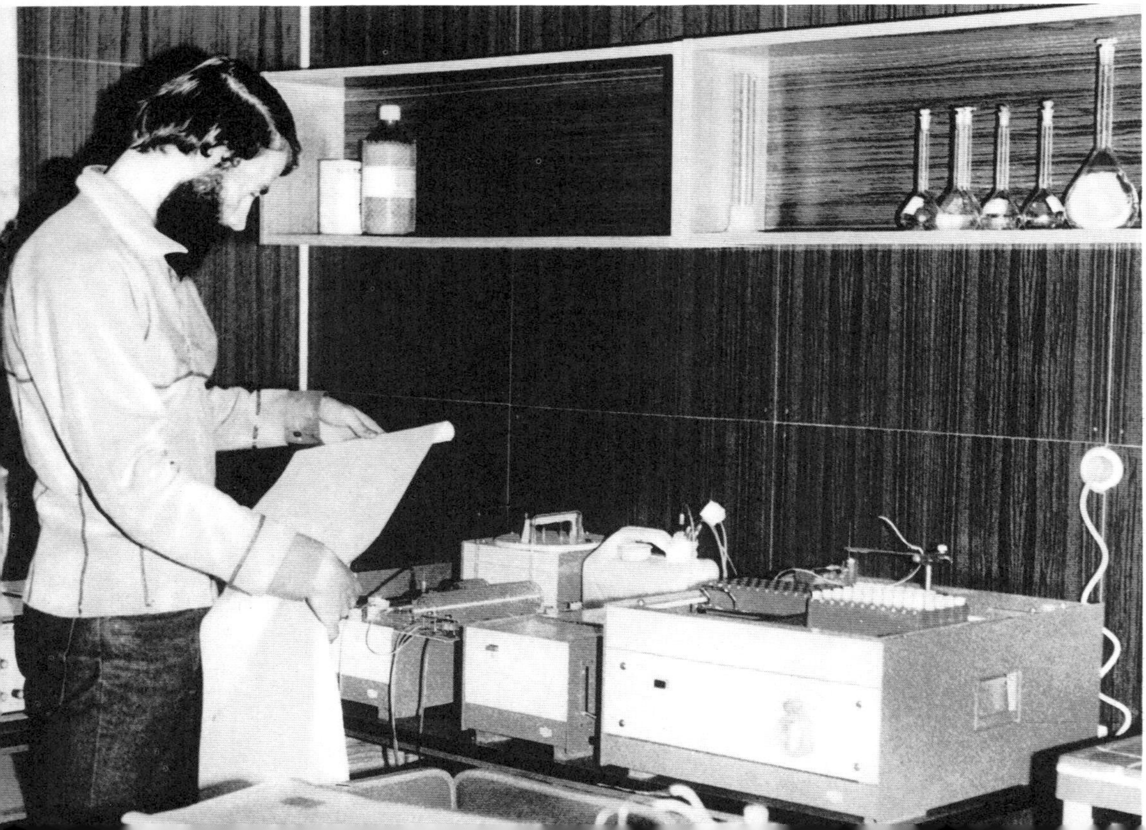

210.
Entnahme einer Wasserprobe mit dem Ruttnerschen Wasserschöpfer

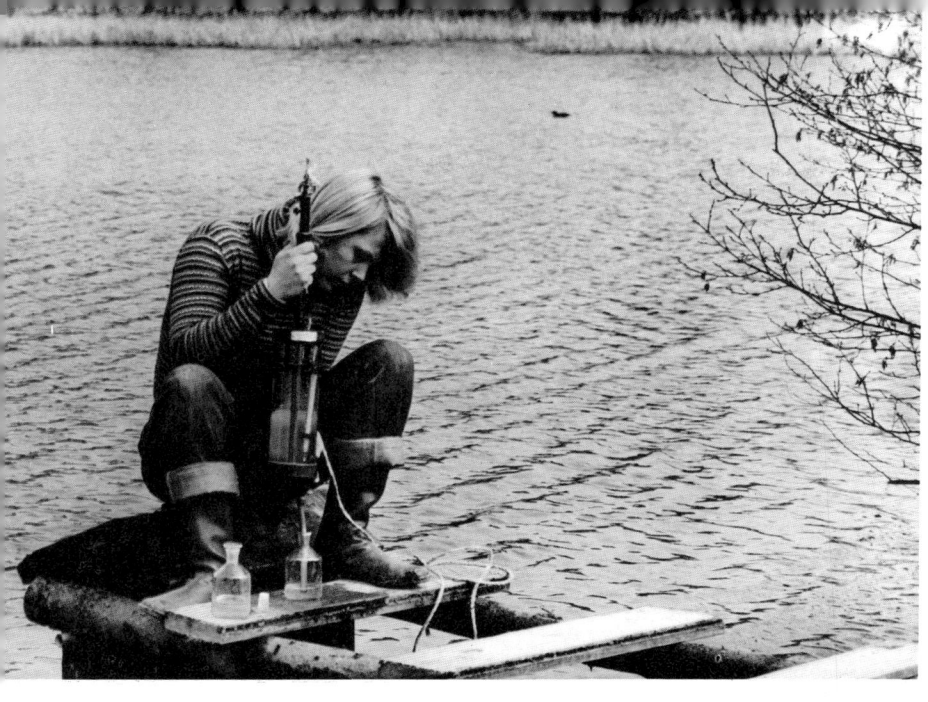

211. Kieselalgenschalen dienen u. a. als Testobjekte für mikroskopische Objektive. Vergleich des Auflösungsvermögens bei unterschiedlicher Apertur. *Nitzschia obtusa* in Styrax n_D 1,650 Hellfeldbeleuchtung, Abbildungsmaßstab etwa 2 100 x. Oben Apertur $>1{,}15$; unten Apertur $<1{,}0$

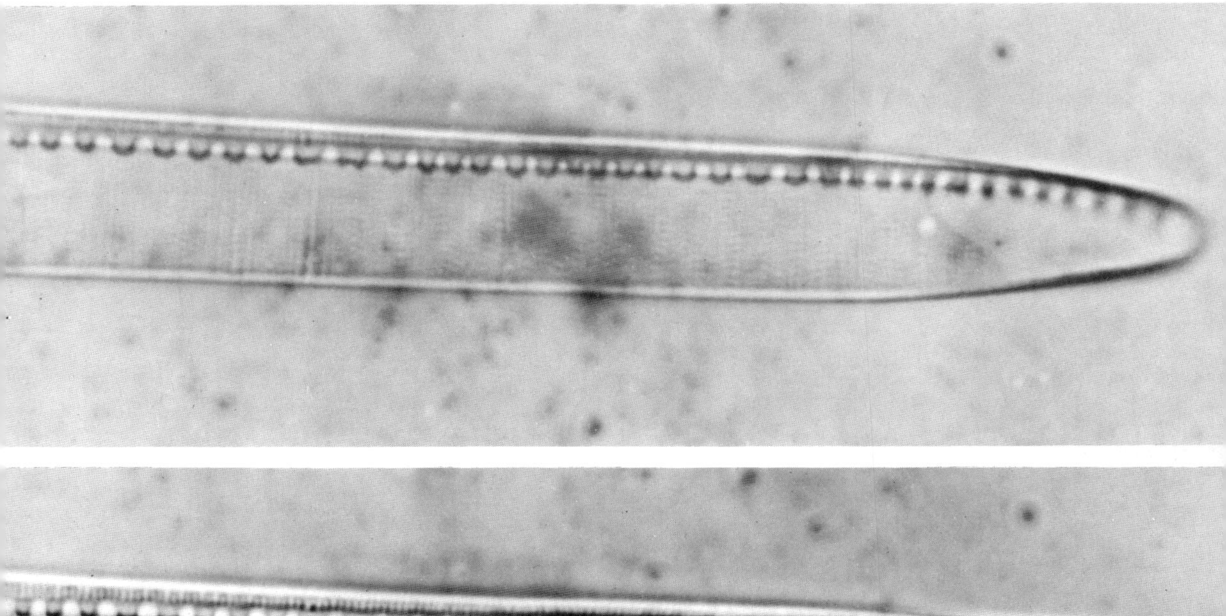

Bau eines Amphibienteiches:
212. Eingesetzter Maschinenpark

213. Ausbaggern

214. Getrennte Zufuhr von Wasser und Betongemisch
216. Abgedichteter Teich mit Notablauf

215. Eisengeflecht zur Verstärkung der Betonschale
217. Jahre später

der Umwelt mit Fremdstoffen ergibt. Die Reihe der anstehenden und möglichen Forschungsthemen ist damit natürlich noch keinesfalls erschöpft.

Außerordentlich vielschichtig und weit gespannt sind auch die im Rahmen dieser Forschungen einsetzbaren Arbeitsmittel und -methoden. Die Skala reicht vom einfachen Beobachten, Registrieren, Zählen, Sammeln, Konservieren, Präparieren, dem Einsatz von Lupe, Fang- und Sammelgerät, Fotoapparat, „normalem" Mikroskop usw., bis hin zum Arbeiten mit Geräten, deren technische Details dem Benutzer unbekannt sind und wo er sich auf eine Gebrauchsanweisung verläßt oder eine spezielle Ausbildung benötigt. Denken wir nur an Elektronenmikroskope, Gaschromatographen, hydrobiologische Automatenlabors (Abb. 209) oder an die im Zuge der Fernerkundung vom Flugzeug und Satellit eingesetzte Technik und die dazugehörigen Auswertegeräte.

Das Erkunden der natürlichen Ressourcen aus der Luft bzw. dem Weltraum hat auch für die Limnologie neue Dimensionen eröffnet. In einigen europäischen Ländern und den USA zählen Luftbildflüge zur Gewässerüberwachung längst zum Routineprogramm. Auf diese Weise wird die aktuelle Gewässersituation schnell und über große Räume hinweg erfaßt. Bei regelmäßigen Bildflügen lassen sich sogar Aussagen über bestimmte Prozeßabläufe und Entwicklungstendenzen treffen. Es liegt auf der Hand, daß die Beschleunigung des Erkundungs- und Auswertetempos im Vergleich zu den herkömmlichen Mitteln und Methoden außerdem zu einer deutlichen Kostensenkung führt. So ist z. B. bei der Erfassung großer Gebiete nur noch knapp ein Zehntel des sonst üblichen Aufwandes erforderlich. Oder greifen wir die Wasserpflanzenkartierung heraus. Hier entfällt die zeitraubende Arbeit mit Boot, Harke, einfachem Vermessungsgerät usw. Ein weiterer Vorteil des Luftbildes besteht in der Steigerung der Flächengenauigkeit.

Zur möglichst allseitigen Ermittlung der für die Gewässerüberwachung wichtigen Faktoren findet neben der konventionellen Fotografie die Falschfarben- oder Spektrozonalfotografie sowie die Multispektraltechnik (Abtastverfahren in verschiedenen Spektralbereichen) Anwendung. Je nach Zielstellung wird das dafür geeignete Filmmaterial eingesetzt. Falschfarbenfilme liefern beispielsweise visuell mehr Farbunterschiede. Auf dem Luftbild vom Südufer des Dümmer (BRD) treten die reichlichen Wasserpflanzenbestände im Bereich der Hunte-Einmündung gut hervor (Abb. 183). Der Erfassung der submersen Vegetation sind mit dieser Methode allerdings Grenzen gesetzt. In Zusammenhang mit dem Interkosmos-Programm erregte die vom VEB Carl Zeiss JENA entwickelte sechskanalige Multispektralfotokamera MKF-6M Aufsehen. Sie zeichnet sich durch eine große geometrische Genauigkeit der Bilder und ein sehr hohes Auflösungsvermögen aus. So kann man z. B. auf 5 Aufnahmen das gesamte Territorium der DDR erfassen und dabei sogar noch jedes Wochenendhaus identifizieren.

Wie erfolgt aber nun die Luftbildüberwachung im Hinblick auf die Binnengewässer? Inzwischen gibt es dazu eine Reihe von Möglichkeiten. Eine davon ist die Ermittlung des Eutrophierungsgrades der Gewässer. Sehen wir uns unter diesem Aspekt die Abb. 182 an, die noch in der Erprobungsphase der MKF-6M vom Forschungsflugzeug AN-30 aufgenommen wurde. Hier hebt sich der sanierte Schloßteich mit dem bekannten Jagdschloß Moritzburg bei Dresden deutlich vom benachbarten eutrophen Großteich ab. Über die Reaktion von Bioindikatoren lassen sich Rückschlüsse auf die Sauerstoff-, Lichtverhältnisse, Biomasseproduktion und den pH-Wert des Gewässers ziehen. Weiterhin sind mit Hilfe der Fernerkundung z. B. Aussagen zur Oberflächen-

temperatur der Gewässer, der dortigen Temperaturverteilung, zum Störungs-
verhalten sowie der Art und Herkunft von Abwassereinleitungen („Abwasser-
fahnen") möglich. Auf Grund der auf diesem Sektor engen internationalen
Zusammenarbeit besteht an der ständigen Verbesserung und Erweiterung dieser aerokosmischen Methoden und damit auch ihrer Anwendung im Rahmen
der Gewässerforschung kein Zweifel.

Streifen wir noch kurz zwei voneinander unabhängige Problemkreise, die
jedoch beide demonstrieren, was für „lohnende" Forschungsobjekte mitunter
ganz alltägliche, weit verbreitete und scheinbar gut bekannte Arten sein
können.

Der in den Freigewässern ablaufende Prozeß der Selbstreinigung wird, wie
wir bereits wissen, nahezu ausschließlich durch Bakterien bewirkt. Sie sind es
auch, die in biologischen Kläranlagen (Belebtschlammbecken, Tropfkörper) das
zugeleitete Abwasser reinigen. Daß gleichfalls einige höhere Pflanzen zur
Reinhaltung der Gewässer beitragen und sogar in pflanzenbiologischen Anlagen zur Abwasserreinigung eingesetzt werden, dürfte sicher weniger bekannt
sein. Ein besonders attraktives Beispiel dafür ist die von den Flechtarbeiten
her geläufige Gemeine Teichsimse *(Schoenoplectus lacustris)*. Sie kann über-
raschend selbst solche Stoffe dem verschmutzten Wasser entziehen, die „von
Natur aus" nicht in den Gewässern vorkommen. Dies betrifft z. B. Phenol und
seine Derivate wie p-Kresol, Xylol, Brenzkatechin, Pyridin, Hydrochinon u. a.
(Seidel 1976). Die Simsen haben nach entsprechenden Versuchen derartige
Substanzen in Konzentrationen ertragen, die für Fische tödlich sind und sie
zudem völlig dem Wasser entzogen. Darüber hinaus vermögen sie pathogene
Keime, beispielsweise *Escherichia coli*, Salmonellen und Enterokokken, zu
vernichten. Damit kann diese fast unverwüstliche Wasserpflanze sogar zur
Reinigung von Fäkalabwässern eingesetzt werden. Ähnlich günstige bakterien-
tötende Eigenschaften besitzen übrigens auch die Wasserminze *(Mentha
aquatica)*, der Gemeine Froschlöffel *(Alisma plantago-aquatica)*, die Flatter-
Binse *(Juncus effusus)*, das Gemeine Schilf *(Phragmites australis)* und andere
Makrophyten. Als weitere Leistung sei schließlich die Schlamm-Mineralisation
erwähnt, die in kaskadenförmigen Intensivanlagen wasserwirtschaftlich genutzt
wird. Bleiben wir beim Praxisbezug. Kleinanlagen mit *Schoenoplectus lacustris*
eignen sich z. B. zur Klärung von Abwässern abgelegener Gehöfte, Hotels,
Sanatorien, Wochenendhäusern. In den Niederlanden wurden extensive Groß-
anlagen für einige Campingplätze (Kapazität für 5 000 bis 6 000 Personen)
errichtet. Sie dienen daneben der Grundwasseranreicherung und zur Gewin-
nung von Material für diverse handwerkliche Simsenprodukte. Verschiedene
Beispiele belegen den erfolgreichen Einsatz zur Reinigung von Abwässern
und Schlämmen aus Industriebetrieben, Arzneimittelwerken, Schlachthöfen und
anderen Betrieben. Bewährt hat sich auch die Bepflanzung von Versickerungs-
becken mit Teichsimsen zur Grundwasseranreicherung (Trinkwassergewinnung).

Viele Fragen sind in diesem Rahmen noch ungeklärt, andere müssen weiter
verfolgt werden. All diese Erkenntnisse sollten jedoch nicht ohne Auswirkung
für die praktische Arbeit am Gewässer bleiben und bei einer Bewertung der
Aufgaben und Funktionen der Uferpflanzen Berücksichtigung finden.

Bestimmte Mikroalgen der Binnengewässer, wie Vertreter der Gattung
Chlorella und *Scenedesmus*, die häufig und buchstäblich überall greifbar sind,
haben sich aus verschiedener Sicht als geeigneter, zukunftträchtiger Rohstoff
für die tierische und menschliche Ernährung erwiesen. Sie können z. B. bei
entsprechenden Zuchtbedingungen täglich ihre Biomasse um ein Vielfaches
vergrößern, besitzen einen hohen Eiweißgehalt und weisen neben Lipiden

und Kohlenhydraten u. a. einen Vitamingehalt auf, der in der Regel höher als bei Obst und Gemüse ist. Wie wir heute wissen, dienen solche Mikroalgen nicht erst seit jüngster Zeit dem Menschen als Nahrung. So ernten in der Tschadsee-Region Eingeborene natürliche Vorkommen einer planktischen Blaualgenart *(Spirulina platensis)* und stellen daraus Suppen sowie Soßen her. Informationen über eine kontinuierliche Nutzung von Blaualgen für Ernährungszwecke liegen weiterhin aus verschiedenen Gegenden Ostasiens und aus Peru vor. Doch kehren wir zur modernen Mikroalgenproduktion zurück. Zahlreiche Länder Europas, die USA, Japan und andere ostasiatische Länder befassen sich seit etwa 3 Jahrzehnten mit den verschiedenen Problemen der Verwertung von Mikroalgen. Ihre Kultur erfolgt im Freien in flachen teichähnlichen Becken oder „Gerinnen", die zur Bewegung der Kulturflüssigkeit mit Antriebssystemen versehen sind (Abb. 208). Sie kann aber auch unabhängig von der Witterung, Tages- und Jahreszeit bei Kunstlicht in Hallen betrieben werden. Als Nährflüssigkeit dient verdünntes Abwasser oder eine mineralische Lösung. Eine ungenügende Kohlendioxid-Versorgung begrenzt das Algenwachstum. Die Algen werden durch Filtrieren oder Zentrifugieren geerntet und anschließend zu Trockenpulver verarbeitet. Der erzielte Flächenertrag an Rohprotein ist bemerkenswert hoch und liegt um ein Vielfaches über dem der als Eiweißlieferant berühmten Sojabohne *(Glycine max)*.

Umfangreiche Tierversuche gaben Aufschluß über die Tauglichkeit der Algensubstanz als proteinreiches Zusatznahrungsmittel für die menschliche Ernährung. Bereits 1960 begannen Tests in den USA und der Sowjetunion mit freiwilligen Versuchspersonen zur Erprobung von *Chlorella*-Substanz als mögliche künftige Nahrung bei Weltraumflügen. Über die Resultate wurde in den Massenmedien hinreichend berichtet. Algenprodukte sind in der Zwischenzeit über Ostasien hinaus auch zu uns vorgedrungen. Beimischungen von Algenpulver in Teig- und Backwaren oder bei Suppen repräsentieren wohl die bekanntesten Anwendungsmöglichkeiten. Trotz recht attraktiver Erfahrungen und Ergebnisse gilt es, nicht zuletzt im Hinblick auf die Eiweißversorgung der „Dritten Welt", besonders den gegenwärtigen Stand in der Verfahrenstechnik weiter zu verbessern. Probleme ergeben sich u. a. auch bei der toxikologischen Prüfung der Algen, der Kontrolle standortbedingter Schadstoffakkumulationen und nicht zu vergessen der Popularisierung des neuen, ungewohnten Produktes.

Das Wort Oase (lateinisch/griechisch/ägyptischen Ursprungs) bedeutet: „Vegetationsgebiet in Wüsten und Wüstensteppen; an zutage tretendes oder durch Brunnen erreichbares Grundwasser gebunden ...". Die Fülle der in den einzelnen Buchabschnitten behandelten Beispiele rechtfertigt auch die metaphorische Anwendung des Begriffes auf die Tümpel, Teiche und Weiher. Diese Gewässer liegen meist als Konzentrationspunkte vielfältigen pflanzlichen und tierischen Lebens inmitten einer durchaus zurecht als monoton oder uniform bezeichneten Kulturlandschaft. Wie die traurige Bilanz der Vergangenheit zeigt, droht – aus welchen Gründen auch immer – den noch bestehenden wertvollen ökologischen Zellen ebenfalls der Untergang und damit die Eingliederung in die „Kultursteppe". Im Gegensatz zum biologisch-ökologischen Wert läßt sich der wirtschaftliche Nutzen „unserer Oasen", wenn wir die bewirtschafteten Teiche einmal ausklammern, nicht leicht belegen. Dies ist sicherlich auch ein Grund dafür, daß Tümpeln und Weihern nicht jene notwendige breite Aufmerksamkeit wie z. B. den Flüssen zukommt. Hinsichtlich

Sanierung, Pflege und Schutz

der Fließgewässer liegen Berechnungen vor, die sicherlich jeden überzeugen. So sind u. a. die Kosten bekannt, die aufgebracht werden müßten, wenn man das gesamte Wasser der Elbe längs einer Fließstrecke von 85 km oberhalb Magdeburgs ersatzweise ausschließlich durch Abwasseraufbereitungsanlagen reinigen würde. Die dafür täglich notwendigen 50 Mio Mark entsprechen dem Wert des intakten Selbstreinigungsvermögens dieses Flußabschnittes.

Wie im großen, so kann man im kleinen Maßstab, d. h. in der Wertschätzung des einzelnen gegenüber den flachen stehenden Gewässern, meist keine erfreuliche Bilanz ziehen. Früher bot der Dorfteich der Landbevölkerung mannigfaltigen Nutzen, der zwangsläufig das Interesse am Bestehenbleiben des Gewässers wach hielt. Er diente u. a. als Schwemme für die zur Feldarbeit unentbehrlichen Pferde; in heißen und niederschlagsarmen Sommerperioden fuhr man die Leiterwagen in den Dorfweiher, um zu verhindern, daß durch zu starke Austrocknung der Holzräder die Reifen abspringen. Als sich im Zuge der fortschreitenden Mechanisierung der Landwirtschaft zwangsläufig diese und ähnliche Gepflogenheiten verloren, wurden viele Dorfteiche und -weiher in Feuerlöschteiche umgewandelt. Einzäunungen und hohe Einfassungen verwehren im Extremfall vielerorts nun selbst Enten und Gänsen den Zugang zu diesen „Gewässern".

Inzwischen begann in vielen Ländern, teils auf Grund einer regelrechten Kampagne und leider oft schablonenhaft, teils auf der Basis von Eigeninitiative, die Wiederentdeckung des Dorfteiches. Vordergründig geht es den Bürgern darum, ihr Dorf, ihre Gemeinde zu verschönern. Allzu leicht wird dabei die Sanierung nur als kosmetische Operation abgetan. Über den rein ästhetischen Aspekt hinaus steht selbstverständlich die Wiederherstellung der ursprünglichen Funktionen des Gewässers im Vordergrund. Die Initiative zu solchen Aktionen sollte sich nach Möglichkeit nicht allein auf das Terrain des Dorfes beschränken, das als Anziehungspunkt für den „Urlaub auf dem Bauernhof" Bedeutung hat. In der näheren und weiteren Umgebung des jeweiligen Ortes stoßen die Urlauber mitunter beim Spaziergang im Wald auf zahlreiche mit Müll und diversen anderen Abfallprodukten gefüllte Tümpel und Weiher. Diese unerfreulichen Spuren der Zivilisation lassen sich wohl kaum den Städtern anlasten. Offensichtlich stammen die Frevler aus dem ländlichen Raum und können sogar zu denen gehören, die bei der Sanierung des Dorfteiches mit Hand anlegten. Ein widersprüchliches Verhalten gegenüber der Umwelt, das sich in der Praxis leider vielfach beobachten läßt.

Dort, wo wegen der starken Verschmutzung Dorfteiche völlig entschlammt und ausgebaggert werden müssen, entstehen oft beachtliche Kosten. Die Sanierung beginnt mit einer wenigstens teilweisen Beseitigung der meist lückenlosen steinernen Ufereinfassung (vgl. Abb. 198). Am Ufer ist Raum für eine Bepflanzung mit Weiden (Salix), Faulbaum (Frangula alnus), Erlen (Alnus) und Eschen (Fraxinus) zu schaffen. Hohe Einzelbäume sollen später durch Schattenwurf starkes Algenwachstum und eine übermäßige Verkrautung verhindern. Die völlige Entschlammung kann über viele Jahre hinweg eine nachhaltige Wirkung zeitigen. Voraussetzung dafür ist allerdings, daß alle Ursachen der massiven Wasserverschmutzung eliminiert werden und auch künftig nicht mehr auftreten. Dies bedeutet zu verhindern, daß Jauche, Silageflüssigkeit, häusliches Abwasser zufließen, in unmittelbarer Teichnähe Misthaufen angelegt oder gar landwirtschaftliche Maschinen und Geräte im Teich gewaschen werden, jegliche Abfallverkippung entfällt usw. Nach einer solchen komplexen Sanierung empfiehlt es sich, die Wiederbesiedlung durch Einsetzen verschiedener Pflanzen- und Tierarten aus benachbarten Gewässern zu beschleunigen.

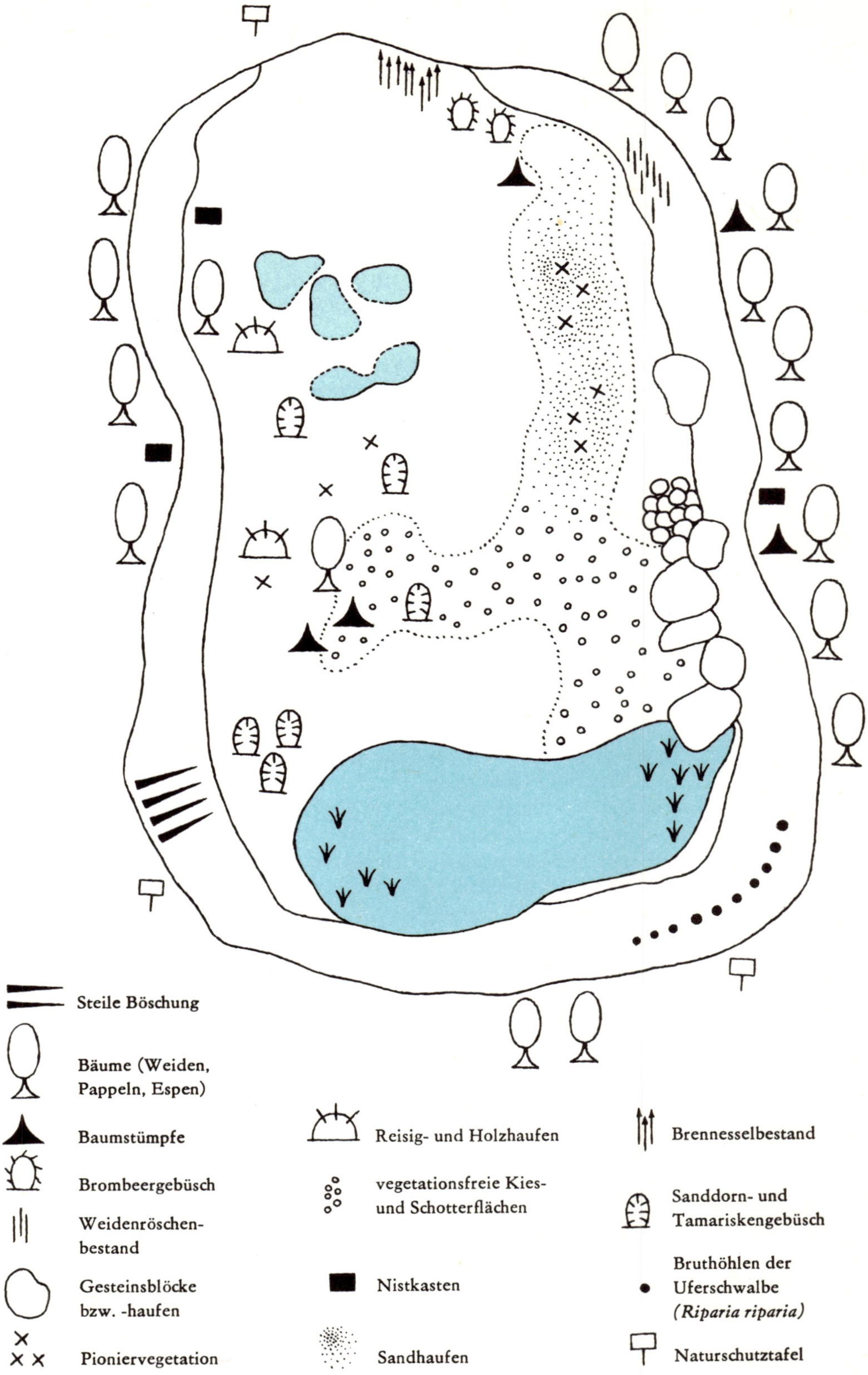

Steile Böschung

Bäume (Weiden, Pappeln, Espen)

Baumstümpfe

Brombeergebüsch

Weidenröschenbestand

Gesteinsblöcke bzw. -haufen

Pioniervegetation

 Reisig- und Holzhaufen

 vegetationsfreie Kies- und Schotterflächen

 Nistkasten

 Sandhaufen

 Brennesselbestand

 Sanddorn- und Tamariskengebüsch

 **Bruthöhlen der Uferschwalbe (*Riparia riparia*)**

 Naturschutztafel

Wie wir sehen, ist der gesamte Arbeitsaufwand sehr groß und kommt manchmal fast der Neuanlage eines Gewässers gleich. Dennoch sollte man der Renaturierung bestehender Gewässer in jedem Fall den Vorzug geben. Wichtige Aspekte, wie z. B. die Standortfindung mit all den sich daraus für den Fortbestand des neuen, künstlichen Feuchtbiotops ableitenden Faktoren (ausreichende Wasserzufuhr, günstige klimatische und geobotanische Verhältnisse usw.), entfallen damit von selbst. Zum Ausschöpfen des Vorhandenen gehört auch die Nutzung der in stillgelegten Sand-, Kies-, Tongruben und anderen „Biotopen aus zweiter Hand" entstandenen Gewässer. Die Umgestaltung solcher Biotope dient der Vergrößerung des biologischen Potentials der Landschaft und sollte eine noch breitere Anwendung finden. Einige Anregungen gibt dazu – am Beispiel einer ausgedienten Kiesgrube – die Abb. 218. Vielfach können durch einfache Eingriffe unter geschickter Ausnutzung der örtlichen Gegebenheiten die ökologischen Voraussetzungen zur Ansiedlung seltener und bedrohter Arten geschaffen werden. Die biologische Reichhaltigkeit solcher anthropogenen Sekundärbiotope führte u. a. in der Schweiz, wo diesbezüglich Pionierarbeit geleistet wurde, mancherorts zu ihrer Unterschutzstellung. Natürlich bedürfen auch diese Refugien einschließlich der hier integrierten Gewässer einer gewissen Pflege.

Die Neuanlage eines kleineren Teiches, der durch eine Schweizer Jugendinitiative entstand, sei kurz anhand einer Bildkombination (Abb. 212 bis 217) illustriert. Das Gewässer sollte zusammen mit dem angrenzenden Gelände später als Amphibienreservat dienen. Im Hinblick auf diese Zielsetzung fanden bei der Planung des Projektes neben den rein bautechnischen Problemen auch biologisch-ökologische Aspekte eingehend Beachtung. Außerdem existierten von Anfang an klare Vorstellungen über die nach der Fertigstellung erforderlichen Erhaltungs- und Pflegemaßnahmen sowie die Erfassung des künftigen Amphibienbestandes. Zur Abdichtung wurde unter einem beachtlichen Aufwand an Material und Geräten Spritzbeton verwendet. Im privaten Bereich eignet sich dieses Verfahren z. B. auch zur Anlage von Zierteichen. Oft reicht hier aber schon ein Auslegen mit PVC-Folie aus. Neuerdings finden zunehmend glasverstärkte Polyester Verwendung.

Die wenigen neu entstehenden Gewässer füllen verständlicherweise keineswegs die Lücken im Bestand der Tümpel, Teiche und Weiher, der zudem fortlaufend abnimmt. Neben deren Pflege muß daher vor allem ihr Schutz gewährleistet sein. Davon profitieren mehr oder weniger auch die oft ökologisch wertvollen Kontaktbiotope.

Wirkungsvolle Maßnahmen sind allerdings nur im nationalen und internationalen Maßstab zu erwarten. Ihre erfolgreiche Umsetzung in die Praxis bedingt eine gute zentrale Leitung und die Mitwirkung möglichst breiter Bevölkerungskreise.

In einigen Ländern bestehen bereits Bewegungen von Natur- und Heimatfreunden, die zur Pflege und zum Schutz der natürlichen Ressourcen beitragen. Ein in diesem Sinn besonders markantes Beispiel ist die unter der Bezeichnung „Brontosaurus" bekannte Initiative in der ČSSR. Mit dieser einprägsamen Symbolfigur verbindet sich die Mahnung, nicht über die Gegebenheiten der Natur hinauszuwachsen. Die vor allem von Jugendlichen getragene Bewegung erfüllt neben vielen Einsätzen in Grünanlagen und Parks auch Aufgaben in den großen Ausflugszentren, wie Tatra und Böhmerwald. Fortbildungskurse in Sachen Naturschutz ergänzen die praktische Arbeit sinnvoll.

Über Ländergrenzen hinaus lassen sich direkt oder indirekt unsere Problematik berührende Vorhaben, Vereinbarungen und Abkommen sogar bis zu

den Vereinten Nationen verfolgen. So fand in Stockholm eine UN-Umwelt-
schutzkonferenz zu Fragen der internationalen Zusammenarbeit auf dem Gebiet des Artenschutzes statt. Von ihr gingen weitere Aktivitäten aus, die sich
u. a. im Washingtoner Artenschutzabkommen niederschlugen. Speziell auf
Feuchtgebiete ist die Ramsar-Konvention von 1971 zugeschnitten. Sie entstand
im Ergebnis langjähriger Bemühungen nationaler und internationaler Organi-
sationen zum Schutz von Feuchtgebieten und demonstriert staatlichen Stellen
wie der Öffentlichkeit nachhaltig den Wert, aber auch die Notwendigkeit der
Pflege und des Schutzes dieser Biotope. Gemäß Artikel 2 der Konvention
benennt jede vertragsschließende Seite für ihr Territorium Feuchtgebiete von
internationalem Rang. In erster Linie stehen solche Gebiete im Vordergrund,
die zu jeder Jahreszeit ein bedeutsamer Lebensraum für Wasservögel sind.
Nicht von ungefähr findet sich darunter beispielsweise auch das Teichgebiet
von Peitz.

Zitierte und ausgewählte weiterführende Literatur

Altum, B.: Ueber das Meckern der Bekassine. Naumannia. J. Orn. 362–371, 1855

Amlacher, E.: Taschenbuch der Fischkrankheiten. Jena, Stuttgart 1976

Amos, W. H.: The life of the pond. New York, Toronto, London 1967

Arnold, E. N., und J. A. Burton: Pareys Reptilien- und Amphibienführer Europas. Hamburg, Berlin 1979

Atkinson, K. L.: Further experiments in dispersal of phytoplankton by birds. Wildfowl 22, 98–99, 1971

Bauer, H. J.: Die ökologische Wertanalyse methodisch dargestellt am Beispiel des Wiehengebirges. Natur und Landschaft 48, 306–311, 1973

Bauer, L., und H. Weinitschke: Landschaftspflege und Naturschutz. Jena 1973

Baumeister, W.: Planktonkunde für Jedermann. Stuttgart 1971

Bezzel, E.: Vogelleben Spiegel unserer Umwelt. Erlenbach, Zürich, Stuttgart 1975

Biebl, R., und H. Germ: Praktikum der Pflanzenanatomie. Wien 1967

Bittner, E.: Blaualgen (Cyanophyceen). Stuttgart 1961

Borglund, E.: Stroh und Binsen schmückend und praktisch. Stuttgart, Botnang 1965

Brauer, A.: Die Süßwasserfauna Deutschlands. Stuttgart 1961

Braun, F.: Beiträge zur Biologie und Atmungsphysiologie der Argyroneta aquatica Cl., Zool. Jahrb. 62, 175–262, 1931

Braun-Blanquet, J.: Pflanzensoziologie. Wien, New York 1964

Brehm, V.: Einführung in die Limnologie. Biologische Studienbücher X. Berlin 1930

Brohmer, P.: Fauna von Deutschland. Heidelberg 1969

Buchwald, K., und W. Engelhardt: Handbuch für Landschaftspflege und Naturschutz. Bd. II: Pflege der freien Landschaft. München, Basel, Wien 1968

Burnett, A. L.: Biology of hydra. New York, London 1973

Bursche, E. M.: Wasserpflanzen. Radebeul, Berlin 1952

Carson, R. L.: Der stumme Frühling. München 1962

Clausing, P.: Die Dünnschaligkeit von Vogeleiern unter dem Einfluß von Pflanzenschutzmitteln. Biol. Rdsch. 16, 28–37, 1978

Clegg, J.: Pond life. London, New York 1974

— : The freshwater life of the British Isles. London 1974

Cohn, F.: Beiträge zur Physiologie der Pflanzen. Breslau 1875

Creutz, G.: Ernährungsweise und Aktionsradius der Lachmöwe (Larus ridibundus L.). Beitr. z. Vogelk. 9, 3–58, 1963

Dale, H. M., and T. Gillespie: The influence of the floating vascular plants on the diurnal fluctuations of temperature near surface in early spring. Hydrobiologia (Den Haag) 49, 245–256, 1976

Darwin, Ch.: Insectivorous plants. London 1875

Darwin, Ch.: On the origin of species by means of natural selection, or the preservation of favoured races in the struggle for life. London 1859

Deckart, M.: Freizeit mit dem Mikroskop. Wiesbaden 1972

De Lignac, J. A. L.: Mémoire pour servir à commencer l'histoire des araignées aquatiques. Paris 1749

De Santo, R. S.: Concepts of applied ecology. New York, Heidelberg, Berlin 1978

Donner, J.: Rädertiere (Rotatorien). Stuttgart 1973

Dubinina, M. N.: Remnezy Cestoda: Ligulidae. Fauna SSSR. Moskau, Leningrad 1966

Dussart, B.: Limnologie. Paris 1966

Edmondson, W. T.: Ward and Whipple's fresh-water biology. New York 1959

Eijnsbergen, H. van: Luftverunreinigungen und Korrosion. Verzinken 1, 4–7, 1972

Elster, J.-J., und W. Ohle: Das Zooplankton der Binnengewässer. Die Binnengewässer. Stuttgart 1972

Engelhardt, W.: Was lebt in Tümpel, Bach und Weiher? Stuttgart 1971

Erz, W.: Naturschutz und Gewässerausbau. Jb. Natursch. Landschaftspfl. Bd. XXIV, Bonn-Bad Godesberg 1975

Fellenberg, G.: Umweltforschung. Einführung in die Probleme der Umweltverschmutzung. Berlin, Heidelberg, New York 1977

Forel, F. A.: Handbuch der Seenkunde. Stuttgart 1901

Fott, B.: Algenkunde. Jena 1971

Frey, D. G.: Limnology in North America. Madison 1963

Gessner, F.: Hydrobotanik. Bd. I und II, Berlin 1955 und 1959

Goltermann, H. L.: Physiological limnology. An approach to the physiology of lake ecosystems. Amsterdam 1975

Grassé, P. P. (Hrsg.): Traité de zoologie. Tome I–IV, Paris 1949–1968

Grimm, J. und W.: Deutsches Wörterbuch. Bd. I, Leipzig 1854

Grospietsch, Th.: Wechseltierchen (Rhizopoden). Stuttgart 1972

Harfst, W.: Bewertung natürlicher Gewässer für Erholungszwecke. Das Gartenamt H. 6, 351–357, 1975

Hegi, G.: Illustrierte Flora von Mitteleuropa. Bd. I–IV, Wien 1908–1931

Heinroth, O. und M.: Die Vögel Mitteleuropas. Bd. I, Berlin 1928

Heinzel, H., R. Fitter und J. Parslow: The birds of Britain and Europe. London 1977

Helfer, H.: Die wirtschaftliche und kulturelle Bedeutung der Binnengewässer. In: Die Binnengewässer. Bd. XVII, Stuttgart 1949

Henriksen, A., und H. M. Seip: Strong and weak acids in surface waters of southern Norway and southwestern Scotland. SNSF-project, Fagrapport 17/80, Oslo–Ås 1980

Hentschel, E.: Das Leben des Süßwassers. München 1909

—: Grundzüge der Hydrobiologie. Jena 1923

Herbst, H. V.: Blattfußkrebse. Phyllopoden. Stuttgart 1976

Hermann, F.: Flora von Nord- und Mitteleuropa. Stuttgart 1956

Heusser, H., und J. Ott: Wandertrieb und populationsspezifische Sollzeit der Laichwanderung bei der Erdkröte, *Bufo bufo* (L.). Rev. suisse Zool. 75, 1005–1022, 1968

Hinze, G.: Der Biber. Berlin 1950

Hofmann, J.: Die Flußkrebse. Hamburg und Berlin 1971

Honegger, R. E.: Bedrohte Amphibien und Reptilien. Der Zool. Garten 36, 173–185, 1969

Hustedt, F.: Kieselalgen (Diatomeen). Stuttgart 1973

Hutchinson, G. E.: A treatise on limnology. Vol. I–III, New York 1957, 1967, 1975

Hynes, H. B. N.: The biology of polluted waters. Liverpool 1960

Illies, H.: Limnofauna Europaea. Stuttgart 1977

Imboden, Chr.: Leben am Wasser. Basel 1976

Ives, M. L.: A leech and his leeches. Natural History *42*, 366–370, 1938

Jahn, W.: Ökologische Untersuchungen an Tümpeln unter besonderer Berücksichtigung der Folgen von Wasserverschmutzung durch Öl. Inaugural-Dissertation. Kiel 1971

Kaestner, A. (Hrsg.): Lehrbuch der Speziellen Zoologie. Bd. I, Wirbellose 1. bis 3. Teil, Jena 1969–1973

Kalbe, L.: Kieselalgen in Binnengewässern. Wittenberg 1973

Karny, H. H.: Biologie der Wasserinsekten. Wien 1934

Kiefer, F.: Ruderfußkrebse (Copepoden). Stuttgart 1973

Klockow, D., H. Denzinger und G. Rönicke: Zum Zusammenhang zwischen pH-Wert und Elektrolytzusammensetzung von Niederschlägen. VDI-Berichte Nr. 314, 21–26, 1978

Klotter, H.-E.: Grünalgen (Chlorophyceen). Stuttgart 1975

Konstantinov, A.: Obščaja gidrobiologija. Moskau 1972

Kopsch, F.: Die Entwicklung des braunen Grasfrosches, *Rana fusca* Roesel. Stuttgart 1952

Kostomarow, B.: Die Fischzucht. Berlin 1961

Kramer, H.: Ökologische Untersuchungen an temporären Tümpeln des Bonner Kottenforstes, Decheniana *117*, 53–132, 1964

Kramm, E.: Die Algen I. Wittenberg 1957

–: Die Algen II. Kieselalgen, Braun- und Rotalgen. Wittenberg 1963

Krauter, D.: Mikroskopie im Alltag. Stuttgart 1974

Krebs, A., und H. Wildermuth: Kiesgruben als schützenswerte Lebensräume seltener Pflanzen und Tiere. Mitt. Naturwiss. Ges. Winterthur H. 35, 1–55, 1973–1975

Kuhn, H.: Gewässerleben und Gewässerschutz. Zürich 1952

Kullmann, E., und H. Stern: Leben am seidenen Faden. Die rätselvolle Welt der Spinnen. München 1975

Ladiges, W., und D. Vogt: Die Süßwasserfische Europas. Hamburg und Berlin 1965

Lampert, K.: Das Leben der Binnengewässer. Leipzig 1925

Lengerken, H. v.: Die Brutfürsorge und Brutpflegeinstinkte der Käfer. Leipzig 1939

Lenz, F.: Einführung in die Biologie der Süßwasserseen. Berlin 1928

Leser, H.: Landschaftsökologie. Stuttgart 1976

Liebmann, H.: Handbuch der Frischwasser- und Abwasser-Biologie. Bd. I, Jena 1962

Lieder, U.: Stand der Zyklomorphoseforschung. Die Naturwissenschaften *38*, H. 2, 39–44, 1951

Löffler, H.: Vogelzug und Crustaceenverbreitung. Verh. Deutscher Zool. Ges. München, 311–316, 1963

Macan, T. T.: Freshwater ecology. London 1963

Makatsch, W.: Die Vögel der Seen und Teiche. Radebeul und Berlin 1952

Mann, K. H.: The dynamics of aquatic ecosystems. – In: Advances of ecology, e. J. B. Crigg, *6*, 1–81, 1969

Matthes, D., und F. Wenzel: Wimpertiere (Ciliaten). Stuttgart 1978

Meyl, A. H.: Fadenwürmer (Nematoden). Stuttgart 1961

Milne, L. J. und M.: Das Gleichgewicht in der Natur. Hamburg und Berlin 1965

Mrose, H.: Ergebnisse von Spurenstoffbestimmungen im Niederschlag. Z. Met. *15*, 46–54, 1961

Naumann, H.: Wasserjungfern oder Libellen. Leipzig 1952

Odening, K.: Parasitismus. Berlin 1974

Oken, L.: Naturgeschichte für alle Stände. Bd. IV, Stuttgart 1833

Olberg, G.: Sumpf- und Wasserpflanzen. Wittenberg 1955

Olschowy, G. (Hrsg.): Natur- und Umweltschutz in der Bundesrepublik Deutschland, Berlin, Hamburg 1978

Palissa, A., G. Wiedenroth und K. Klimt: Anleitung zum ökologischen Geländepraktikum. WTZ der PH Potsdam 1977

Pascher, A.: Die Süßwasserflora Deutschlands, Österreichs und der Schweiz. 15 Bd., Jena 1913–1936

Pawlowsky, E. N., und W. Shadin: Das Leben des Süßwassers der UdSSR. Leningrad 1950

Pennak, R. W.: Fresh-water invertebrates of the United States. New York 1953

Peterson, R., D. Mountford und P. A. D. Hollom: Die Vögel Europas. Hamburg, Berlin 1976

Peukert, V., und C. Panning: Einfluß anorganischer Luftverunreinigungen auf die Wasserbeschaffenheit von Trinkwassertalsperren. Acta hydrochim. hydrobiol. 3, H. 5/6, 545–552, 1975

Pietsch, W.: Makrophytische Indikatoren für die ökochemische Beschaffenheit der Gewässer (makrophytisches Indikationssystem). In: Breitig, G.: Ausgewählte Methoden der Wasseruntersuchung. Bd. II, Jena 1980

Platzer-Schultz, I.: Unsere Zuckmücken. Wittenberg 1974

Pleiß, H.: Der Kreislauf des Wassers in der Natur. Jena 1977

Prenn, F.: Aus der Nordtiroler Libellenfauna, II. Zur Biologie von *Sympycna (Sympecma) paedisca* Brau. Verh. Zool.-Bot. Ges. Wien, 78, 19–28, 1928

Proctor, V. W.: Dispersal of fresh-water algae by migratory water birds. Science *130*, 623–624, 1959

Rauh, W.: Unsere Sumpf- und Wasserpflanzen. Heidelberg 1951

Reichardt, W.: Einführung in die Methoden der Gewässermikrobiologie. Stuttgart, New York 1978

Reichenbach-Klinke, H.-H.: Der Süßwasserfisch als Nährstoffquelle und Umweltindikator. Jena 1974

Reichholf, J.: Die Wasservogelfauna als Indikator für den Gewässerzustand. In: Vorträge der Tagung für „Umweltforschung" der Univ. Hohenheim. Stuttgart, 181–186, 1976

Reid, G. K.: Ecology of inland waters and estuaries. New York 1961

Reinhardt, W.: Einführung in die Methoden der Gewässermikrobiologie. Stuttgart, New York 1978

Remane, A., V. Storch und U. Welsch: Systematische Zoologie. Stämme des Tierreiches. Jena 1976

Rheinheimer, G.: Mikrobiologie der Gewässer. Jena 1975

Riedel, D.: Fisch und Fischerei. Stuttgart 1974

Riess, W.: Gefährdeter Wanderzug der Lurche. Jahrb. Ver. Schutz der Bergwelt *42*, 101–121, 1977

Rieth, A.: Jochalgen (Konjugaten). Stuttgart 1961

Rothmaler, W.: Exkursionsflora für die Gebiete der DDR u. BRD. Berlin 1978

Round, F. E.: Biologie der Algen. Stuttgart 1975

Ruttner, F.: Grundriß der Limnologie. Berlin 1962

Schäperclaus, W.: Lehrbuch der Teichwirtschaft. Berlin, Hamburg 1933

Schendel, U.: Wasserhaushalt und Wasserbilanz der Erde. Wasserwirtschaft 63, 269–271, 1973

Schenke, G.: Die Ruderbewegungen bei *Corixa punctata* ILLIG (Cryptocerata). Int. Rev. ges. Hydrobiol. 50, 73–84, 1965

–: Schwimmgeschwindigkeit, Schlagfrequenz und Steuern bei *Corixa punctata* ILLIG. Zool. Anz., Jena 176, 5–12, 1966

Schlegel, R.: Zur Nahrung der Lachmöwe an Oberlausitzer Karpfenteichen. Der Falke 24, 198–203, 1977

Schlungbaum, G.: Eutrophierung der Gewässer. Ursachen – Wirkung – Gegenmaßnahmen. Wiss. und Fortschr. 26, 365–371, 1976

Schmidt, E.: Ökosystem See. Biologische Arbeitsbücher 12. Heidelberg 1974

Schubert, A.: Praxis der Süßwasserbiologie. Berlin 1972

Schwoerbel, J.: Methoden der Hydrobiologie (Süßwasserbiologie). Stuttgart 1966

–: Einführung in die Limnologie. Jena 1977

Sedlag, U.: Ur-Insekten. Leipzig 1953

Seidel, K.: Die Flechtbinse *Scirpus lacustris* L. Stuttgart 1955

–, G. Graue und H. Happel: Beiträge zur Gewässergesundung. Krefeld-Hülserberg 1976

Sernov, S. A.: Allgemeine Hydrobiologie. Berlin 1958

Soeder, C. J.: Zur Verwendung von Mikroalgen für Ernährungszwecke. Naturwissenschaften 63, 131–138, 1976

Steffens, W.: Der Karpfen. Wittenberg 1975

Stehli, G.: Mikroskopie für Jedermann. Methodische Einführung in die Mikroskopie mit praktischen Übungen. Stuttgart 1974

Steinecke, F.: Das Plankton des Süßwassers. Heidelberg 1958

Stern, H., G. Thielcke, F. Vester und R. Schreiber: Rettet die Vögel – wir brauchen sie. München, Berlin 1978

Strasburger, E., F. Noll, H. Schenk und A. F. W. Schimper: Lehrbuch der Botanik. Stuttgart, Jena 1978

Streble, H., und D. Krauter: Das Leben im Wassertropfen. Stuttgart 1978

Stresemann, E.: Exkursionsfauna von Deutschland. Bd. I–III, Berlin 1955 bis 1969

–: Exkursionsfauna für die Gebiete der DDR und der BRD. Bd. I, Berlin 1976 ff.

Thienemann, A.: Die Binnengewässer Mitteleuropas. In: Die Binnengewässer. Bd. I, Stuttgart 1925

–: Verbreitungsgeschichte der Süßwassertierwelt Europas. In: Die Binnengewässer. Bd. XVIII, Stuttgart 1950

–: Die Binnengewässer in Natur und Kultur. Göttingen, Heidelberg 1955

–: Leben und Umwelt. Berlin, Darmstadt 1958

Tinbergen, N.: Tiere untereinander. Berlin 1955

Tischler, W.: Wörterbücher der Biologie. Ökologie. Jena 1975

Trutnau, L.: Europäische Amphibien und Reptilien. Stuttgart 1975

Tutin, T. G., V. H. Heywood, N. A. Burges, G. H. Valentine, S. M. Walters and D. A. Webb: Flora Europaea. Vol. I–V, Cambridge 1964–1978

Uhlmann, D.: Hydrobiologie. Ein Grundriß für Ingenieure und Naturwissenschaftler. Jena 1975

Van den Brink, F. H.: Die Säugetiere Europas. Hamburg, Berlin 1975

Vaucher, Ch. A.: Leben in Weiher, Ried und Moor. Zürich 1976

Voigt, M.: Die Rädertiere Mitteleuropas. Berlin 1957

Waitzbauer, W.: Die Insektenfauna männlicher Blütenstände von *Typha angustifolia*. Zool. Anz., Jena *196*, 9–15, 1976

Walter, H.: Einführung in die Phytologie, Grundlagen der Pflanzenverbreitung. Bd. I–III, Stuttgart-Ludwigsburg 1949–1951

Welch, P. S.: Limnology. New York, London 1935

Wesenberg-Lund, C.: Biologie der Süßwassertiere. Wirbellose Tiere. Wien 1939

–: Biologie der Süßwasserinsekten. Berlin 1943

Wetzel, R. G.: Limnologie. Philadelphia, London, Toronto 1975

Wichard, W.: Köcherfliegen. Wittenberg 1978

Wilde, V.: Untersuchungen zum Symbioseverhältnis zwischen *Hirudo officinalis* und Bakterien. Zool. Anz., Jena *195*, 289–306, 1975

Winberg, G. G.: Methods of the estimation of production of aquatic animals. London, New York 1971

Wootton, R. J.: The biology of the sticklebacks. London, New York, San Francisco 1976

Zeiske, W., und J. Plomann: Fisch- und Gewässerkunde. Berlin 1978

Zimmerli, E.: Freilandlabor Natur. Zürich 1975

Ziswiler, V.: Bedrohte und ausgerottete Tiere. Berlin, Heidelberg, New York 1965

Verzeichnis der angeführten Arten und Gattungen

(Ziffern mit Stern = Abbildungsverweise)

Sachregister

Bildquellen

Für Vermittlung und Beschaffung von Abbildungen sind wir Herrn B. Hawliczek zu besonderem Dank verpflichtet.

Einband-Fotos
Vorderseite:
K. Kabisch, Leipzig,
M. Limpach und
W. Straube, Potsdam,
M. Rauschert,
Eichwalde,
H.-J. Richter, Leipzig,
Rückseite:
J. Karpinski, Dresden